AF360760

INSTITUTION

D'UN PRINCE.

TOME I.

INSTITUTION D'UN PRINCE,

OU

TRAITÉ DES QUALITÉS,

DES VERTUS & DES DEVOIRS

D'UN SOUVERAIN.

Par M. l'Abbé **DUGUET.**

NOUVELLE EDITION,

Avec la Vie de l'Auteur.

TOME I.

A LONDRES,

Chez **JEAN NOURSE.**

M. DCC. L.

AVERTISSEMENT.

C E seroit se former une idée peu juste de cet Ouvrage, que de s'imaginer qu'il ne puisse être utile qu'aux Princes & à ceux qui sont chargés du soin important de leur éducation. Il est vrai qu'il convient aux uns & aux autres d'une maniere plus directe & plus particuliere ; mais il n'est pas moins vrai aussi qu'il n'y a personne qui n'en puisse retirer de très-grands avantages. Le plan de l'Auteur étant de former un bon Prince, il n'a pû le remplir qu'en apprenant aux hommes à être bons sujets, leurs devoirs étant si intimément liés, qu'il n'a pû traiter des uns sans mettre les autres dans tout leur jour. S'il importe extrêmement au Prince d'être fidéle aux siens, il n'est pas d'une moindre conséquence aux Sujets de remplir les leurs : le salut du Prince & celui des Sujets y étant également intéressés.

Tome I. a

Un Etat n'eſt compoſé que de ceux
qui gouvernent, & de ceux qui ſont
gouvernés ; du Roi, du Prince ou du
Chef qui donnent des ordres, des Officiers qui ſont chargés de les faire
exécuter, & des Citoyens qui doivent
s'y ſoumettre. Il y a donc des devoirs
réciproques auxquels ils ſont obligés
les uns envers les autres, & qui faiſant mouvoir comme de concert tous
les membres de l'Etat, établiſſent entr'eux une harmonie qui fait la gloire
du Prince & le bonheur du Peuple.
Mais ces devoirs mutuels, pour être
fondés ſur le droit naturel & ſur la
loi de Dieu , n'en ſont ordinairement ni mieux connus ni mieux
pratiqués ; ce qui rend plus indiſpen-
ſable la néceſſité de s'en inſtruire &
de les approfondir.

Perſonne ne les a mieux dévelop-
pés que notre Auteur , & ſon Livre
eſt un de ceux qui méritent le plus
d'être lus, étudiés, médités. Si le
Prince y apprend à regner avec ſageſſe & avec équité ; s'il y apprend
qu'il n'y a point de véritable grandeur
ſans la piété ; s'il y apprend que la
Religion Chrétienne & la vraie Politique ſont étroitement unies ; ſi ceux

qu'il charge d'exécuter ses ordres, y apprennent à le faire dans le même esprit : le Citoyen n'y apprend pas moins à avoir un respect inviolable pour son Roi ; à joindre la piété à l'obéissance qu'il lui doit ; à s'acquitter avec une fidélité religieuse des Charges publiques ; à payer les tributs avec la plus scrupuleuse exactitude ; à faire une action de religion, de ce qui n'est pour les autres qu'une pure nécessité ; à convertir enfin en oblation volontaire, ce qui coute aux autres tant de gémissemens & tant de larmes. *III. Part. C.* 7 *Art.* 2.

Au reste ce n'est pas seulement à titre de Sujet, que chaque particulier peut s'instruire dans cet Ouvrage de ses obligations les plus indispensables. Sans parler des instructions solides qu'il peut y puiser à chaque page, soit comme Militaire, soit comme Magistrat ; que n'y apprendra-t-il pas comme Pasteur, comme Chef de Communauté, comme Préposé à l'éducation de la jeunesse, comme Pere de famille, comme enfant d'Adam, ou comme devenu celui de Dieu par une nouvelle vie ?

Pour avancer dans les voies du salut, pour marcher dans celles de la perfection vers laquelle nous devons tendre sans relâche, il faut se connoître soi-même : il faut savoir ce qu'on est par rapport à Dieu, & ce que l'on est par rapport aux hommes. Nous avons plusieurs excellens Ouvrages sur cette matiére : mais peut-être n'en est-il point où elle soit traitée avec plus de profondeur, avec plus de sagacité, avec plus d'ordre & de lumiere que dans celui-ci.

Ce n'est pas aux Princes seuls qu'il importe de connoître les hommes ; ils ne sont pas les seuls qui aient à se tenir en garde contre la flatterie : ils ne sont pas les seuls qui soient intéressés à choisir avec discernement ceux de qui ils puissent prendre conseil, à qui ils puissent donner leur confiance. Ce que M. D. écrit là-dessus, & les regles qu'il donne sur ces importantes matieres, regarde tout le monde : tous peuvent profiter des différentes parties de son Ouvrage.

Quoi de plus capable de donner de l'horreur du vice, d'animer à la vertu, d'exciter à la piété & de la faire aimer, que la maniere dont notre Auteur présente ces différents ob-

jets ? Qui a mieux que lui démasqué
l'amour propre, l'orgueil, l'hipocryſie ?
Qui a mieux que lui appris à diſcerner les flatteurs, à ſe garantir de leurs
piéges, à les écarter ? Qui a mieux
fait ſentir l'injuſtice & les dangers
de l'uſure ? Qui a réfuté avec plus
de force les injuſtes préjugés que l'on
a contre la piété ? Qui a mieux dé-
veloppé les ſuites dangereuſes du luxe,
de la vanité, d'une vaine curioſité,
&c ? Mais quand il traite des vertus
oppoſées à ces vices, quel feu, quelle
énergie dans ſes expreſſions ! Quelle
force dans ſes raiſonnemens ! Auſſi
attentif à toucher le cœur, qu'à convaincre l'eſprit, il préſente les vérités
auſteres de la Religion, avec des traits
ſi forts, ſi nobles, ſi rélevés, & en
même-tems ſi touchans, qu'en perſua-
dant, il embraſe l'ame de l'amour le
plus tendre pour la Religion. Ce qu'il
dit ſur-tout de la priere, de la lecture
des Livres ſaints, des caracteres de la
vraie humilité, ne ſauroit être trop
médité, auſſi-bien que toutes les preuves inconteſtables de l'autorité indépendante des Rois & de la fidélité
inviolable qu'on leur doit. Perſonne
n'a porté ces preuves à un plus haut
dégré d'évidence.

AVERTISSEMENT.

Il eſt étonnant qu'un Ouvrage auſſi important que celui-ci, ait été juſqu'à préſent imprimé avec tant de négligence. Les Editions in-4°. & in-12. de 1743. ſont remplies de fautes, & d'omiſſions eſſentielles ; les Notes y ſont dans un déſordre, qui les rend ſouvent inintelligibles. On y trouve des lignes entieres de paſſées, & des mots mis les uns pour les autres, qui font dire à l'Auteur tout le contraire de ce qu'il a écrit.

Nous avons apporté tous nos ſoins pour rendre cette Edition plus exacte que les précédentes, & nous oſons nous flatter d'y avoir réuſſi, autant qu'il étoit poſſible de le faire. Nous avons pour cela, conféré les Editions les unes avec les autres ; nous avons corrigé les paſſages latins ſur les textes originaux ; & comme il y en avoit beaucoup qui étoient déplacés, mêlés ou confondus, nous avons eu attention de les remettre chacun dans leur véritable place.

La lecture de cet Ouvrage pouvant être très-utile à toutes ſortes de perſonne, comme nous l'avons dit, & rien n'étant plus capable de rébuter ceux qui n'entendent pas le Latin, que

d'en trouver à chaque page, des paffages mêlés dans le texte François, nous
avons mis en forme de notes au bas
des pages, tous les paffages dont le
texte de la quatriéme partie fe trouvoit coupé & interrompu. Nous avons
cru être d'autant plus autorifés à faire
ce changement pour l'uniformité de
l'Edition, & pour l'utilité des Lecteurs,
qu'il ne fe trouve point de Latin dans
le texte des trois premieres Parties,
où tous les paffages en cette Langue
font renvoyés au bas des pages ; &
que tous ceux qui fe trouvent dans
la quatriéme Partie, font ou traduits
ou paraphrafés comme dans les trois
premieres, en forte qu'en les ôtant du
milieu du texte, il n'y a rien à perdre pour le fens, ni pour la force des
preuves. D'ailleurs ce nouvel arrange-
ment épargne à ceux qui ne favent
que leur Langue, le déplaifir de croire
que ces paffages renferment des chofes
qui ne font pas dans le François : ce
qui ne pouvoit que les diftraire à
pure perte, & peut-être les dégoûter
d'une lecture dont ils auroient cru n'entendre que la moitié. Il y a lieu de
croire que, fi M. D. eût donné lui-
même fon ouvrage au Public, il fe

feroit affujetti dans l'impreffion de
la quatriéme Partie, au plan qu'il a
inviolablement fuivi dans les trois premieres; & nous croyons pouvoir avancer que bien loin de nous en être écar-
tés, nous nous y fommes exactement
conformés.

C'eft un malheur pour les Ouvrages pofthumes, qu'on remarque dans
prefque tous, des endroits obfcurs,
des phrafes louches, des négligences
de ftyle : & l'on ne peut diffimuler
qu'on rencontre de ces fortes de taches
dans celui-ci. Le jour de l'impreffion
fait reconnoître à un Auteur, bien
des chofes qui lui font échappées dans
la chaleur de la compofition ; de forte
que, quelque exacte que lui ait paru
fa copie, il fe trouve alors obligé d'y
faire plufieurs changemens. M. D. l'eût
fait auffi fans doute dans plufieurs endroits, où un Lecteur attentif fe trouve arrêté. Mais ces endroits qui font
en très-petit nombre, n'ôtent rien au
mérite de l'Ouvrage qui eft un des
précieux que nous ayons en notre
Langue.

*N^a. L'Avis qui fuit fe trouve dans l'édition
de 1743.*

AVIS

AVIS

SUR CETTE

EDITION.

L'Ouvrage de M. l'Abbé Duguet sur l'Institution d'un Prince, a été si bien reçu du Public, qu'on a cru devoir en donner une nouvelle Edition, à laquelle on a joint la Vie de l'Auteur, qui vient d'être imprimée en France. Cette Piece est d'autant plus intéressante, qu'elle contient un Catalogue exact & une idée de tous les Ecrits de ce grand homme. Il y est sur-tout parlé de celui-ci avec les éloges qu'il mérite, & on y a corrigé

Tome I.   a

quelques perſonalités qui ſe liſent dans la Préface de la premiere Edition *in quarto.*

Au reſte l'Auteur de cette Vie paroît être du nombre de ceux qui admirant avec juſtice les grands talens de M. Duguet, ont applaudi à toutes ſes démarches, & à toutes ſes déciſions, dont il faut néanmoins avouer que quelques-unes ont fait de la peine à ſes meilleurs amis. Telles ſont celle où il condamne aſſez durement les Nouvelles Eccléſiaſtiques, & celle par où il paroît avoir autoriſé le menſonge en quelques occaſions ; comme ſi la juſtice, la fidélité & la prudence pouvoient jamais obliger à mentir, ſans néanmoins exemter cette action de péché. On peut voir ſur ce dernier point ce que dit M. l'Evêque de Babylone à la fin de la Lettre qu'il écrivit à M. de Montpellier en 1736.

Pour suppléer à ce qu'on trouve dans la Vie de M. Duguet, au sujet de ses Conferences sur l'Histoire Ecclésiastique & sur la Discipline, il est nécessaire d'observer ici qu'elles viennent d'être imprimées secrettement à Paris en deux petits volumes *in quarto*. Comme quelques personnes hésitent à les lui attribuer, on croit pouvoir assurer qu'elles sont incontestablement de ce grand homme : on en a des preuves positives, & tous ceux qui ont du goût & du discernement les jugent dignes de M. Duguet. Cet Ouvrage en effet n'est capable que de faire beaucoup d'honneur à sa memoire, surtout quand on sait que l'Auteur n'avoit gueres alors que trente ans, & que le celebre M. Nicole l'avoit plusieurs fois inutilement tourmenté pour le faire imprimer, le regardant comme un Ouvrage excellent, & fort propre

à abreger les études Ecclésiastiques
& à inspirer le goût d'une excel-
lente Positive.

VIE
DE L'AUTEUR.

I.

Naiſſance de M. Duguet.

ACQUES-JOSEPH DUGUET, l'une des plus grandes lumieres de l'Egliſe de France, dans le dernier ſiécle & dans celui-ci, étoit né à Montbriſon, petite Ville du Forez près de Lyon, le 9. Décembre 1649. Il eut l'avantage de naître dans une famille chrétienne, qui préferoit à l'éclat du ſiécle & aux dangers des richeſſes, la gloire, infiniment plus ſolide, qui accompagne ordinairement la vraie piété.

Claude Duguet ſon pere, Avocat du Roi au Préſidial de Montbriſon, acquit l'eſtime de toute ſa Province, par ſa ſcience, ſa probité, ſon intégrité, & la

folidité de fa vertu. C'étoit l'arbitre ordinaire que l'on s'accordoit à choifir
dans les affaires les plus importantes, &
rarement ceux qui recouroient à fes
lumieres, & qui mettoient leurs intérêts
entre fes mains, appelloient-ils de fes
décifions ; c'eft le témoignage que lui
rend en particulier celui dont nous
écrivons l'éloge, comme on peut le voir
dans plufieurs de fes Lettres, qui font
dans le IX. volume du Recueil qui en
a été donné au Public. Il n'y parle pas
moins avantageufement de Marguerite
Colombet fa mere, qu'il perdit le 29.
Janvier 1684. & qui laiffa après elle
une réputation de fainteté, qui fut
long-temps l'entretien de toute la Province.

I I.

Sa pénétration d'efprit dès fa jeuneffe.

Voici un trait remarquable de fa
vertu, & de l'attention qu'elle avoit
à élever fes enfans chrétiennement.
M. Duguet qui étoit le huitiéme, montra dès fa premiere jeuneffe, une pénétration d'efprit, & une fupériorité de
génie, qui fe faifoit remarquer aifément

de tous ceux qui l'approchoient. Mad. Duguet n'étoit point insensible aux rares talens de son fils, ni aux applaudissemens qu'ils lui attiroient ; mais plus attentive encore à ce qu'il conservât son ame pure & innocente, elle ne cessoit de demander à Dieu le bon usage des talens qu'il avoit donnés à son Fils. Pendant que le jeune Duguet faisoit ses études d'Humanités dans le College du lieu de sa naissance, dirigé par les Prêtres de la Congrégation de l'Oratoire, il tomba par hazard sur l'Astrée d'Honoré d'Urfé, qu'il trouva parmi les livres de M. son pere à la campagne. Ce Roman historique qui a fait à son Auteur une grande réputation, & qu'on ne lit plus depuis long-temps, lui plut beaucoup ; & quoiqu'il n'eût alors que douze ans, & qu'il ne fût qu'à la fin de sa troisiéme Classe, il prit la résolution de composer dans le même goût une Histoire de ce qu'il avoit appris des histoires & des avantures particulieres des Familles de la ville de Montbrison.

Il suffit à d'heureux génies de concevoir un dessein pour l'exécuter. Le jeune Duguet remplit son projet en peu de tems, & d'une maniere qui parut fort au-deſſus de ſon âge. Il le ſentit lui-même ; & flatté de ce ſuccès, il s'en ouvrit à ſa mere. Cette pieuſe Dame écouta tranquillement la lecture d'une partie de cet Ouvrage ; mais loin de l'approuver, ni de faire connoître les mouvemens naturels de joie, qu'une capacité ſi rare dans un âge ſi jeune, pouvoit produire dans ſon cœur, elle dit à ſon fils, d'un air ſérieux & affligé : *Vous ſeriez bien malheureux, mon fils, ſi vous faiſiez un ſi mauvais uſage des talens que Dieu vous a donnés ;* & elle fit diſcontinuer la lecture.

Le jeune Auteur écouta ſans murmurer une remontrance ſi chrétienne, & ne penſa qu'à en profiter. Dès qu'il fut ſeul il jetta ſon écrit au feu, renonça ſans réſerve à la lecture des Romans, & ſe livra tout entier aux études les plus ſérieuſes. Il acheva ſes Humanités, & fit ſa Philoſophie avec un ſuccès qui fut admiré de ſes Condiſciples, & qui étonna ſes Maîtres.

III.

Il entre dans l'Oratoire : ses divers Emplois.

Lorsqu'il eut achevé son cours de Philosophie, il demanda à M. son Pere, & en obtint la permission, d'entrer dans la Congrégation de l'Oratoire. Il vint pour cet effet à Paris, & s'y retira dans la Maison de l'Institution, qui le reçut avec empressement, & qu'il édifia par sa grande piété. C'étoit en 1667. vers la fin du mois de Septembre. L'usage ordinaire est que les jeunes gens ne demeurent qu'une année dans cette Maison. C'est l'année de Noviciat, où l'on ne vacque qu'à des exercices de piété, & à des études plus propres à nourrir le cœur, qu'à satisfaire l'esprit. M. Duguet, qui y trouvoit beaucoup d'édification, & d'instructions solides, obtint d'y demeurer environ deux années, pendant lesquelles il reçut la Tonsure cléricale, & les quatre Ordres que l'on appelle Mineurs.

On l'envoya ensuite à Saumur pour y faire un cours de Théologie. C'étoit l'étude qui lui plaisoit davantage, celle qu'il a toujours regardé comme la plus néceſſaire , parce qu'elle eſt l'étude de la Réligion , & il auroit voulu n'avoir plus d'autre emploi. Mais toujours ſoumis à ſes Supérieurs , il regardoit en eux la volonté de Dieu , & ſe montra toujours diſpoſé à leur obéir ; dès qu'ils ne lui commandoient rien qui ne fût exactement conforme aux régles.

A la fin de 1671. comme il ſe préparoit pour ſuivre l'uſage de ſa Congrégation , à enſeigner les Humanités dans quelque Claſſe inférieure , il fut choiſi pour aller à Troye profeſſer la Philoſophie. C'étoit rendre juſtice à ſon mérite : mais ſon humilité ſouffrit de cette diſtinction , elle réclama inutilement contre l'ordre qu'on lui preſcrivoit. Il fallut obéir ; & l'exactitude avec laquelle il s'acquitta de ſon emploi , les applaudiſſemens qu'il s'y attira , firent voir que ſes Superieurs avoient mieux jugé que lui de ſa capacité. Malgré la délicateſſe de ſa ſanté , il employoit une partie des nuits à compoſer les cahiers qu'il dictoit , & qu'il expliquoit le jour à ſes Diſciples ; & néanmoins on aſſure qu'ils ne ſe reſſentoient point de ces veilles , ni de cette espéce de précipitation, avec laquelle il étoit obligé d'écrire ce qu'il vouloit apprendre aux autres. La netteté, la justesse & la solidité de son esprit, suppléoient à ce qui lui manquoit du côté du temps.

En état de suffire à tout, on ne se contenta pas de ce travail journalier, quelque grand, quelque pénible qu'il dût être ; on le chargea encore de faire les Dimanches & les Fêtes dans la Paroisse de S. Remi de Troyes, un Catéchisme fondé pour l'instruction des pauvres, & qui est commis aux soins & au zéle des Prêtres de l'Oratoire de cette ville qui occupent le Collége. On ne pouvoit faire un meilleur choix, & l'on ne tarda pas à s'en appercevoir. Ce Catéchisme devint en peu de tems une instruction commune à toute la Ville.

On y venoit de tous côtés entendre, avec avidité, la parole du salut qui sortoit de la bouche de M. Duguet. On étoit touché des vérités qu'il annonçoit, de l'onction qui accompagnoit tout ce qu'il disoit, & de la lumiere vive & brillante qui s'y faisoit remarquer. Cet empressement avec lequel on venoit l'entendre, lui fit craindre les éloges qu'il méritoit, & dès lors il demanda que l'on fit remplir sa place par quelque autre. Il représenta sur tout, que la multitude de ceux qui croyoient qu'il pourroit leur être utile, empêchoit les pauvres, pour qui cette instruction étoit destinée, d'approcher du lieu où le Catéchisme se faisoit, & qu'il n'étoit pas juste qu'ils fussent privés d'un bien dont on avoit voulu les rendre en quelque sorte propriétaires. On eut beaucoup de peine à se rendre à ses représentations; mais enfin les sollicitations réitérées triompherent de la juste répugnance de ses Supérieurs.

Il fut appellé à Paris au mois de Septembre 1674. pour y recevoir l'Ordre de Soûdiacre; & au mois de Septembre de l'année suivante 1675. M. l'Evêque de Troyes l'ordonna Diacre. Ce Prélat qui connoissoit l'étendue de ses lumieres & ses rares talens, fit ce qu'il put pour l'attacher à son Eglise & au service de son Diocése. Il y a lieu de croire qu'il en eût fait l'acquisition selon ses vœux, si les Supérieurs de M. Duguet y eussent voulu consentir : mais ceux-ci étoient trop instruits de l'utilité qu'ils pouvoient en retirer eux-mêmes, en l'employant dans leur Congrégation, pour le laiffer aller. Ils l'envoyerent pour quelque tems dans leur Maifon d'Aubervilliers, près de Paris, plus connue fous le nom de Notre-Dame de Vertus, & enfuite ils le firent revenir à Paris pour y demeurer dans leur Séminaire de S. Magloire : c'étoit en 1677. au mois de Septembre de la même année. M. Duguet fut ordonné Prêtre ; & ce fut encore pendant le cours de la même année, qu'il fit des leçons de Théologie fcholaltique dans la Maifon de S. Magloire.

I V.

Il fait des Conférences à S. Magloire,
puis va demeurer à l'Inftitution.

En 1679. & 1680. M. Duguet fut chargé de faire dans le même Séminaire, les Conférences publiques fur la Théologie pofitive ; c'eft à-dire, fur les difficultés qui peuvent fe trouver dans l'Ecriture Sainte, fur l'Hiftoire Eccléfiaftique, & fur la Difcipline. Il eut un très-grand nombre d'auditeurs, parmi lefquels on compta toujours quantité de personnes déja très éclairées, & qui venoient encore avec empreſſement s'inſtruire dans ces Conférences. Il ſeroit à ſouhaiter, que l'on fît part au Public des diſcours & des diſſertations, que l'on y entendit alors avec tant de plaiſir & d'utilité. Car l'on ſait que M. Duguet écrivoit ce qu'il devoit dire. Il eſt vrai qu'il n'écrivoit pas tout, qu'il ne couchoit pas toujours ſur le papier les raiſonnemens, les preuves & les autorités qu'il faiſoit valoir. Mais on prétend auſſi qu'un Théologien très-habile, qui avoit été de ſes amis, avoit rempli ces lacunes, ſupléé aux autorités qui n'étoient qu'indiquées, & mis en état de paroître un Ouvrage ſi important : il pourroit, dit-on, former trois volumes *in quarto*. Quoiqu'il n'y ſoit traité que de l'Hiſtoire Eccléſiaſtique, & de la Diſcipline des premiers ſiecles de l'Egliſe, ce ſeul monument de la ſcience & de la doctrine de M. Duguet, ſuffiroit pour immortaliſer ſon nom*. Mais combien d'autres Ouvrages ſont ſortis de ſa plume ! Nous en parlerons en détail, après avoir achevé ce que nous connoiſſons de l'hiſtoire de ſa vie.

*[On a ſupplééé à ceci dans *l'Avis*, qui précede]

Sa situation fut assez tranquille jusqu'en 1685. Nous ignorons cependant le sujet qui le fit sortir de S. Magloire apparemment sur la fin de l'année 1683. M. Pinette Fondateur de la Maison de l'Institution, qui s'étoit réservé le droit de demander pour cette Maison les sujets qu'il estimoit le plus, voulut qu'il y vînt demeurer. Voici ce que M. Duguet écrivit lui-même de ce changement de demeure à un de ses freres, pour lors Professeur de Philosophie au College de Troyes, & qui fut depuis Curé de la Ville de Fleurs voisine de celle de Montbrison. La lettre est du 3. Janvier 1684. & on l'a imprimée dans le IX. volume du Recueil des lettres de l'Auteur.

« Vous avez peut être déja appris, » dit M. Duguet, que je ne suis plus à » S. Magloire, & que Mr Pinette m'a » fait l'honneur de témoigner à nos Su- » périeurs, un si fort & si tendre em- » pressement pour m'avoir dans sa Mai- » son, qu'on n'a pû résister à son incli- » nation, ni la suspendre un moment. » Je me suis contenté dans cette occa- » sion importante pour le reste de ma » vie, d'obéir sans répugnance & sans

» plaisir... Le dessein de M. Pinette &
» de ceux qui gouvernent, est que je
» prenne part à la direction, sans aban-
» donner mes anciennes études. Cette
» alliance me paroît difficile ; mais on
» prétend me dispenser de tant de cho-
» ses, qu'elle pourra devenir aisée. » Il
ajoute que l'on avoit beaucoup de soin
de lui, & qu'il trouvoit dans la Maison de l'Institution, tant d'amitié &
de bonté dans tout le monde, qu'il
n'avoit pas autant de peine à se consoler de Saint Magloire, qu'il auroit
pensé.

V.

Il sort de l'Oratoire, &c.

M. Duguet ignoroit que ce calme
dont il se félicitoit étoit près de finir.
Dès la même année 1684. il y eut beaucoup de mouvement dans cette Congrégation au sujet d'un plan d'étude
qui proscrivoit la Philosophie de Des-
cartes pour adopter exclusivement celle
d'Aristote, laquelle néanmoins commençoit à perdre son crédit dans l'Uni-
versité : c'est l'une des principales raisons qui détermina M. Duguet à sortir

de l'Oratoire, malgré l'affliction qu'il en eut. Dès le mois d'Octobre il n'étoit déja plus à l'Inſtitution, & il ſortit abſolument de la Congrégation au mois de Février 1684. Il ſe retira alors à Bruxelles auprès du célebre M. Arnauld avec qui il a toujours eu d'étroites liaiſons. Mais ſa ſanté ne s'accommodant point à l'air de ce pays, il fut obligé de l'abandonner ſur la fin de la même année. Il parle de ce retour de Flandres dans une lettre, dattée de Bruxelles même en 1684. & il y fait mention de quelques bons offices qu'on s'étoit empreſſé de lui rendre dans les circonſtances où il ſe trouvoit. Sa reconnoiſſance, ſon humilité & ſa piété, ſont exprimées d'une maniere fort vive dans cette lettre qui eſt la XXXV. du IX. volume.

Ce fut comme on le croit en 1686. que M. Duguet alla à Strasbourg avec un Pere de l'Oratoire qu'il eſtimoit particulierement. Sa réputation l'y avoit précédé. Louis XIV. s'étoit rendu maître de cette Ville en 1681. & en 1685. même il lui avoit donné pour Gouverneur M. Noël Bouton de Chamilly depuis Maréchal de France. Comme la

ville étoit remplie de Luthériens , **ce**
Gouverneur qui defiroit leur conver-
fion, engagea M. Duguet à faire des
Conférences publiques. Il s'y rendit ,
& ces Conférences produifirent de
grands biens.

Revenu à Paris , M. Duguet y vécut
dans une fi grande retraite qu'il demeura long-tems prefque inconnu , même à
fes amis les plus intimes. La priere &
l'étude faifoient toute fon occupation ,
comme toute fa confolation. « Je fuis
» dans cet état , (écrivoit-il à un de
» fes freres en 1686.) par la divine
» Providence , & j'en fuis bien aife ,
» par une grace plus grande. Qu'on me
» compte pour mort , & même pour
» enfeveli , & qu'on m'efface de la
» mémoire des vivans, je ne m'en plain-
» drai point ; mais on n'ouvre point les
» tombeaux , & je demande qu'on épar-
» gne le mien. » Il paroît par le **refte de**
cette Lettre , que la grande folitude , à
laquelle il fe trouvoit réduit , ne lui
avoit rien fait perdre de la gaieté de fon
efprit.

M. le Préfident de Menars , qui
avoit pour lui une grande vénération ,
le follicita fi vivement en 1690. d'ac-

cepter sa maison pour retraite, que M. Duguet ne crut pas devoir lui résister plus long-temps ; il vint donc demeurer chez ce Magistrat, vers le mois de Juillet de la même année. C'étoit un précieux trésor que cette maison acqueroit. Elle en connut toute la valeur, & M. Duguet qui n'avoit de lui-même que les sentimens les plus humbles, n'y eut d'autre peine que celle de s'y voir toujours honoré & respecté. Après la mort de M. de Menars, Madame la Présidente, sa veuve, conserva M. Duguet chez elle ; & ce ne fut que peu de tems avant la mort de cette Dame, qu'elle eut la douleur de se voir privée d'un homme si respectable.

On ne se souvient que d'une seule fois, qu'il fut obligé de s'en absenter pendant quelque tems. Le Pere Michel Tellier Jésuite, Confesseur du feu Roi, le sollicitoit vivement de répondre à une Dissertation Théologique, qui parut en 1714. sous le titre *du Témoignage de la vérité dans l'Eglise ;* où l'on examine quel est ce témoignage, tant en général qu'en particulier, au regard de la derniere Constitution, c'est-à-dire, la Bulle qui condamne les *Réflexions* du

Pere Quesnel *sur le Nouveau Testament.*
M. Duguet regarda les sollicitations du
Pere Tellier comme un piege qu'on lui
tendoit, quoiqu'il n'approuvât pas tous
les principes du Livre dont on lui demandoit la réfutation ; & pour se sous-
traire aux instances du Confesseur de
Sa Majesté, il se retira pour quelque
tems dans la Savoie à l'Abbaye de Tamied, dont l'Abbé Dom Arsene Jougla,
né à Toulouze d'une maison illustre ,
étoit son ami. Ce voyage de M. Duguet est une époque d'autant plus mé-
morable, qu'il a été l'occasion du Livre
de *l'Institution d'un Prince* dont nous
parlerons bientôt plus au long.

V I.

Dernieres années de M. Duguet : sa mort.

Les dernieres années de la vie de M.
Duguet ont été fort traversées. « Il
» s'est vû souvent (dit l'Auteur du
» dernier Supplément de Moreri) obli-
» gé de changer de demeure, & même
» de pays. On l'a vû, (ajoute-t-il) suc-
» cessivement en Hollande, à Troyes,
» à Paris & dans plusieurs autres lieux

» différens ; Mais confervant toujours
» & par tout, le même efprit de dou-
» ceur & de modération, la même tran-
» quillité, la même foumiffion aux or-
» dres de la Providence, la même beau-
» té de génie, & le même efprit de
» confeil. Tous ceux qui ont eu l'avanta-
» ge de l'approcher, ont apperçu en lui
» toutes ces qualités fans aucune alté-
» ration jufqu'au moment où Dieu le
» retira de ce monde, par une mort
» douce & tranquille, & où fa piété,
» qu'il avoit toujours eu très profon-
» de, parut avec un nouvel éclat. Cette
» mort arriva le Dimanche 25. Octo-
» bre 1733. à huit heures du matin. Dès
» que le bruit en fut répandu, on acou-
» rut de toute part pour honorer en lui
» les dons de Dieu, & bénir le Seigneur
» des biens immenfes qu'il avoit procu-
» rés à l'Eglife par fon ferviteur, &
» que fes Ouvrages continueront tou-
» jours de faire, tant qu'on aimera le
» folide, le vrai, & le lumineux. Le
» concours fut encore plus grand le jour
» de l'inhumation de ce grand homme,
» qui fut le Mardi, 27. à midi, en
» l'Eglife S. Médard au Faubourg S.
» Marcel. » Son corps fut mis à côté de

celui de M. Nicole, qui repose dans la même Eglise, au bas des marches de la principale porte du cœur. On s'est contenté de mettre sur son Cercueil une plaque de cuivre avec ces seules paroles : *Ici est le corps de Jacques-Joseph Duguet, Prêtre du Diocèse de Lyon, né à Montbrison le 9. Décembre M. DC. XLIX. mort à Paris le 25. Octobre M. DCC. XXXIII.*

Il n'étoit pas nécessaire en effet d'en dire davantage : ses Ouvrages qui sont en grand nombre, & qui sont entre les mains de tout le monde, font & feront à jamais son éloge, plus durable que celui que les hommes auroient consacré sur le marbre à sa mémoire. Il est tems de faire connoître M. Duguet de ce côté là. Nous commencerons par les Ouvrages qu'il a faits sur l'Ecriture Sainte.

VII.

Ses ouvrages sur l'Ecriture.

Il savoit les langues nécessaires pour bien entendre le Texte de ces divins Oracles ; & outre que ceux-ci avoient toujours fait l'objet principal de ses études & de fa méditation ; on fait qu'il n'ignoroit rien de ce que les Commentateurs, & fur-tout les Peres, ont écrit, qui pouvoit fervir à l'intelligence, foit de la lettre, foit du fens fpirituel des Ecritures. Il n'eft donc pas étonnant de trouver dans les Ouvrages qu'il nous a laiffés fur ce fujet, fi grand & fi fecond en même-tems, tant de lumiere, d'onction & de folidité. Ce ne fut qu'en 1732. environ une année avant fa mort, qu'il fouffrit que l'on donnât au Public le premier de fes Ouvrages. Nous parlons de fon *Explication fur la Genéfe*, où felon la méthode des SS. Peres, l'on s'attache à découvrir les Myfteres de Jefus-Chrift, & les regles des mœurs, renfermées dans la lettre même de l'Ecriture, à Paris, chez François Babuty, en 6. vol. in-12. M. Duguet avoit commencé cette explication vers 1700. à la priere du célebre M. Rollin qui étoit pour lors Principal du College de Beauvais à Paris, & qui ayant réfolu d'expliquer l'Ecriture aux jeunes gens élévés dans fon College, engagea d'abord M. Duguet à lui marquer, par des notes & par de courtes réflexions, ce qu'il devoit dire, principalement dans fes inftructions, & enfuite à faire un Commentaire, complet, littéral & moral, comme plus utile, parce qu'il inftruifoit davantage. C'eft auffi de ce même Ouvrage dont M. l'Abbé d'Asfeld s'eft fervi dans fes Conférences fi connues, qu'il a faites long-rems fur la Paroiffe S. Roch, & qui ont été fi fréquentées par un grand nombre de perfonnes de tout âge, de tout fexe & de toute condition. Les copies manufcrites qui s'en répandirent par cette voie, toutes imparfaites qu'elles étoient, faifoient fouhaiter depuis plufieurs années, qu'on pût en faciliter la lecture, par le fecours de l'impreffion ; & c'eft un avantage que l'Auteur y ait enfin confenti. Quiconque a lû ces explications, avoue fans peine qu'outre une favante & modefte érudition, qui fe fait remarquer par tout : elles font très propres à nourrir la piété ; qu'elles font dignes de la parole de Dieu, & qu'elles portent le flambeau dans les endroits les plus obfcurs & les plus profonds des Livres facrés. L'explication de l'Hiftoire de la Création, ou de *l'Ouvrage des fix jours,* qui commence le premier des fix volumes fur la Genefe, avoit paru féparément parement en 1731. in-12.

Le goût du Public, qui ne tarda pas à se déclarer, par l'approbation qu'il donna aux Conférences de M. l'Abbé d'Asfeld, où, comme on l'a dit, l'on faisoit lecture des Ecrits de M. Duguet, & où ils étoient expliqués de vive voix, avec une noblesse & une dignité qui charmoient tous les auditeurs, engagea le même M. d'Asfeld à prier son illustre ami d'expliquer dans le même goût, & selon la même méthode, le Livre de Job, les Pseaumes, Isaïe, & quelques autres endroits choisis, soit des Livres historiques, soit des Prophétiques. M. Duguet se rendit à sa priere ; & c'est à cette condescendance, aussi bien qu'à son zele, que nous devons les Ouvrages suivans, imprimés à Paris chez le même Libraire, qui avoit donné le Commentaire sur la Genese.

1 *Explicaion du Livre de Job*, en 4. volumes in-12. 1732.

2 *Explication de plusieurs Pseaumes* de David, en 4 volumes in-12. 1733. La Préface est de M. l'Abbé d'Asfeld. Le premier volume contient les vingt premiers Pseaumes. Le second, depuis le 20. jusqu'au 33. inclusivement, &

Tome I. b

le 35. Le troisieme explique les 38. 44. 46. 47. 48. 49. 57. 58. 61. 62. 64. 66. 67. 74. 81. 86. On trouve dans le quatrieme l'explication des Pseaumes 91. 92. 93. 94. 98. 101. 103. 114. 115. 120. 121. 123. 125. 126. 127. 128. 129. 132. 136. 138. 140. 147.

3 *Explication* des vingt-cinq premiers Chapitres *d'Isaïe*, en 3. volumes in-12. imprimés en 1734. M. d'Asfeld y a ajouté l'analyse de toute la Prophétie d'Isaie, en 3. autres volumes & un septiéme tome qui contient 5. chap. du Deuteronôme : la Prophétie d'Habacuc ; la Prophétie de Jonas, & le douzieme chapitre de l'Ecclésiaste. La plus grande partie de ce septieme volume est de M. Duguet.

4. Les cinq volumes sur les *Livres des Rois* qui ont été publiés en 1738. 39. & 40. sont, pour le fond, l'Ouvrage de M. Duguet. M. l'Abbé d'Asfeld l'a étendu.

La méthode que M. Duguet s'est proposée, & qu'il a suivie dans ces Explications de l'Ecriture Sainte, consiste à fixer d'abord la vérité du Texte sacré, par une critique également saine & judicieuse ; & en consultant les langues

favantes dont il étoit parfaitement inftruit, à lever toutes les difficultés de la
Lettre, avec une érudition aussi sage
que vaste ; à établir avec force les Prophéties, & à en montrer l'accompliffe-
ment ; à ne négliger aucune occasion de
mettre dans tout leur jour les preuves
de la Religion ; à faire remarquer les
liaifons de l'Ancien Teftament avec le
Nouveau ; à rendre attentifs aux figures
qui repréfentoient les Myfteres futurs
de Jefus-Chrift, & de fon Eglife , &
tout cela avec une noblesse , une force , une clarté & une onction que l'on
chercheroit peut-être inutilement dans la
plupart des autres Ouvrages faits fur ces
matieres. Telle eft la jufte idée que
nous donne de ces Livres de M. Duguet
fur l'Ecriture, l'Auteur du dernier Supplément de Moréri , dont nous n'avons
fait qu'emprunter les expreffions.

On doit encore rapporter aux Ouvrages de M. Duguet fur l'Ecriture Sainte ,
*l'Explication du Miftere de la Paffion de
Notre Seigneur Jefus-Chrift , fuivant la
Concorde.* Cet Ouvrage , imprimé en
1733. en quatorze volumes in-12. avoit
été fait en 1721. à la priere d'un des
Neveux de l'Auteur, qui étoit alors

Supérieur des Clercs de la Paroisse de Saint Etienne du Mont. M. Duguet y explique, avec sa solidité ordinaire, les principales difficultés de l'histoire & de la lettre ; mais en écartant, autant qu'il a pu, les épines d'une critique seche & stérile. Son but est d'y faire connoître Jesus-Christ dans les Mysteres de ses souffrances, & de sa mort ; d'en pénétrer les motifs ; d'en découvrir les suites, & les effets ; de préparer les personnes humbles & dociles à en recevoir l'esprit & l'influence, & de les porter à une méditation continuelle du plus grand objet de la Religion, en leur fournissant des réflexions presque toujours tirées des SS. Peres, dont une piété naissante peut avoir besoin.

Quelques parties de ce grand Ouvrage avoient paru séparément avant le recueil complet ; mais sur des copies defectueuses : savoir, *Jesus-Christ accusé devant Pilate : Explications de l'ouverture du côté, & de la sepulture de Jesus-Christ*, suivant la Concorde. On a une autre Edition de l'Explication de la Sépulture, sous le titre de *Jesus-Christ enseveli, ou Réflexions sur le Mystere de la Sépulture de Notre Seigneur Jesus-Christ.*

Le portement de la Croix , & le cruci-fiement de Jesus-Christ. Ces Ouvrages ont paru en 1731. & en 1732. Dès 1728. M. Duguet consentit que l'on imprimât ce qu'il avoit fait sur le cruci-fiement de Jesus-Christ ; & cet Ou-vrage qui n'a point été réuni avec les 14. volumes de l'Explication de la Pas-sion , fut imprimé en 2 volumes in-12 sous le titre d'*Explication du Myslere de la Passion de Notre Seigneur Jesus Christ, suivant la Concorde : Jesus-Christ cruci-fié.* Le second volume contient en par-ticulier l'explication des Passages de S. Paul sur le même sujet.

Il étoit naturel que l'Auteur , après avoir expliqué dans son Livre sur la Pas-sion tout ce qui regardoit le crucifie-ment & la mort de Jesus-Christ , s'arrê-tât pour considérer les instructions que Jesus-Christ nous donne de sa Croix. C'est ce qu'il fait dans le premier Tome de *Jesus-Christ crucifié*:il y marque d'une maniere particuliere quels sont les ca-racteres de l'amour que nous devons à Dieu & à Jesus-Christ. Il y montre aussi que cet amour ne peut être véritable , si nous n'aimons sincerement le prochain. Mais il n'en demeura pas là;il crut devoir

b iij

traiter, dans une nouvelle partie, des marques auxquelles on peut reconnoître si l'amour du prochain eſt ſincere ; & comme il n'y en a point de plus ſûres que celles que Saint Paul a données dans ſa premiere Epître aux Corinthiens , l'Auteur s'y attacha, & il traita dans cette explication profonde & étendue de chacun des *Caraĉteres de la Charité* , ſelon S. Paul. Cet Ouvrage, qui ne peut être trop lû & trop médité, fut imprimé en 1727. in-12. & l'on en a fait depuis un grand nombre d'Editions, ſoit en France , ſoit dans le Pays étranger. On préfere celle qui parut en 1735. ſous le titre de Bruxelles, 1°. parce qu'elle a été revue exaĉtement ſur l'original de l'Auteur : 2°. parceque l'on y a mis la diſtinĉtion des chapitres , des articles, & des nombres que l'Auteur avoit faits pour rendre cette partie conforme aux autres parties de l'explication de la Paſſion. 3°. Parce que les titres des articles ſont tous auſſi de l'Auteur qui avoit pris la peine de les faire lui-même, pour la même raiſon. Ce ſont comme autant d'abregés & de précis de ce qui eſt contenu dans chaque article , que l'on ne pouvoit recevoir d'une meilleure main.

VIII.

Regles pour l'intelligence des Ecritures.

Dans ces différens Ouvrages M. Duguet a suivi exactement les *Regles pour
l'intelligence de l'Ecriture Sainte* qu'il
avoit laiſſé imprimer en 1716. avec une
Préface que l'on attribue à M. l'Abbé
d'Asfeld. Ces Regles étoient originai-
rement une Lettre que M. Duguet
avoit écrite à M. l'Abbé Charpentier,
parent de feu M. le Nain de Tillemont,
qui l'avoit conſulté ſur ce ſujet. Elle
étoit devenue fort commune par le grand
nombre de copies qui s'en étoient répan-
dues ; & lorſqu'on l'eut imprimée il
s'en fit dans la même année pluſieurs
Editions qui ont été ſouvent réitérées
depuis. L'application des Regles conte-
nues & expliquées en cet Ouvrage au
retour des Juifs, eſt auſſi de M. Duguet, au moins pour le fond.

Le Livre des Regles trouva pluſieurs
adverſaires. En 1723. M. Fourmont de
l'Academie des Inſcriptions & Belles-
Lettres, plus habile dans les Langues
ſçavantes, que dans la véritable intelligence de l'Ecriture Sainte, fut le pre-

mier agreſſeur. Sa cenſure a pour titre : *Mouaacha, Ceinture de douleur, ou refutation du Livre intitulé*, REGLES , &c. C'eſt un volume in-12. où l'on trouve beaucoup d'érudition rabinique , d'injures & de fantaiſies ; du reſte nul ordre, nulle méthode, quoiqu'il y ait quelques endroits utiles , & où il paroît que l'Auteur a quelque raiſon. On ne fit aucune réponſe à cet Ouvrage, & dès la même année il fut oublié. On préparoit au livre des Regles de nouvelles attaques, par leſquelles on ſe flattoit de le renverſer. Elles commencerent enfin en 1727. après onze années d'éloges & d'approbations, que le Livre que l'on prétendoit pulvériſer avoit reçus, & auxquels l'Ecrit de M. Fourmont n'avoit donné nulle atteinte.

Un anonyme fit donc imprimer un aſſez gros volume in-12. à Paris chez Vincent, ſous le titre de *Réfutation du Livre des Regles, pour l'intelligence des Saintes Ecritures*. L'anonyme prétend montrer qu'il n'y a que fauſſeté dans les principes & les regles de celui qu'il attaque ; défendre le ſens litttéral des Hiſtoires & des Prophéties de l'Ancien Teſtament contre les atteintes qu'il ſoutient

que son adversaire y donne perpétuelle-
ment ; & enfin établir des principes
fixes contre ce qu'il appelle l'abus &
l'excès des allégories. Cet Ouvrage
souleva tous ceux qui étoient instruits
de la matiere. On fut étonné d'entendre un Théologien traiter d'erreur ca-
pitale ce principe que tous les Peres
nous ont donné, au contraire, pour
une vérité certaine, & absolument nécessaire pour l'intelligence de l'Ecriture :
que Jesus-Christ est prédit dans tout
l'Ancien Testament, qu'il est l'unique
objet des Ecritures. Car voilà le monstre
qui effraie l'Auteur de la Réfutation.
C'est à ce monstre qu'il déclare une
guerre irréconciliable ; & c'est, si l'on
l'en croit, la nécessité de venger l'honneur de l'Ecriture outragée, qui lui met
les armes à la main.

M. Duguet, ennemi de toutes contestations, & qui d'ailleurs n'étoit pas
alors dans une situation convenable
pour se défendre, ne répondit point.
Mais on croit que ce fut de son aveu &
de son consentement, qu'un habile
Théologien, qu'il connoissoit particulierement * , donna la même année

* M. de Fourquevaux.

1727. l'Ecrit intitulé : *Lettre d'un Prieur* à un de ses amis, au sujet de la nouvelle Réfutation du Livre des Regles , &c.... C'est un in-12. de 140. pages , imprimé à Paris chez Valeyre. Après la Lettre qui ne contient que 52. pages , le reste est employé à produire un *Recueil de passages* bien choisis, tirés des Peres & des Auteurs Ecclésiastiques, pour l'intelligence des Saintes Ecritures. Ce fut pour appuyer cette Réponse, que l'on donna vers le même tems un autre Ecrit, contenant les principes pour l'intelligence des Ecritures, tirés des Ecrits de M. Arnaud & de M. Nicole, d'où il résulte que ces deux grands Théologiens dont l'autorité a toujours été & sera toujours d'un très-grand poids , raisonnoient très-différemment de l'Auteur anonyme de la Réfutation.

Celui ci trop amoureux de son nouveau systême , trop entêté de ses nouvelles opinions , pour sentir la force de la vérité qu'on y opposoit , tâcha de s'étayer d'un nouvel Ouvrage, encore plus gros que le premier, imprimé aussi chez Vincent la même année 1727. & intitulé : *Traité du sens littéral & du sens mystique des Saintes Ecritures , selon la doctrine des Peres.* Son but est d'y faire voir l'opposition chimérique du système de ceux qu'il appelle Figuristes modernes, aux principes de l'antiquité, sur l'explication des Ecritures ; & de montrer que ce système est conforme avec celui qu'il attribue à Origene, & qu'il prétend avoir été condamné par les Peres. Il y joignit d'assez amples Remarques sur la Lettre d'un Prieur, & sur la collection des passages des Peres, qui est à la suite de cette Lettre.

Les Partisans du Traité du sens littéral & du sens mystique des Saintes Ecritures, s'applaudirent de cet Ouvrage, & se décernerent le triomphe. L'Auteur, selon eux, enlevoit dans cet Ecrit, à l'Auteur des Regles, l'argument décisif que lui fournissoit la conformité de ses principes avec ceux des Peres. Le Prieur se hâta de leur montrer que leur victoire n'étoit rien moins qu'assurée. Il leur opposa en 1729. quatre *Lettres nouvelles,* où il semble prouver démonstrativement que les efforts des adversaires du Livre des Regles, se tourne à l'avantage même de ce Livre, & donner une preuve complete de ce que disoient les Auteurs des Mémoires de Trevoux dans leur Jour-

nal du mois de Janvier 1728. « que
» dans tout ce qu'on objecte à l'Auteur
» des Regles , & à ses sectateurs, il
» n'y a rien qui ne soit partie désavouée
» formellement & nettement par eux ,
» partie autorisée par eux, partie autori-
» sée par les Peres & les plus grands
» Docteurs de l'Eglise. »

Ces cinq Lettres d'un Prieur, furent
d'autant mieux reçues , qu'outre le rapport particulier qu'elles ont au Livre de
la Réfutation & au Traité du sens littéral & mystique , elles peuvent être
d'une utilité plus générale ; parce qu'on
y trouve traités plusieurs points importans touchant l'intelligence des Ecritures ; & que ces Lettres sont d'ailleurs
comme la suite & la preuve de l'Ouvrage
de M. Duguet, auquel le public n'a
pas cessé d'accorder des suffrages qu'il
ne sera pas aisé de lui faire revoquer.
C'est ce qu'insinue l'Auteur des *Réflexions judicieuses* sur les Nouvelles
Ecclésiastiques , qui au n. 176. fait en
particulier l'apologie de la XII. Regle,
& décide que ce que l'on en a dit , pour
en contester la vérité dans la Réfutation , n'est qu'un tissu d'injustes chi-
cannes ; & que tant qu'il sera vrai, com-

me l'a dit M. Bossuet, (en ajoutant que cela n'est contesté ni par les Catholiques, ni par les Protestans:) que la fécondité infinie de l'Ecriture n'est pas toujours épuisée par un seul sens, il le sera aussi que certaines prédictions des Prophétes embrassent, sous les mêmes termes, des événemens très-differens.

I X.

Priere publique, &c.

Un autre Ouvrage de M. Duguet qui a toujours été très-favorablement reçu, quoiqu'il ait eu aussi quelques adversaires, est le *Traité de la Priere publique*, auquel on a joint celui *des dispositions pour offrir les SS. Mystéres & pour y participer avec fruit*; l'un & l'autre imprimés en 1707. à Paris, & souvent réimprimés depuis. Ils sont composés en forme de Lettres pour servir de Réponses à deux Ecclésiastiques; & néanmoins les sujets y sont traités avec tant de force & de délicatesse, que ces deux Lettres peuvent passer pour des Ouvrages achevés. La premiere avoit été faite pour feu M. Jean Gillot, Chanoine de l'Eglise de Reims, Docteur

& ancien Profeſſeur de Théologie, mort à Auxerre, lieu de ſon dernier exil, le 1. jour de Novembre 1739. à l'âge de 80. ans. L'autre avoit été adreſſée à M. Baudoïin, Chanoine de la même Egliſe de Reims; & M. de la Broüe Evêque de Mirepoix, Prélat d'un mérite diſtingué, approuva le 10. Janvier 1707. ce dernier Traité, comme très-utile pour entretenir dans le cœur des Prêtres de la nouvelle Loi, le feu ſacré que Jeſus-Chriſt, l'Evêque univerſel de nos ames, eſt venu allumer ſur la terre, & qu'il a tant deſiré d'y voir toujours brûler.

Le ſavant Evêque de S. Pons, M. Perſin de Montgaillard, faiſoit une eſtime ſinguliere de ces deux Traités; & il en fit l'éloge, en écrivant à l'Auteur qui l'en remercia, avec autant de politeſſe que de modeſtie. « Le rang » que vous tenez dans l'Egliſe, dit-il » dans ſa Réponſe (imprimée dans le » Tome 8. du Receuil de ſes Lettres) » l'exacte connoiſſance que vous avez » de ſa doctrine & de ſon eſprit, & » l'expérience que vous avez par vous- » même de ce qui peut édifier & nourrir » la piété, mettent votre témoignage

» fort au-deſſus de celui de beaucoup
» d'autres, qui ne réuniſſent pas, comme
» vous, l'autorité, le ſavoir & la vertu.
» J'eſpere que vos prieres empêcheront
» qu'une approbation ſi glorieuſe ne
» m'enfle le cœur, & que vous deman-
» derez à Dieu qu'il augmente la per-
» ſuaſion où je ſuis, que perſonne n'é-
» toit plus indigne que moi d'écrire ſur
» des matiéres ſi ſaintes. » Il ajoute,
qu'il a été fort affligé de ce que le reſpect dû au caractére & à l'éminent ſavoir du Prélat auquel il écrit, n'avoit
pas permis de ſoumettre au jugement
du Cenſeur des Livres, la belle Diſſertation dont M. de S. Pons avoit accom-
pagné l'approbation du Traité des SS.
Myſtéres. Il eſt fâcheux en effet, que
l'on ſoit privé de cette Diſſertation que
pluſieurs perſonnes ont lû avec beaucoup de ſatisfaction. M. Duguet dit
encore dans la même Lettre, qu'il craint
plus ſa conſcience ſur le témoignage
qu'elle lui rendoit, dit-il, de ſon indignité, que les jugemens peu favorables que quelques perſonnes portoient
de ces deux Ecrits.

Nous avons dit, en effet, que ces
deux petits Traités, & en particulier

celui de la Priere publique, avoient trouvé quelques adversaires. Nous en connoissons deux critiques qui ont été publiées. La premiere intitulée : *Refléxions sur le Traité de la Priere publique*, brochure de 66. pages in-12. imprimée à Paris, est de Dom François Lami, Benedictin de la Congrégation de S. Maur. Cet Ecrit ne fit point d'honneur à ce savant Religieux : il y entreprend de refuter un endroit qu'il n'avoit pas entendu, comme M. Duguet le fit voir par une courte Réponse qu'il y opposa, & que l'on a imprimée depuis dans les nouvelles éditions du Traité de la Priere publique. Nous ignorons le nom de l'Auteur de la seconde Censure : elle a pour titre ; *Sentimens critiques d'un Chanoine*, sur divers Traités de Morale, à l'Auteur de la Priere publique. C'est une brochure in-12. de 107. pages, imprimée en 1710. sans nom de lieu, ni d'Imprimeur. Elle est digne des ténébres dans lesquelles elle est demeurée. C'est moins une critique qu'une satire injuste & violente, où les vaines déclamations & les froides railleries viennent souvent au secours du défaut de preuves & de raisons. L'Auteur y attaque tout, les principes, la morale, le raifonnement & même l'expreffion. Il paffe des deux Traités de M. Duguet au premier volume de fes Lettres, & par tout il montre un efprit de chicanne, une intention peu droite & un jugement peu fenfé. On feroit fâché que cette critique fût celle que l'Auteur du *Supplement de Moreri* dit avoir été faite par feu M. Papin, Prêtre de l'Eglife Anglicane, réuni à l'Eglife Catholique; elle feroit indigne de ce célébre Ecrivain controverfifte.

<h2 align="center">X.</h2>

Autres Ouvrages fur la Morale.

Les autres écrits de M. Duguet, fur la morale, font 1°. *Conduite d'une Dame Chrétienne* pour vivre faintement dans le monde, volume in 12. imprimé à Paris chez Vincent en 1725. mais compofé dès l'an 1680. ou environ, pour Madame Dagueffeau, mere de M. le Chancelier aujourd'hui vivant.

2. *Réfutation d'un Ecrit où l'on tâche de juftifier l'ufure.* L'Ecrit refuté étoit tombé entre les mains d'un Négociant d'Orleans; fort homme de bien, qui

l'envoya à M. Duguet, le priant de lui en dire son sentiment. Cet Ecrit ne s'est point conservé, & l'on ne sait point qui l'avoit composé : il paroît seulement que cet Apologiste de l'usure qui trouve aujourd'hui tant de partisans & de défenseurs, étoit peu versé dans l'étude de l'Ecriture Sainte & des Peres ; qu'il en parloit avec peu de respect, & qu'il avançoit les plus dangereuses maximes avec une hardiesse qui a obligé M. Duguet à le refuter en certains endroits avec quelque vivacité. Cette Réfutation est de l'an 1690. mais elle ne fut imprimée qu'en 1727. in-12. à Paris, avec quelques autres Ecrits de l'Auteur, dont on parlera.

3. *Traité sur les devoirs d'un Evêque*, imprimé 1°. en 1710. à Caen, sans l'aveu de l'Auteur, & sur une copie fort défectueuse. 2°. réimprimé plus exactement, avec quelques autres *Opuscules* de M. Duguet, à Utrecht, en 1737. Ce Traité fut fait à la priere de M. de Mailli, Evêque de Lavaur. Il seroit à desirer qu'il eût été achevé suivant le projet expliqué au n. 7. du second article. Mais ce que l'on en a donné, ne laisse pas que d'être très-précieux ; & si

l'Auteur n'eſt pas entré, comme il le projettoit, dans tout le détail de ce qu'un Evêque doit à ſon Dioceſe, l'Ouvrage n'en eſt que plus convenable à ceux mêmes qui ne ſont pas élevés à l'Epiſcopat.

4. *Traité des Scrupules*, de leurs cauſes, de leurs eſpéces, de leurs ſuites dangereuſes, de leurs remédes généraux & particuliers, in 12. à Paris chez Etienne en 1717. M. Duguet avoit compoſé ce Traité pour le Pere Dauxi, Prieur d'une Maiſon de Bénédictins. C'eſt une Réponſe à une conſultation de ce Réligieux : il paroît qu'elle fut faite en 1713. ou 1714. comme on le conjecture, d'une lettre de l'Auteur au même Prieur, qui eſt dans le Tome VII. du Récueil de ſes Lettres.

5. *Lettres ſur divers ſujets de morale & de piété.* La grande réputation de M. Duguet, la confiance ſi juſtement méritée que l'on avoit en ſes lumiéres, le zéle qu'on lui connoiſſoit pour éclairer ceux qui avoient recours à lui, ont produit ce Récueil de Lettres dont on a IX. volumes in 12. Deux de ces Lettres parurent d'abord ſans la participation de l'Auteur ; l'une ſous le tître d'*Inſ-*

truction *sur la maniére de conduire les Novices* ; l'autre intitulée : *Avis propres à rétablir & à conserver dans une Réligieuse une piété sincére & fervente.* Lorsque l'Auteur consentit à l'impression du premier volume de ses Lettres, il revit celles-ci, & les publia lui-même plus correctement dans ce premier volume qui parut en 1718. in-12. à Paris. Le 2. le 3. & le 4. furent publiés aussi de son vivant ; l'un en 1728. l'autre en 1729. & le dernier en 1733. l'année même de sa mort. Madame Mol, sa niece, aux soins de laquelle on doit ce riche présent, donna depuis les autres volumes, le 5. & le 6. en 1735. le 7. & le 8. en 1736. & le 9. en 1737.

Les personnes qui ont du goût pour la véritable piété, & pour toutes les vérités saintes de l'Evangile qui sont solidement & clairement expliquées dans ces Lettres, ont reçu ce Récueil avec empressement, & s'en servent avec beaucoup d'utilité. S'il plaît extrême-ment par la variété des sujets, & par la maniére dont chacun est traité ; on peut dire qu'il n'instruit pas moins par les matiéres mêmes qui y sont ordinai-rement discutées avec soin, & dévelopées avec beaucoup de netteté & de folidité. Tous les états, toutes les conditions, auffi-bien que les deux fexes, y trouvent des inftructions qui leur conviennent. On y lit une infinité de cas de confcience réfolus; de décifions appuyées fur les meilleurs principes; quantité de régles de conduite sûres, fondées non-feulement fur la droite raifon; mais encore fur ce que l'Ecriture & la Tradition ont de plus lumineux. L'Auteur fe peint lui-même dans ces Lettres. On y reconnoît par-tout les fentimens & le bon cœur de celui qui écrit, une foi vive & éclairée, une charité tendre & compatiffante, une grande connoiffance du cœur de l'homme & de fes miféres, un grand amour pour l'Eglife, un ferme attachement à fon autorité, à fa doctrine, aux régles de fa difcipline, un zéle ardent pour procurer dans les autres la perfection Evangelique.

Ne diffimulons pas cependant que l'on auroit pû fupprimer plufieurs de ces Lettres, fur-tout dans les derniers volumes, où il y en a quelques-unes qui femblent ne pouvoir guéres intéreffer que l'Editeur, & quelques autres

fur des matiéres dont il eft fouvent dangereux d'expofer la difcuffion aux yeux
de toute forte de Lecteurs.

On y a réimprimé quelques Lettres
qui avoient déja paru feparément, ou
avec d'autres Ouvrages; favoir : *Lettre
fur l'étude des Humanités*, adreffée au
Confrere Chapuys de l'Oratoire, imprimée dès 1694. avec les Entretiens
du Pere Bernard Lamy fur les fciences :
Lettre fur la Peinture, écrite à Madame
de Vieuxbourg, que l'on trouvoit déja
au devant du Cours de peinture de M.
Roger de Piles : *Lettre fur la queftion
où commencent les paroles de la Con-
fécration de l'Euchariftie , & en quoi
elles confiftent* , déja publiée dans la
Differtation fur le même fujet, par M.
Brayer, Chanoine de l'Eglife de Troyes,
& imprimée in-8. à Troyes, en 1733.
C'eft à cet habile Chanoine que cette
Lettre eft adreffée. Enfin deux Lettres,
tant fur les Nouvelles Eccléfiaftiques,
que fur les Convulfions qui avoient
paru d'abord in-4. *

* (Voyez ci-devant l'Avis.)

XI.

Ouvrages dogmatiques de M. Duguet.

M. Duguet n'étoit pas feulement un fage & favant Interpréte de l'Ecriture, un Moralifte éclairé, un Cafuifte sûr; c'étoit auffi un Théologien folide & profond. On fent en lui cette qualité dans tous les Ouvrages fortis de fa plume, dont on a parlé jufqu'à préfent. On l'apperçoit encore plus dans ceux où il ne s'agit que de traiter quelque dogme, ou quelque point particulier de Difcipline. L'un des premiers qu'il ait fait fur cette matiére, eft une *Lettre pour une Dame Proteftante*, qu'il compofa en 1683. ou 1684. fous le nom de la Mere Anne-Marie de Jefus, Réligieufe Carmelite, qui étoit Mademoifelle d'Epernon. Il la mit fous ce nom, parce que la Dame pour qui étoit cette Lettre, avoit une grande confiance dans cette Carmelite, & qu'elle auroit été en garde contre toute autre perfonne. Les commencemens font employés à des préjugés généraux contre l'héréfie, & environ après le tiers de cette Lettre, l'Auteur vient à la Com-

munion sous les deux espéces , parce
que c'étoit sur cela que la Dame Pro-
testante étoit plus peinée. Cet écrit fut
d'abord imprimé à Paris, chez Rolland ;
mais cette édition est pleine de fautes.
On l'a donnée beaucoup plus correctement dans le troisieme volume des Lettres de l'Auteur. M. Bossuet l'ayant lû ,
ne fut pas trompé, par le tître qu'il
portoit dans la premiere édition , & il
ne put s'empêcher de dire, qu'il y avoit
bien de la Théologie sous la robe de
cette Réligieuse.

En 1701. M. Gillot Chanoine de
Reims, dont on a déja parlé , voulant
savoir ce que M. Duguet pensoit du
sistême de M. Nicole sur la grace générale , qui faisoit beaucoup de bruit alors,
lui en écrivit, pour lui demander son
sentiment, & en reçut une longue Lettre, où ce sistême de M. Nicole est réfuté , avec beaucoup de précision & de
force, & où la question des œuvres des
infidéles est approfondie. M. Duguet
avoit expliqué ses sentimens à M. Nicole lui-même ; & il n'a pas cru que le
respect qu'il devoit à sa mémoire, dût
l'empêcher de réléver, comme il le fait,
les écarts où un si grand homme avoit

donné

donné, en cherchant un peu trop à se rapprocher de la plûpart des Thomistes modernes. Cet Ecrit de M. Duguet fut imprimé en 1716. sous le titre *de Réfutation du système de M. Nicole, touchant la grace universelle*, mais sur quelque copie si défectueuse, que l'Auteur n'y reconnut pas son propre ouvrage. On étoit en état de le donner correctement, & tel qu'il étoit sorti des mains de M. Duguet, lorsque M. Fouillou fit imprimer en 1715. à Amsterdam, le Recueil des Ecrits qui regardent cette matiere; mais on appréhenda de commettre l'Auteur dans un tems aussi critique que celui où l'on étoit alors. La mort de M. Duguet faisant évanouir cette appréhension, son Ecrit fut imprimé avec trois autres de ses Opuscules, en 1737. à Utrecht. On lui a conservé le simple titre de *Lettre sur la Grace générale*, qui étoit celui du manuscrit de l'Auteur.

On dit dans le dernier Supplément de Moreri, que M. Eustace, l'un des derniers Confesseurs de la Maison de Port-Royal, partisan du système de M. Nicole, avoit fait une réponse à cette lettre de M. Duguet, dont il avoit eu communication. Mais cette réponse,

ajoûte-t-on , eſt demeurée manuſcrite.
Nous ne croyons pas qu'elle eût pû donner la moindre atteinte à la ſolidité de
l'Ecrit de M. Duguet.

Ce célébre Ecrivain ayant été conſulté ſur la matiere des Exorciſmes ,
vers l'an 1692. par feu M. Bocquillot , Chanoine d'Avalon en Bourgogne ,
connu lui-même par un aſſez grand
nombre d'ouvrages eſtimés , M. Duguet
tâcha de le ſatisfaire ſur cet important
ſujet. M. Bocquillot l'avoit ſeulement
prié de mettre ſes réponſes aux marges
de la lettre qu'il lui avoit adreſſée , &
de vouloir bien appuyer ſon ſentiment
dè quelques raiſons & de quelques autorités. Mais l'Auteur crut qu'une queſtion
auſſi intéreſſante que celle-ci , demandoit d'être traitée avec plus d'étendue.
Ce qu'il en dit lui-même dès le commencement, en diſtribuant ſon Ouvrage
en cinq parties, ſuffit pour en donner une
juſte idée. Comme dans le tems que ce
Traité fut fait , on travailloit au Rituel
de Paris, les Commiſſaires chargés d'y
travailler , eurent connoiſſance de cet
Ecrit, mais ſans en connoître l'Auteur.
Ils le trouverent ſi ſolide , qu'ils crurent devoir ſe conformer aux ſenti-

mens qui y font répandus, jufqu'à retrancher même ce qu'ils avoient déja pû
faire de contraire. Ce Traité a été imprimé en 1727. in-12. à Paris, avec
celui *de l'ufure*, fous le titre de *Differtation Theologique & Dogmatique fur
les Exorcifmes, & les autres cérémonies
du Baptéme.* Le même volume contient
encore de M. Duguet un *Traité Dogmatique fur l'Euchariftie*, compofé en
1722. Ce n'eft point un Ouvrage fait
contre les Proteftans, quoique plufieurs
des vérités qu'ils combattent fur le my-
ftere de l'Euchariftie y foient folidement difcutées & éclaircies. Le but
principal de l'Auteur eft de refuter plufieurs propofitions qu'une Philofophie
fauffe, & qui eft peu d'accord avec l'E-
criture & la Tradition, avoit fait
enfanter par quelques Profeffeurs catholiques qui étoient connus de l'Auteur.

Il faut mettre encore au nombre des
Ecrits dogmatiques de M. Duguet deux
Lettres imprimées en 1737. avec le
Traité du devoir des Evêques, & la
Lettre fur la grace générale. La pre-
miere eft adreffée *à feu M. l'Evêque
de Montpellier*, au fujet de fes Remon-

trances au Roi fur la fignature du Formulaire. Elle eft du 25. Juillet 1724.
La feconde eft écrite au favant Cano-
nifte *Van-Efpen* , fur l'obligation où
font ceux qui connoiffent la vérité, de la
défendre, & de lui rendre témoignage
par des Actes publics, quand elle eft atta-
quée, & contre l'indifférence, où le filence ordonné ou protegé par les puiffances
dans les difputes fur la Religion. C'eft le
titre entier de cette Lettre qui eft du 16.
Août 1721. L'une & l'autre avoient déja paru féparément in-4°. La premiere
eut un adverfaire qui y fit une Réponfe,
qu'il intitula *Les inouïs* de M. Duguet
dans fa Lettre à M. l'Evêque de Montpellier ; parce que plufieurs phrafes
de cette Lettre commencent par ces
mots : *il eft inouï.* Cette Réponfe qui
eft un brochure in-8. fut fupprimée par
le Miniftere public ; & la Lettre de M.
Duguet eut le même fort par un Arrêt
du Confeîl. C'eft le feul de fes Ecrits
contre lequel l'Autorité publique fe foit
déclarée.

Enfin un dernier Ouvrage dogmatique de M. Duguet, eft un Traité des
Principes de la Foi chrétienne , en 3.
volumes in-12. imprimés à Paris chez

Guerin en 1736. Le Pere Philibert-Bernard Lenet, Chanoine-Regulier de la Congrégation de Sainte Géneviéve, dit dans la Préface dont il a orné ce Traité, que l'Auteur l'avoit compofé il y avoit alors près de vingt ans. Perfonne n'étoit plus en état que M. Duguet de traiter folidement une matiere fi noble & fi intéreffante. Il avoit fait une étude particuliere de la Religion, ou plutôt il n'a jamais étudié qu'elle, pendant le long cours d'une vie continuellement appliquée & également foutenue ; puifqu'il rapportoit toutes fes autres études, quelque vaftes qu'elles fuffent, à cet unique objet. Il n'avoit pas feulement acquis par-là une connoiffance auffi fublime que profonde de cette divine Religion, il avoit encore conçu pour elle les fentimens les plus vifs & les plus tendres, & perfonne ne favoit mieux s'en exprimer. C'eft ce que l'on fent, en lifant ce Traité des Principes de la Foi, & l'on doit regretter que l'Auteur ne l'ait pas achevé. Il en eft refté au cinquiéme Chapitre de la quatriéme partie, où comme il paroît par fon Manufcit, dit le Pere Lenet, il devoit parler de la doctrine de Jefus-

Chriſt, & il auroit paſſé de-là ſans doute à ſes Myſteres & à ſon Egliſe, ſuivant le plan qu'il expoſe chap 1. art. 1. de cette Partie. Mais la mort l'a empêché de reprendre & de finir, comme il ſe le propoſoit, cet Ouvrage ſi long-tems interrompu.

X I I.

Inſtitution d'un Prince.

Il eſt inutile de regretter cette perte, que l'on ne peut reparer. Béniſſons Dieu de ce que l'Auteur avoit mis la derniere main à un autre Ouvrage dont on vient enfin d'enrichir le public. Nous parlons de l'*Inſtitution d'un Prince, ou Traité des qualités, des vertus & des devoirs d'un Souverain.* Voici en peu de mots l'hiſtoire de cet Ouvrage deſiré depuis ſi long-tems, imprimé enfin cette année 1740. *in-*4. & *in-*12.

Le Duc de Savoye qui avoit conçû l'idée d'un pareil Ouvrage, pour l'éducation du Prince ſon fils aîné deſtiné par les Alliés à monter ſur le Thrône d'Eſpagne, s'en entretint avec l'Abbé de Tamied dont on a déja parlé, & le chargea de chercher quelqu'un qui pût entrer dans ſes vûes , & qui fût capable de les bien remplir. L'Abbé promit d'y penſer ſérieuſement ; mais le choix d'un Ecrivain qui eut toutes les qualités requiſes pour traiter dignement & ſolidement la matiere propoſée , l'inquiétoit , lorſque la Providence envoya M. Duguet à Tamied. L'Abbé qui connoiſſoit toute l'étendue des lumieres & de la capacité de ce grand homme , ne balança plus ſur le choix qu'il devoit faire. Il en parla au Prince , & lui dit qu'il avoit actuellement l'homme de l'Europe le plus capable d'exécuter le projet dont il avoit bien voulu l'entretenir. M. Duguet eut dès lors avec le Prince des converſations qui répondirent à la haute idée qu'on lui avoit donné de ſon mérite. L'affaire fut conclue. M. Duguet commença à travailler dans l'Abbaye même où il jouiſſoit d'un grand loiſir & de beaucoup de tranquillité. De retour à Paris , après la mort de Louis XIV. il acheva les deux premieres parties , les fit tranſcrire , & les envoya au Duc de Savoye par le ſieur Blondin , domeſtique du célébre M. Rollin. C'eſt de M. Rollin même que l'on tient cette circonſtance ; ce qui

montre que l'on a eu tort de dire dans
la Préface de l'Edition *in* 4. de l'Ouvrage dont il s'agit, que le Duc de Savoye ignora d'abord que ce Traité venoit de M. Duguet. Nous ajoutons qu'il
n'est pas moins constant que la troisiéme & la quatriéme Partie ont été
commencées & finies à Paris, & qu'elles
n'ont point été envoyées au Duc de Savoye.

Cet Ouvrage est donc divisé en IV.
Parties. La premiere traite des qualités
& des vertus d'un Prince par rapport
au Gouvernement temporel. La seconde, de ses devoirs par rapport au même
Gouvernement. La troisiéme, des qualités & des vertus d'un Prince Chrétien,
consideré comme Chef d'une societé fidelle & Chrétienne. La quatriéme enfin,
des devoirs d'un Prince Chrétien, par
rapport au peuple consideré comme une
société Chrétienne, qui est nécessaire-
ment liée avec la Religion.

Nous n'entreprendrons point de louer
cet Ouvrage, il est fort supérieur à tous
les éloges que nous pourrions lui donner. C'est tout dire que M. Duguet y
est au-dessus de lui-même. Jamais la
Politique n'a été traitée avec tant de

grandeur , de nobleſſe & de ſolidité. Sans prétendre vouloir rien diminuer du mérite de la *Politique tirée de l'Ecriture ſainte* , compoſée par le grand Boſſuet, nous croyons que l'on peut dire encore à plus juſte titre de l'Ouvrage de M. Duguet, ce que l'on dit dans la Preface de celui du Prélat. Quoique la matiere que l'Auteur embraſſe, ſoit d'une grande étendue, qu'il entre dans tous les plus grands détails, que rien n'y ſoit oublié pour ſon deſſein , tout cependant s'y développe par principes & par degrés , inſenſiblement & naturellement l'un après l'autre ; tout y eſt en ſa place, & dans un ordre ſi clair & ſi démonſtratif, que l'eſprit humain ne trouve rien à deſirer pour ſe former l'idée d'un Gouvernement ſtable & heureux, & le modéle d'un Prince parfait. Le ſtile en eſt par-tout égal, vif, ſerré & naturel : les refléxions ſont nobles, grandes, ſolides, capables d'élever l'eſprit de quiconque voudra lire cet Ouvrage avec un peu d'attention, & de faire ſur tout Lecteur les impreſſions les plus fortes & les plus avantageuſes. Le choix des raiſons, des preuves, des autorités, des exemples , eſt fi exquis, fi frappant, que l'on peut dire qu'il eſt impoſſible de lire cet Ouvrage ſans en devenir plus éclairé, ſans être plus pénétré, plus touché des grandes vérités dont il eſt rempli. C'eſt ſans doute par ces qualités que cet Ouvrage poſſede ſi éminemment, que la Cour, tout Paris, & l'on pourroit dire le Royaume entier, & les Pays étrangers où notre Langue eſt connue, s'empreſſent de le demander, & qu'on ne peut en quitter la lecture quand on l'a une fois commencée.

Quand M. Duguet n'auroit fait que ce ſeul Ouvrage, il mériteroit des louanges infinies, & ſa réputation ſeroit immortelle. Mais ce Livre donne encore un degré de vérité de plus au portrait que le Continuateur connu de la Bibliothéque des Auteurs Eccléſiaſtiques de M. du Pin fait de ce grand homme, de ce pieux & ſavant Ecrivain, au commencement du Tome II. de ſon Ouvrage. C'eſt par-là que nous finirons cet éloge hiſtorique.

» Tout le monde convient, (dit l'Au» teur que nous venons de citer) que M.
» Duguet a été un de ces hommes rares,
» qui ont ſu unir les plus grands talens

» à la vertu la plus sublime. Théologie,
» Histoire, Langues savantes, Belles
» Lettres, Critique judicieuse, Science
» profonde de l'Ecriture ; tout ce qui
» est du ressort de l'esprit & du cœur,
» se trouve en lui dans un degré supé-
» rieur. La délicatesse de son génie se
» fait sentir dans tout ce qui est sorti
» de sa plume ; & sa piété n'y éclatte pas
» moins, qu'elle a brillé constamment
» dans toute sa conduite, jusqu'au der-
» nier soupir de sa vie. Son style est
» vif, brillant, animé, quelquefois trop
» diffus & un peu éloigné du naturel : »
nous ajoutons, excepté dans le Traité
de l'*Institution d'un Prince*, que l'Auteur n'avoit point vû, comme il l'a-
vouera sans peine, si cet important Ouvrage occupe jamais quelques heures de
son tems.

  » Ses expressions sont riches, ajoute
» le même Auteur, souvent subli-
» mes. M. Duguet avoit du goût pour
» tous les Arts, comme pour toutes les
» Sciences, & sans avoir approfondi les
» premiers, il en parloit souvent mieux
» & avec plus de justesse que ceux qui
» y étoient consommés. Ces décisions
» sur la Morale sont sûres autant que

» lumineuſes ; & il eſt ſans contredit le
» premier Caſuiſte qui ait paru dans
» ces derniers tems. » Ajoutons encore
que le Traité de l'Inſtitution d'un Prince,
le fera ſans doute regarder dès à préſent, & dans la poſtérité la plus recu-
lée, comme le premier Politique Chrétien. On a extrait de cet Ouvrage pluſieurs *Maximes importantes*, dont on a
donné un Recueil depuis peu : c'eſt une
brochure de 28. pages in-12.

ADDITION.

XIII.

*Difpofitions de M. Duguet fur les
conteftations qui agitent l'Eglife.*

IL eft affez étonnant que dans tout
ce qu'on vient de lire, l'on n'apprenne prefque rien de diftinct fur les
difpofitions de M. Duguet par rapport
aux conteftations qui agitent l'Eglife
depuis un fiécle *. Cependant elles ont
été affez manifeftées par plufieurs démarches qui les ont rendus éclatantes.
On nous fauroit mauvais gré fi nous
n'en renouvellions pas ici le fouvenir,
en recueillant ce qui fe trouve épars à
ce fujet dans différens Ouvrages.

* Il y a apparence que l'Auteur de la Vie n'a
fait cette omiffion, que parce qu'il écrivoit en
France ; & qu'il n'auroit pas cru deshonorer
M. Duguet, en faifant le recit d'une multitude
d'actions dont ce grand homme s'eft fait pendant près de 50. ans un honneur comme un
devoir.

Certainement parmi les perſonnes
qui depuis la fin du ſiécle dernier ont
été connues ſous le nom de Janſéniſtes
ou de Diſciples de S. Auguſtin, & ſous
celui d'Appellans, il n'y en a gueres
eu de plus célebre, ni de plus digne de
l'être que M. Duguet. Un homme qui
avoit tant médité les divines Ecritures
& qui étoit ſi inſtruit de la Tradition,
ne pouvoit manquer d'être très-uni
aux Prélats & aux Théologiens que
Dieu depuis un ſiécle a oppoſé comme
un mur d'airain aux attaques des cor-
rupteurs de la morale & de la ſaine
doctrine.

On a vû ci-devant qu'en 1685. M.
Duguet ſortit de l'Oratoire, ne pouvant
ſe ſoumettre au joug que vouloit im-
poſer à cette Congrégation M. de Har-
lai Archevêque de Paris, par ſon plan
d'étude, où il n'étoit pas ſeulement
queſtion, comme on l'a vû, du Carté-
ſianiſme, mais auſſi de ce que ce Prélat appelloit le Baïaniſme & le Janſé-
niſme. Tout ce que l'on ſait de M.
Duguet, porte naturellement à croire que
ce fut plus la conſidération de la doctrine & de la Théologie, que celle de
la Philoſophie qui le détermina à ſe

retirer à Bruxelles. Il y demeura quelque-tems non-feulement avec M. Arnauld, mais auffi avec le Pere Quefnel
qui fortit dans le même-tems & pour
le même fujet de l'Oratoire.

Il revint enfuite en France, dans la
réfolution d'y vivre très-retiré & inconnu, s'il lui étoit poffible. Au bout de
quelques années & peu à peu diverfes
perfonnes le découvrirent & trouverent
le moyen de le confulter, & quelques-
unes même de le voir. Bientôt fon
mérite éminent le fit appeller, par
tous ceux qui le connoiffoient, *le
Voyant.*

Perfonne n'eut plus de part que lui
aux démarches que plufieurs Evêques
& Theologiens crurent devoir faire par
rapport à la Bulle *Unigenitus*, qui fut
donnée à la fin de 1713. M. Duguet
fut pendant nombre d'années comme le
chef & l'ame de ceux qui éleverent leur
voix pour la confervation de la faine
doctrine, à laquelle cette Bulle donne
tant d'atteinte. Dès 1713. il donna le
projet de plufieurs Ecrits, où l'on com-
battit la méthode des Explications,
moyennant lefquelles nombre de per-

fonnes prétendoient dès-lors recevoir la bulle *Unigenitus*, ne la jugeant pas recevable autrement.

Son grand mérite étoit alors connu de tout le monde, depuis plufieurs années, & il n'en fallut pas davantage en 1715. pour le faire inquietter. On a vû ci-devant comment il évita l'orage qui fe formoit au-deffus de fa tête, mais le fujet n'en ayant pas été expliqué d'une maniere fuffifante, on nous permettra d'en parler ici d'après l'Auteur de l'Hiftoire de la Conftitution. *

Trois Ouvrages nouveaux faifoient fur-tout grande peine aux Jéfuites: 1. le *Traité de l'action de Dieu fur les créatures*, où le fiftême de Molina leur Confrere eft ruiné fans reffource : 2. les *Hexaples*, où l'on fait voir d'une maniere fenfible la conformité qu'il y a entte la doctrine qu'on a prétendu condamner dans la Bulle *Unigenitus*, & celle de toute la Tradition : 3. le *Témoignage de la vérité*, où l'on depeint d'une maniere naturelle, vive & frappante, l'irrégularité de la conduite qu'on avoit tenue

* **Tome I. n. XLI.**

pour faire accepter la Bulle. Les Jésuites embarassés s'avisérent d'un stratagéme singulier : ils chercherent des défenseurs parmi leurs adversaires. Pour cela ils engagerent le feu Roi à ordonner aux personnes qui avoient le plus de réputation, de travailler contre les Ouvrages dont nous venons de parler, s'ils ne vouloient pas se rendre suspects d'en être les Auteurs, &c.

M. Duguet étoit sans contredit le plus célébre de ceux à qui on crut devoir s'adresser : il y avoit déja longtems qu'il étoit connu, & depuis que *la Priere publique* eut paru, la jalousie des Jésuites avoit éclattée contre lui. Ce respectable Théologien fut donc mandé le 26. Mai 1715. chez M. d'Argenson, en conséquence d'un ordre de M. le Comte de Pontchartrain. Le Lieutenant de Police le reçut fort civilement, mais il lui fit adroitement diverses questions qui tendoient à le faire expliquer sur la Bulle. M. Duguet crut devoir user de prudence, & il se contenta de répondre précisément aux questions qu'on lui faisoit, étant d'ailleurs résolu de *suppléer par la retraite qu'il médita dès ce moment, à ce qui pourroit man-*

quer à ce premier témoignage. Au reste il refusa absolument d'écrire contre les Ouvrages dont on lui parla, quoiqu'il convînt que dans le *Témoignage de la vérité* il avoit trouvé des expreſſions qui n'étoient pas exactes.

Il alla enſuite à Neuville près de Pontoiſe, qui étoit une maiſon de campagne appartenante à M. le Préſident de Ménars. Mais ayant eu avis le 19. Juin ſuivant, que l'on formoit quelque violent deſſein contre lui, il prit le parti de ſe retirer dans un lieu ſûr ; de ſorte que M. le Préſident de Ménars lui-même interrogé par ordre du Roi ſur le lieu de la retraite de M. Duguet, répondit préciſément qu'il ne le ſavoit pas. Cependant on envoya des Archers viſiter toutes les maiſons de ce Magiſtrat, comme s'il s'étoit agi de découvrir un criminel d'Etat.

Peu de tems après que Louis XIV. fut mort, on vit reparoître M. Duguet. Ce grand homme fut conſulté de nouveau ſur toutes les affaires de l'Egliſe de France qui prirent alors une nouvelle face, & pendant douze ou quinze ans il fut comme l'ame des Oppoſans à la Bulle *Unigenitus.* Le bruit ayant couru à la fin de 1716. que M. le Cardinal de Noailles étoit près de la recevoir avec des Explications, le Clergé séculier de Paris, écrivant des Lettres très-fortes à ce Prélat, pour l'en détourner, M. l'Abbé Duguet dreſſa lui-même celle de la paroiſſe de S. Roch, ſur laquelle il demeuroit, & la ſigna avec M. l'Abbé d'Asfeld. Vers le même tems & au commencement de 1717. MM. les Evêques de Mirepoix, de Senez, de Montpellier & de Boulogne conférerent avec lui ſur la maniere de concerter l'Appel qu'ils interjetterent de la Bulle *Unigenitus* le 1. Mars 1717. Le grand Mémoire que ces Prélats donnerent en 1719. & qui contient & les motifs de leur appel, & la preuve des atteintes que la Bulle donne à la ſaine doctrine, fut communiqué à M. Duguet, qui ne pouvoit ſe laſſer d'admirer la beauté de cet Ouvrage, lequel a pour Auteur M. Bourſier Docteur de Sorbonne.

Le fameux Accommodement conclu en 1720. & la Déclaration du Roi qui autoriſoit la réception de la Bulle avec des Explications, donnerent une nouvelle occaſion à M. Duguet de prendre part aux affaires de l'Egliſe. Il fit en faveur d'un des Magiſtrats du Parlement de Paris, qui étoit alors à Pontoiſe, & que la Cour ſollicitoit vivement d'enregiſtrer la Déclaration, un Ecrit qui a pour titre : *Penſées d'un Magiſtrat ſur la Déclaration qui doit être portée au Parlement.* Conſulté par les Evêques Appellans, il dirigea les démarches qu'ils firent pour renouveller leur Appel. Il dicta même le premier Acte que divers Eccléſiaſtiques commencerent à ſigner dès le 14. Mars 1720. & il fut vers la fin de l'année, le principal mobile des fameuſes Liſtes du Reappel, qui ayant paru au commencement de 1721. donnerent lieu à ces interrogatoires que le Nonce fit ceſſer pour l'honneur de la Bulle, & dans leſquels M. l'Abbé d'Asfeld, qui étoit ſi uni de ſentimens avec M. Duguet, n'héſita point à dire : qu'il n'avoit jamais mis *aucune différence entre recevoir la Bulle & tomber dans l'apoſtaſie :* qu'il ne vouloit conſentir à *aucun accommodement qui autoriſât la Conſtitution, ou qui affoiblît les Appels,* & qu'il regardoit en particulier celui dont il étoit queſtion, *comme une voie qui n'étoit propre qu'à détruire toute Religion.*

Les ennemis de la paix ne venant pas aſſez-tôt à bout de leurs deſſeins par le moyen de la Bulle *Unigenitus*, renouvellerent en 1723. l'affaire du Formulaire d'Alexandre VII. Ce fut ce qui donna occaſion aux Remontrances que M. l'Evêque de Montpellier adreſſa au Roi en 1724. & où il rappella la mémoire & les conditions de la Paix qui fut autrefois donnée à ce ſujet ſous le Pontificat de Clément IX. en 1668. Peu de tems après nombre d'Eccléſiaſtiques & de Religieux écrivirent à ce Prélat, pour lui déclarer qu'ils n'avoient point d'autres ſentimens que ceux qu'il venoit d'expoſer. Diverſes conſidérations empêcherent ces témoignages de paroître alors. Ce n'étoit pas l'avis de M. Duguet : auſſi voulut-il abſolument que la Lettre qu'il avoit écrite le 25. Juillet 1724. fût donnée au public. Elle parut donc imprimée au commencement de Novembre. Comme elle étoit ferme & vigoureuſe, la Cour en fut irritée, & l'on vit bientôt paroître un Arrêt du Conſeil qui la condamnoit à être ſupprimée & lacérée, & or-

* Hiſt. de la Conſt. Tom. IV. p. 113. &c.

donnoit au Lieutenant de Police d'informer contre l'Auteur, l'Imprimeur & les diſtributeurs. Cela obligea M. Duguet de ſe tenir caché pendant un tems aſſez conſidérable.

Il étoit tranquille à Troyes en 1727. mais l'amour de la vérité & de l'innocence opprimées par le Concile d'Embrun dans la perſonne de M. l'Evêque de Senez, le porta à s'expoſer encore à quelque épreuve. Non-ſeulement il fut d'avis qu'on ſe réunît pour rendre un nouveau témoignage à la vérité, mais il voulut même que ſon nom parût ſur les Liſtes qui ſe firent. Celle du Diocéſe de Troyes fut la premiere imprimée par un effet de ſon zele, qui étoit ſage & éclairé. Vers ce même tems, on donna au Public un petit Ecrit de M. Duguet qui a pour titre : *Maximes abrégées ſur les déciſions de l'Egliſe*, avec des préjugés légitimes contre la Conſtitution *Unigenitus.*

Ce qui nous reſteroit à dire ſur la vie de ce grand homme ſe verra dans l'Extrait ſuivant, ou nous ne croyons devoir omettre que la Liſte de ſes Ouvrages, parce que l'on en trouvera ci-après une beaucoup plus exacte.

EXTRAIT

Des Nouvelles Ecclésiastiques du
23. Novembre 1733. *Article*
de Paris.

XIV.

Suite du même sujet.

M. l'Abbé Duguet mourut ici subite-
ment le Dimanche 25. Octobre dernier
dans sa quatre-vingt-quatriéme année,
& fut inhumé le 27. du même mois sur
le midi dans l'Eglise de S. Medard sa Paroisse, auprès de la sépulture du célébre
M. Nicole. Il y eut à l'enterrement un
grand concours de personnes de mérite
& de distinction, qui presque toutes
avoient été la veille à la maison du Dé-
funt, jetter de l'eau bénite sur le corps.
   Cet Abbé qui étoit né à Montbrison
en Forès le 19. Décembre 1649. entra
fort jeune dans la Congrégation de l'O-
ratoire, d'où il fut ensuite obligé de
se retirer, & de demeurer caché en
Flandres pendant quelques mois avec

M. Arnauld & le Pere Quefnel. Il avoit été témoin en 1668. de la Paix de Clément IX. & s'en étoit entretenu avec MM. Arnauld & Nicole, qui en favoient fi bien tout le détail. Lorfqu'il fortit de fa premiere retraite, M. de Menars Préfident à Mortier lui en donna une chez lui avec l'agrément du Roi, obtenu par l'entremife du Pere de la Chaife dont M. Duguet étoit parent, & qu'il vit à cette occafion. Pendant l'efpace de plus de trente ans qu'il demeura foit en ville, foit à la campagne, chez M. le Préfident de Menars, il aida de fes confeils un grand nombre de perfonnes de tout état & de toute condition ; & il y édifia par fa grande piété & par une vie très-occupée.

En 1696. feu M. le Cardinal de Noailles Archevêque de Paris, depuis Cardinal, ayant publié fa célébre Inftruction Paftorale fur les matieres de la grace & fur l'amour de Dieu, M. Duguet adreffa à M. l'Abbé Boileau de l'Archevêché, (depuis) Chanoine de Saint Honoré, une Lettre dans laquelle il lui expofoit fon jugement fur cette célebre Inftruction. Cette Lettre fut fuivie d'une réponfe folide attribuée au

Pere

Pere Quesnel, en datte du 11. Mars
1697. & elle donna lieu à un Ecrit intitulé : *Histoire abrégée du Jansénisme*,
dont M. Louail (Auteur du premier Tome de l'Histoire de la Constitution,)
& Mademoiselle de Joncoux connue
par sa Traduction de Vendrok, étoient
Auteurs.

On peut voir dans le premier Tome
de l'Histoire de la Constitution, comment M. Duguet fut inquiété en 1715.
à l'occasion de cette Bulle, & comment
il se retira alors *dans un lieu sûr, qu'il
cacha à tous ses amis, & même à M. le
Président de Menars.* C'étoit à Tamiers*,
Abbaye située dans les Etats de Victor
Amédée Roi de Sardaigne, laquelle
étoit nouvellement réformée par l'Abbé de Jouglas (de Parafa.) Il revint à
Paris au mois d'Octobre de l'année suivante, c'est-à-dire, au commencement
de la Régence, & son nom se trouva
sur les fameuses Listes du renouvelle-
ment d'Appel en 1721. Quelque - tems
après il fit une réponse admirable à M.
Van-Espen qui le consultoit au nom

---

* Ou Tamied : & l'on prononce comme si on
écrivoit *Tamié.*

des Ecclésiastiques de Louvain & des Pays-Bas, opposés à la Bulle, sur la conduite qu'ils devoient tenir pour manifester leurs sentimens.

En 1724. M. l'Evêque de Montpellier ayant pris sur le Formulaire d'Alexandre VII. le parti que tout le monde sait, & qui attira à ce Prélat la saisie de son temporel, M. l'Abbé Duguet lui écrivit à ce sujet une Lettre qui a été rendue publique : démarche qui l'obligea encore de pourvoir à sa sûreté. Il se retira ensuite à Troyes, où étant de nouveau inquiété, il vint en 1729. à Mainville à 4. lieues de Paris, puis à Paris même, d'où il se crut obligé de se réfugier en Hollande, (en 1730.) Il y alla en effet, & y fut reçu avec distinction par feu M. Barchman Archevêque d'Utrecht, qui pendant son séjour à Paris, avoit souvent profité de ses conseils. Mais il y resta peu : il revint en France (l'année suivante) avec l'agrément de la Cour, & séjourna quelque-tems à Troyes. Enfin avec le même agrément, & du consentement de M. de Vintimille Archevêque de Paris, il revint en cette Ville, il y a environ un an, & y a demeuré jusqu'à sa mort.

Personne n'ignore les talens extraordinaires qu'il avoit reçus du Ciel. Il joignoit à un esprit vif, pénétrant, étendu, une vaste érudition tant profane que sacrée, une mémoire prodigieuse, le don de conseil, de grandes vûes, une éloquence qui se fait assez sentir dans ses Ouvrages imprimés, un stile délicat, energique, orné, non-seulement dans ses Ecrits, mais (ce qui est plus rare,) dans la conversation même ; enfin une facilité extrême pour saisir sur le champ tout ce qui lui étoit proposé, & une vûe perçante qui lui faisoit appercevoir pour l'ordinaire le vrai, & presque toujours les meilleurs partis qu'il y avoit à prendre.

(*L'Auteur des Nouvelles donne en-suite la Liste des principaux Ouvrages de M. Duguet , après quoi il continue dans les termes suivans.*)

On a aussi de ce grand homme une Lettre imprimée & écrite de Troyes en datte du 9. Février 1732. *à un Professeur d'un College de l'Oratoire.* C'est cette Lettre que nous avions en vûe dans l'Article qui est à la tête de la feuille de nos Nouvelles du 15. Mars 1732. & dont nous avons parlé en dernier lieu le 28. Octobre de cette année, à l'occafion de la cinquiéme *Lettre Théologique* de Dom la Tafte ; qui nous en objectoit l'autorité. *

Ce même Pere, (ainfi que quelques autres Anticonvulfioniftes) a cité auffi M. Duguet comme oppofé aux Convulfions. Mais il eft certain & même public que M. Duguet n'avoit rien vû, ni rien examiné fur cette matiere. Il n'étoit point inftruit des faits, & la fituation où il fe trouvoit par un affemblage de circonftances fort extraordinaires , empêchoit qu'il ne le fût, & qu'il ne pût l'être.

Il a fait un Teftament qui eft du 7. Decembre 1729. confirmé le 15. Septembre 1733. dans lequel on trouve la déclaration fuivante de fes dernieres difpofitions par rapport aux affaires préfentes de l'Eglife.

* Il a été ci-devant parlé de la lettre dont il eft ici queftion & où M. Duguet cenfure les Nouvelles Eccléfiaftiques. L'Auteur de ces Nouvelles a dit à ce fujet dans la feuille du 28. Octobre 1733. qu'il avoit *mis autant qu'il lui étoit poffible les refpectables avis de M. l'Abbé Duguet à profit , en repréfentant néanmoins dans les Nouvelles du 15. Mars ce qu'il avoit cru raifonnable pour fa juftification.*

„ Je rens graces à Dieu, Pere de
„ Notre Seigneur Jesus-Christ, Pere des
„ misericordes & Dieu de toute conso-
„ lation ; de ce qu'il m'a donné une foi
„ sincere & une pleine soumission à
„ toutes les vérités qu'il lui a plu me
„ révéler par ses Ecritures & par la Tra-
„ dition, & un attachement inviolable
„ à son Eglise qui en est la dépositaire.
„ Je lui rends aussi de très-humbles ac-
„ tions de graces, de ce que par une
„ suite de ces dispositions, il m'a porté
„ à consentir de tout mon cœur à l'Ap-
„ pel que des Evêques très éclairés,
„ des Universités très-savantes, & un
„ nombre presque infini d'Ecclésia-
„ stiques & de Religieux recomman-
„ dables par leur mérite, ont interjetté
„ de la Constitution *Unigenitus* au Con-
„ cile Général, à y adhérer avec le
„ Clergé de la Paroisse de S. Roch à
„ Paris, & à renouveller mon adhésion
„ avec tous ceux dont les noms furent
„ imprimés en 1721. Je déclare que je
„ persiste dans un Appel qui m'a paru
„ absolument nécessaire avant même
„ qu'on eût employé ce moyen ; & je
„ crois ne pouvoir donner des marques
„ plus certaines, ni plus publiques

,, de mon attachement à la vérité & à
,, l'autorité de l'Eglise, qu'en recourant
,, au Concile Général qui la repréfente,
,, & qui eft comme elle dépofitaire de
,, la vérité, le lien de l'unité, & le re-
,, mede aux divifions & au fchifme. ,,

CATALOGUE
Des Ouvrages de M. l'Abbé Duguet.

TRaité de la Priere publique & des difpofitions pour offrir les faints Myf-teres, 1. vol. in-12. *Paris.* 1707. (On en a fait depuis plufieurs éditions.)

Traité fur les devoirs d'un Evêque. *Caen.* 1710. (Reimprimé plus exacte-ment, avec les *Opufcules,* &c. ci après.)

Regles pour l'intelligence des faintes Ecritures 1. vol. in-12.*Paris.* 1716.(On en a fait depuis plufieurs Editions. M. d'Afeld eft Auteur de la Préface.)

Réfutation du Syftême de M. Nicole touchant la grace univerfelle. 1. brochu-re in-12. 1716.(Réimp. depuis beaucoup plus correctement avec les *Opufcules.*)

Traité des fcrupules, &c. 1. vol. in-12. *Paris.* 1717.

Lettres fur divers fujets de morale & de piété. 9. vol. *Paris.* 1718. 1728. 1729. 1733. 1735. 1736. 1737.

Penſées d'un Magiſtrat ſur la Déclaration qui doit être portée au Parlement 1720. brochure in-4.

Conduite d'une Dame Chrétienne. 1. vol. in-12. *Paris* 1725.

Diſſertation Théologique & dogmatique ſur les exorciſmes & autres cérémonies du baptême : Traité dogmatique de l'Euchariſtie : Réfutation d'un Ecrit ſur l'uſure. 1. vol. in-12. *Paris.* 1727.

Caracteres de la charité, &c. 1. vol. in-12. *Paris.* 1727. (on en a fait depuis pluſieurs éditions : la meilleure eſt de 1735.)

Maximes abrégées ſur les déciſions de l'Egliſe , & préjugés légitimes contre la Conſtitution,&c. broch. in-4°.1727.& in-12. dans un *Recueil de divers Ouvrages ſur la Conſtitution* 1740. *Utrecht.*

Explication du myſtere de la Paſſion , ou Jeſus crucifié. 2. vol. in 12. *Paris.* 1728. (On en a fait pluſieurs éditions.)

Ouvrage des ſix jours , ou hiſtoire de la Création. 1. vol. in-12. 1731.

Réflexions ſur le Myſtere de la Sépulture, ou le Tombeau de J. C. 2. vol. in-12. 1731.

Explication de la Geneſe. 6. vol. in-12. *Paris.* 1732.

d iv

Explication du Livre de Job. 4. vol. in-12. *Paris.* 1732.

Lettre à un Profeſſeur, &c. 1732.

Explication de pluſieursPſeaumes. 4. vol. in-12 *Paris.* 1733. (M. d'Asfeld y a donné un ſupplément.)

Explication du myſtere de la Paſſion de N. S. J. C. ſuivant la Concorde. 9. ou 14. vol. in-12. *Paris.* 1733. (On en avoit déja imprimé quelques parties ſé-parément : voyez la Vie p. IX.)

Explication des XXV. premiers Cha-tres d'Iſaïe , &c. 6. vol. in-12. *Paris.* 1734. (M. d'Asfeld y a eu part : voyez-ci-devant p.XXV. On a donné à part un *Supplément* qui contient une portion cu-rieuſe de l'Ouvrage de M. Duguet , la-quelle n'avoit pas été imprimée avec le reſte.)

Traité des Principes de la Foi Chré-tienne. 3. vol. in-12. *Paris.* 1736.

Recueil de quatre *Opuſcules* : ſavoir, Traité des devoirs d'un Evêque ; Lettre ſur la grace générale ; Lettre à M. de Montpellier ; Lettre à M. Van-Eſpen. 1. vol. in-12. *Utrecht.* 1737.

Explication des Livres des Rois 5. vol. in-12. *Paris* 1738. &c. (M. d'Asfeld y a eu part : voyez la Vie, p. XXVII.)

Inſtitution d'un Prince, ou Traité des qualités, des vertus & des devoirs d'un Souverain. 1. vol. in-4°. *ou* 4. vol. in-12. *Leide* 1739. (Reimprimée de même en France 1740. Pour cette nouvelle Edition de 1743. elle n'a que 3. vol. in-12.)

Conférences Eccléſiaſtiques ou Diſſertations ſur les Auteurs, les Conciles & la Diſcipline des premiers ſiécles de l'Egliſe. 2. vol. in-4°. 1742. Voyez-ci-devant l'*Avis*. (On y a joint le Traité des devoirs d'un Evêque dont il a été parlé ci-deſſus.)

PREFACE
De la premiere Edition.

L'Ouvrage que je préfente au Public eft du célébre Monfieur l'Abbé Duguet, déja fi connu par tout ce qui a paru de lui. J'ai été affez heureux pour en recouvrer une Copie que j'ai lieu de croire exacte. Je ne crois pas qu'il ait jamais été imprimé : Je fçais feulement qu'en 1733. on en commença l'impreffion en Savoye, à ce qu'on dit dans la Ville d'Annecy ; mais l'Auteur, qui vivoit encore, & à qui l'humilité, le defir d'être oublié, & l'éloignement pour les louanges, faifoient defirer qu'au moins de fon vivant fes Ouvrages ne fuffent pas imprimés, trouva le moyen de faire fupprimer cette impreffion, quoique cet Ouvrage fût extrêmement defiré de tous ceux qui en avoient quelque connoiffance.

(*L'Editeur rend enfuite compte de la maniere dont il croyoit que* l'Institution d'un Prince *avoit été compofée* ;

mais on a cru devoir omettre ce qu'il en dit, parce que cela est rapporté plus exactement dans la Vie de M. Duguet. Mais comme il donne deux Lettres que ce grand homme avoit écrites sous le nom de l'Abbé de Tamiers, dans le tems qu'il croyoit pouvoir se cacher au Duc de Savoye, nous les mettrons ici.)

A MONSEIGNEUR
LE DUC DE SAVOYE.
Sous le nom de l'Abbé de Tamiers.

MONSEIGNEUR,

,, IL n'y a rien qui donne plus de har-
,, diesse que la reconnoissance, & j'é-
,, prouve qu'il est difficile de la retenir
,, dans les bornes étroites du respect,
,, quand elle est parfaite. Si j'avois de
,, moindres obligations à V. A. R. je
,, consentirois à demeurer dans le silen-
,, ce ; mais il tient à la gêne mes senti-
,, mens & j'ai besoin de plus de liberté
,, que ne m'en laissent les bienséances.
,, Il faut même qu'il me soit permis de
,, donner, après avoir beaucoup reçu ;
,, car sans cela le poids des bienfaits ne
,, serviroit qu'à m'accabler : mais ce que
,, je donne n'est point à moi, je n'en suis
,, que le canal. J'ai engagé un Ami qui
d vj

,, partage avec moi la reconnoiſſance
,, de toutes les graces dont Vous m'a-
,, vez comblé, à travailler ſur la matiere
,, qui Vous intéreſſe le plus ; & c'eſt ſon
,, Ouvrage qui eſt mon préſent.

,, Il eſt inſtruit des grandes qualités du
,, Prince de Piémont, du ſoin que Vous
,, prenez de les rendre parfaites, & de la
,, ſérieuſe application que vous donnez
,, à une éducation dont Vous compre-
,, nez toutes les ſuites. Il reſpecte, auſſi
,, bien que moi, les deſſeins de la Pro-
,, vidence ſur un Prince qu'elle deſtine
,, aſſez clairement à un grand Empire,
,, & dont elle veut faire dépendre la féli-
,, cité de pluſieurs Peuples ; & il s'eſti-
,, meroit très-heureux, ſi les Reflexions
,, que j'ai l'honneur de Vous offrir, pou-
,, voient contribuer à un bien ſi impor-
,, tant & ſi général.

,, J'attens, Monseigneur, le juge-
,, ment que Vous en porterez, pour y
,, conformer le mien ; & ce ſera Vous
,, qui y mettrez le prix. J'oſe ſeulement
,, aſſurer V. A. R. que l'unique ſoin de
,, l'Auteur, a été de découvrir la vérité,
,, & de la dire ſans l'affoiblir. Il ſait que
,, Vous l'aimez, & qu'on ne peut vous
,, plaire qu'en lui conſervant toute ſa di-

,, gnité & toute fa force ; & il auroit
,, cru manquer au refpect qui Vous eft
,, dû, s'il avoit employé des menagemens
,, dont Vous êtes ennemi, & qui ne font
,, néceffaires que lorfque la vérité n'ofe
,, fe montrer qu'en fe faifant accompa-
,, gner de la flatterie. L'Auteur promet
,, auffi des preuves de la Religion, * &
,, il en marque la place naturelle dans la
,, Troifiéme Partie ; mais ce deffein peut
,, faire un tout à part, & fi V. A. R.
,, defire qu'il foit exécuté, je ne crains
,, point de répondre ici de l'obéiffance
,, de l'Auteur.

,, Ce que j'ai l'honneur de préfenter
,, à V. A. R. peut l'étonner d'abord par
,, fa longueur ; mais la matiere eft infi-
,, niment importante, & elle ne peut
,, être bien traitée, fans être approfon-
,, die : ce qui demande néceffairement
,, de l'exactitude & de l'étendue.

,, Il eft aifé de marquer en général,
,, d'une maniere fuperficielle, les de-
,, voirs d'un Prince, & de lui montrer
,, ce qu'il doit être, fans lui donner les
,, moyens de le devenir : mais les regles

* C'eft l'Ouvrage imprimé à Paris, fous le
titre de *Principes de la Foi chrétienne*, Voyez
ci-devant page lij.

„ ou les maximes détachées n'ont qu'un
„ effet paffager. Il faut en convaincre
„ l'efprit, en faire l'application, en mar-
„ quer l'ufage, prévénir les obftacles,
„ donner des facilités, & entrer dans
„ un détail qui ne peut être utile, s'il
„ n'eft clair, & s'il n'eft par conféquent
„ un peu étendu.

„ V. A. R. fait mieux que moi, qu'un
„ grand Ouvrage eft court, lorfqu'on n'y
„ dit rien que de néceffaire. C'eft à Elle
„ à juger fi l'Auteur s'écarte de fon fu-
„ jet, ou s'il le perd jamais de vûe;
„ & fi les Réflexions font raifonnables,
„ ou fi elles manquent de juftefse & de
„ lumiere.

„ Je ferai un peu humilié fi V. A. R.
„ les méprife ; mais j'efpere qu'Elle ex-
„ cufera mon zele, & qu'elle ne con-
„ damnera pas mon intention, quoi-
„ qu'elle condamne l'Ouvrage.

„ Si au contraire Elle daigne l'ap-
„ prouver, j'aurai une fenfible confola-
„ tion d'avoir pû lui offrir une chofe qui
„ fût digne de fon eftime, & qui mé-
„ ritât celle du Prince de Piémont; & d'a-
„ voir réuffi, quoique par le fecours
„ d'autrui, à donner des preuves réelles
„ de la vive reconnoiffance dont je fuis

„ pénétré, & du très-profond respect
„ avec lequel je suis,

M O N S E I G N E U R,

D E V. A. R.

Le très humble & très-obéissant,
Frere ARSENE D E PARASA,
Abbé de Tamiers.

A MONSEIGNEUR
LE PRINCE DE PIEMONT,
Sous le nom de l'Abbé de Tamiers.

M O N S E I G N E U R,

„ CE n'est qu'en tremblant que j'ai
„ osé présenter à Monseigneur Votre
„ Pere un Ouvrage entrepris pour V. A.
„ R. mais s'il consent qu'il Vous soit
„ offert, je commencerai dès lors à l'es-
„ timer. Je n'y ai d'autre part que d'en
„ avoir formé le dessein, & d'avoir
„ porté une personne pleine de vénéra-
„ tion pour Vous, à l'éxécuter. J'espere
„ que vous n'y verrez rien qui ne soit
„ conforme aux grandes vûes, & aux
„ nobles inclinations que Dieu Vous a
„ inspirées, & que Vous reconnoîtrez
„ dans vos sentimens & dans vos dis-
„ positions tout ce Vous y lirez de vos
„ devoirs. La haute éducation qu'on

,, Vous a donnée, & les exemples de
,, Monseigneur Votre Pere, joints à ses
,, conseils, ont déja prévenu les Réfle-
,, xions que je Vous offre : mais les
,, Princes les plus éclairés, font auſſi
,, les plus dociles ; & moins ils ont be-
,, ſoin d'être inſtruits, plus ils deſirent
,, de l'être.

,, L'Auteur n'a penſé qu'à ſatisfaire
,, ce noble devoir, & il n'a mis entre la
,, vérité & V. A. R. ni voiles ni tempé-
,, ramens. Il ſait que Vous êtes capa-
,, ble d'en ſoutenir tout l'éclat ; & com-
,, me Vous ne voulez pas qu'on Vous
,, cache rien, il a pris ſoin de Vous tout
,, dire. S'il Vous eût cru moins parfait,
,, il eût ménagé votre foibleſſe ; mais il a
,, ſenti que vos excellentes diſpoſitions
,, le mettoient en liberté, & qu'il ne
,, pourroit rien dire qui Vous étonnât ,
,, s'il ne diſoit rien que de vrai. Il eſ-
,, pere, comme beaucoup d'autres, que
,, Vous gouvernerez de grands Etats, &
,, que Dieu ſe ſervira de Vous, pour y
,, faire regner la juſtice : & cette nou-
,, velle raiſon fait qu'il s'intéreſſe encore
,, plus vivement à tout ce qui peut con-
,, tribuer au bonheur des Peuples & à
,, votre gloire.

„ Pour moi qui fuis caché dans une
„ folitude, je m'occupe principalement
„ de l'efpérance de voir fleurir la piété
„ par votre protection & votre exemple,
„ & de voir rétablir la difcipline des
„ Monafteres, qui deviendront fous
„ votre regne des aziles furs & tran-
„ quilles, & qui fe rempliront de fideles
„ ferviteurs de J. C. attentifs à la
„ priere, zelés pour la pénitence, dé-
„ tachés des foins du fiécle, & dignes
„ d'être écoutés pour les Princes, dont
„ la condition les expofe à de grands
„ dangers, pour en délivrer les autres.

„ Nous n'ofons, mes Freres, & moi,
„ avoir cette penfée de nos prieres ; mais
„ nous ne laiffons pas de lever fans ceffe
„ nos mains vers le ciel, pour attirer fur
„ V. A. R. de continuelles bénédictions:
„ & ce n'eft que par cette voie que je
„ puis en mon particulier témoigner la
„ parfaite foumiffion, & le profond ref-
„ pect avec lequel je fuis,

M O N S E I G N E U R,

DE V. A. R.

Le très humble & très-obéiffant,

Frere ALSENE DE PARASA,

Abbé de Tamiers.

L'Editeur continue :

LE Public n'attend pas de moi que je lui fasse une analyse de cet excellent Ouvrage : ce seroit l'affoiblir que d'y joindre le travail de quelque autre, & il n'a besoin d'aucune explication. Il est composé avec tout l'ordre & toute la netteté dont M. Duguet étoit capable : c'est à mon gré ce qu'on peut dire de plus fort. Quoiqu'il soit un prodige d'érudition tant profane que sacrée, on ne s'en trouve point surchargé en le lisant; car M. Duguet a tellement le talent de mettre ses Lecteurs à sa place, que l'on seroit tenté de penser qu'on possede soi-même toute cette érudition ; & l'on ne revient de cette erreur, que lorsqu'on a perdu le Livre de vûe.

Je crois d'ailleurs avoir rempli le ministere qui me convient, dans ce que j'ai rapporté en cette Préface, pour laquelle j'ai besoin de l'indulgence du Lecteur. Mais je ne doute point qu'il ne me pardonne les fautes que j'aurai pû y commettre, en considération du service que je lui rends, de lui procurer un aussi excellent Ouvrage.

TABLE

DES

CHAPITRES & DES ARTICLES.

PREMIERE PARTIE.

Des qualités & des Vertus d'un Prince par rapport au Gouvernement temporel.

CHAPITRE PREMIER.

CHAPITRE II.

CHAPITRE III.

CHAPITRE IX.

CHAPITRE XXI.

CHAPITRE XXII.

INSTITUTION V.

INSTITUTION D'UN PRINCE,

OU

TRAITE' DES QUALITE'S, des Vertus & des Devoirs d'un Souverain.

PREMIERE PARTIE.

Des Qualités & des Vertus d'un Prince par rapport au Gouvernement temporel.

CHAPITRE PREMIER.

Quel bien c'est qu'un bon Prince. Pourquoi un tel bien est si rare. Division de l'Ouvrage.

ARTICLE PREMIER.

Quel bien c'est qu'un bon Prince.

JE m'étois borné jusqu'ici à prier pour les Rois, & pour tous ceux à qui Dieu a confié la conduite des peuples, comme Saint Paul l'ordonne à tout le mon‑

Tome I.   A

de, ¹ & j'étois bien éloigné de penfer que je ferois un jour obligé de donner des conſeils à un Prince à qui la Providence prépare un grand Empire, outre les Etats dont il eſt né Souverain.

II. J'ai vu, ce me ſemble, une partie des raiſons qui devoient me faire demeurer dans le ſilence ; mais il m'a paru que celles qui m'obligeoient à le rompre étoient ſuperieures, & comme j'eſpere demeurer inconnu, excepté à celui qui doit juger de mon Ouvrage, avant que de l'oſfrir au jeune Prince a qui il eſt deſtiné, je compte, ou que ma témérité n'aura pas de ſuite, ou que la confuſion m'en ſera épargnée.

III. J'aime mieux d'ailleurs être condamné par des hommes qui ne connoîtront pas ce qui peut excuſer mon zele, que de m'expoſer à manquer d'obéiſſance & de reſpeet pour la divine Providence, dont les ordres me paroiſſent marqués. Je ſai que Dieu eſt le maître de choiſir qui il lui plaît pour annoncer ſes volontés ; qu'il ſe ſert quelquefois des plus foibles inſtrumens pour de fort grandes choſes, parce qu'il n'a beſoin de perſonne ; qu'il ne ſuppoſe pas l'intelligence & la ſageſſe, mais qu'il les donne, & que ce n'eſt pas une raiſon pour ſe défier de ſa bonté, que de ne voir rien en ſoi-même qui la mérite.

IV. Si ce n'eſt pas lui qui me commande de parler, je ne puis douter au moins que ce ne ſoit lui qui m'inſpire la crainte de lui déplaire,

---

¹ I. Epitre à Timothée. ch. 1. v. 2.

& l'intérêt sensible que je prends à sa gloire & au bien public, qui sont les motifs qui me portent à parler. Il voit mon cœur, & ce qu'il m'a donné, & il sait bien que je desire depuis long-tems, avec ardeur, qu'il accomplisse ce qu'il a promis par son Prophete [1], que tous les Rois de la terre lui rendent graces & le louent, & qu'ils écoutent avec un cœur docile toutes les instructions de sa divine parole, afin que tous les peuples réunis par les Princes qui les conduisent, ne soient occupés que du soin de le louer & de lui obéir, puisque lui seul est grand, & que toute Majesté doit disparoître devant la sienne.

V. Je sai ce qu'a dit S. Augustin [2], que le plus grand bonheur qui puisse arriver aux hommes & aux Empires, est d'être gouvernés par des Princes qui joignent à une solide piété une grande capacité pour les conduire ; & je ne puis dissimuler que je m'estimerois très-heureux si la même miséricorde qui destine à une puissante Nation le Prince qui doit faire sa félicité, daignoit se servir de moi pour contribuer en quelque sorte à l'accomplissement de ses desseins, & à l'attente des peuples.

VI. Un Prince véritablement digne de com-

---

1 Confiteantur tibi, Domine, omnes Reges terræ, quia audierunt omnia verba oris tui. *Pf.* 137.

Reges terræ & omnes populi, Principes & omnes Judices terræ laudent nomen Domini, quia exaltatum est nomen ejus solius. *Pf.* 148.

2 Illi autem qui vera pietate præditi bene vivunt, si habent scientiam regendi populos, nihil est felicius rebus humanis quàm si Deo miserante habeant potestatem. *S. Augustin. l.* 5. *de Civit. Dei, c.* 19.

mander eſt un des plus [1] précieux préſens que
le Ciel puiſſe faire à la terre. Les infideles mêmes l'ont avoué, & les tenebres de leur fauſſe religion n'ont pu leur cacher ces deux vérités :
que Dieu ſeul donnoit les bons Rois, & qu'un
tel don en renfermoit beaucoup d'autres, parce
que rien n'étoit plus excellent que ce qui reſ-
ſembloit plus parfaitement à Dieu, & que l'image la plus noble de la Divinité étoit un Prince
juſte, moderé, chaſte, ſaint, & qui ne regnoit
que pour faire regner la vertu.

VII. Lorſque Salomon eut ſuccedé à David,
& qu'il eut donné des preuves qu'il étoit l'héritier
de ſa piété auſſi-bien que de ſon thrône, le Roi
de Tyr [2] rendit à Dieu de publiques actions de
graces de ce qu'il avoit donné au peuple d'Iſraël
un Prince ſi ſage & ſi éclairé. Il vit d'où venoit
un tel bien. Il remonta juſqu'à la cauſe. Il y
prit part au nom de tous les Rois, dont la gloire doit être commune, & il reconnut que c'é-
toit parce que Dieu [3] aimoit Iſraël ; qu'il avoit
rendu ſi parfait le Prince à qui il en avoit commis le ſoin.

VIII. La Reine de Saba, plus touchée de ce
qu'elle voyoit que de ce qu'on lui avoit rapporté de la ſageſſe de Salomon, eut les mêmes

----

[1] Nullum eſt præſtabilius & pulchrius Dei munus erga mortales, quàm caſtus & ſanctus, & Deo ſimillimus
Princeps. *Plin. Paneg. Traj.*

[2] Benedictus Dominus Deus, qui fecit cœlum & terram, qui dedit David Regi filium ſapientem & erudi-
tum, & ſenſatum atque prudentem. *Lib. 2. Paralip.*
11. 12.

[3] Quia dilexit Dominus populum ſuum, idcircò
regnare fecit ſuper eum. *Ibid. v. 11.*

penſées que le Roi de Tyr , & s'exprime en
des termes qui méritent bien qu'on y ſoit attentif [1] : « Que le Seigneur votre Dieu , dit-
» elle, ſoit beni, de ce qu'il lui a plu vous
» établir ſur ſon thrône, comme étant le Roi
» du Seigneur votre Dieu. C'eſt parce que
» Dieu aime Iſraël , & qu'il veut le ſauver
» pour toujours, qu'il vous a dans ce deſſein
» établi pour en être le Roi, pour être ſon juge,
» & pour lui rendre juſtice.

. IX. C'eſt ſur le thrône de Dieu même , ſelon
cette Reine, que Salomon [2] étoit aſſis ; parce
qu'il n'appartient qu'à Dieu de régner ſur les
hommes , qui par leur nature ſont tous égaux.
Salomon eſt le Roi privilegié du Seigneur, parce qu'il n'eſt pas ſeulement aſſocié à ſon autorité comme les autres , mais à ſa juſtice, à ſa
ſageſſe, à ſa bonté, & qu'il eſt digne par de telles vertus de regner avec lui , & même pour lui.
C'eſt à l'amour que Dieu porte à Iſraël que Salomon doit tout ſon mérite. C'eſt au peuple
qu'il eſt accordé ; c'eſt pour lui qu'il eſt ſi éclairé
& ſi ſage. Il n'eſt établi Roi que pour être ſon
juge & pour lui rendre juſtice, & il n'a ni autorité ni ſageſſe que pour le proteger & pour le
conduire.

---

1 Sit Dominus Deus tuus benedictus , qui voluit te
ordinare ſuper thronum ſuum Regem Domini Dei tui ;
quia diligit Deus Iſraël , & vult ſervare eum in æternum:
Idcircò poſuit te ſuper eum Regem , ut facias judicia atque juſtitiam. *Lib.* 2. *Paralip.* 9. 8.

2 Voluit te ordinare ſuper thronum ſuum, Regem
Domini Dei tui. Quia diligit Deus Iſraël & vult
ſervare eum in æternum. Idcircò poſuit te ſuper eum
Regem , ut facias judicia atque juſtitiam.

A iij

X. Il ne faudroit que ce peu de paroles pour inftruire les Rois. Ce ne font pas des particuliers, qu'on pourroit fonpçonner d'entendre mal les intérêts des Princes, qui ont dit ce que nous avons rapporté du Roi de Tyr & de la Reine de Saba. Ce ne font pas des Souverains que la doctrine de l'Evangile ait éclairés : ce font des Princes qui n'ont fuivi que la lumiére naturelle, & qui ont mieux connu néanmoins que quantité de Rois qui fe difent Difciples de Jefus-Chrift, quelle eft la fin de la Royauté, quelle eft la premiére caufe de la fageffe des Rois, & quel bonheur c'eft pour un peuple que d'être gouverné par un Prince que Dieu lui ait donné dans fa miféricorde.

XI. C'eft uniquement ce dernier point que j'examine ici , parce qu'il eft d'une extrême conféquence pour quiconque eft deftiné à régner, de bien comprendre d'abord la diftance infinie qui doit être entre un Prince que Dieu établit fur un peuple qu'il aime & qu'il veut combler de biens , & un Prince à qui il ne communique fon autorité que pour le rendre l'inftrument de fes vengeances [1]. Il donne l'un par bonté, & il donne l'autre dans fa colere. Il remplit l'un de fageffe & de juftice, & il permet à l'autre, par un profond jugement , de ne fuivre que fes paffions & fes ténébres. L'un & l'autre ont une autorité légitime ; mais l'un en fait faire ufage, & l'autre en abufe ; l'un eft la

---

1 *S. Auguftin parlant de Neron & des Princes les plus injuftes :* Etiam talibus dominandi poteftas non datur ; nifi fummi Dei providentiâ , quando res humanas judicet talibus Dominis dignas. *S. 5. de Civit. Dei, ch.* 19.

félicité publique, & l'autre un malheur public. Tous les biens & toutes les vertus font le fruit de la premiére adminiftration ; tous les maux & tous les vices font le châtiment & la fuite de l'autre.

Article II.

Pourquoi un tel bien eft fi rare.

I. Il eft étonnant qu'on puiffe délibérer entre deux partis , dont l'un eft fi aimable & fi jufte , & l'autre fi odieux & fi criminel. Il eft étonnant qu'on ait befoin d'inftructions & de confeils pour faire un bon choix & pour s'y affermir ; & il eft étonnant que les exemples de ceux qui ont bien régné jufqu'à la fin avec une équité & une fageffe invariables , foient fi rares dans tous les fiécles.

II. Mais nous venons de voir que les bons Rois font accordés aux peuples que Dieu aime ; & les peuples font fouvent fi corrompus & fi criminels qu'ils fe rendent indignes d'une grace fi fignalée. Ils font injuftes , & ils méritent des Princes injuftes ; ils font avares , & les Rois le deviennent ; ils n'attendent d'eux qu'une protection extérieure , & ils fe bornent aux feuls avantages temporels , & ils en font juftement privés. Ils abufent de l'abondance & de la paix , & leur ingratitude eft punie par des guerres & par des tributs qui les épuifent. Ils font ennemis de la piété & de la vertu; & les Princes ou ne la connoiffent pas , ou la méprifent. Ils font indifférens au bien public, & ils ne penfent qu'à leurs intérêts , & les Princes en les imitant

croient que le bien public , & leurs intérêts
font oppofés. Ils ne prient point avec inftance
& avec ardeur pour obtenir un Roi plein de
fageffe & de bonté , quoique l'Apôtre le leur
recommande , & ils font traités comme le méritent leur indifférence pour un fi grand bien,
& leur defobéiffance à un précepte fi jufte.

III. D'un autre côté, les Princes font rarement inftruits de leur devoir, & les premiéres
teintures d'une bonne éducation font bientôt ef-
facées. [1] Ils fe livrent au plaifir de régner ,
fans s'informer des juftes bornes de leur autorité. L'orgueil qui eft le venin fecret de la fouveraine puiffance, les porte à ne plus demander confeil, ou à ne le plus fuivre. Ils reçoivent
fans précaution les erreurs de ceux qui les flatent. Ils deviennent indifférens pour la vérité,
ou même fes ennemis. Ils s'accoutument à confondre la raifon & la juftice avec leurs volontés.
Ils s'amolliffent par les délices, & ils abandonnent à d'autres le poids de l'Etat & des affaires.
Ils fe bornent aux feules chofes qui ne demandent ni application ni travail. Ils ne veulent être
inftruits que de ce qui ne trouble point leur repos. Ils croient que tout eft bien gouverné ,
parce que tout ce qui les environne n'offre à
leurs yeux qu'une image d'abondance & de félicité. Ils penfent que tout leur eft dû, & que
leur magnificence & leur gloire font la fin de

---

1 Quæritur quæ res malos Principes faciat : jam pri-
mùm nimia licentia, deinde rerum copia, amici præte-
rea improbi , aulici vel ftulti, vel deteftabiles, & rerum
publicarum ignorantia. *Julius Vopifcus in vit. Imper.
Aureliani , pag. 232.*

tout. Ils se nourrissent des respects excessifs de ceux qui sont comme en adoration devant eux. Ils substituent l'éclat & la pompe de la Royauté à ce qu'elle a de véritable & de solide grandeur. [1] Ils succombent ainsi sous la majesté de l'auguste place qu'ils occupent, dont ils n'ont que l'appareil & la représentation, sans en avoir le fonds & la vérité. Ils vivent & meurent sans connoître ni l'origine de leur pouvoir, ni son usage légitime, ni le compte qu'ils en doivent rendre. Ils sont toute leur vie étrangers à leur propre Etat & à leurs peuples, dont ils ont ignoré les besoins, négligé le bonheur, méprisé les gémissemens ; & pour ne s'être occupés que d'eux-mêmes & de leurs intérêts, ils ont toujours oublié ce qu'ils devoient être.

IV. Il y a beaucoup de Princes qui ne réunissent point tous ces défauts, & qui ont même quelques grandes qualités ; mais il y en a peu qui aient toutes celles qui sont nécessaires à un Prince, pour le rendre véritablement digne de sa place ; & c'est quelquefois le défaut d'une seule vertu, qui empêche que les autres ne soient utiles, parce qu'au lieu d'être conduites par la prudence & la lumiére, elles sont détournées par la prévention & l'erreur.

V. Il n'est pas possible d'exempter les Princes du malheur commun à tous les hommes, & même aux plus justes, de tomber dans quelques fautes, ou par ignorance, ou par foiblesse ;

---

1 Felicitas onus quoddam esse videtur plumbo gravius. Eum ergo subvertit ac deprimit qui id humeris imposuerit, nisi planè sit robustus. *Synes. de Reg. ad Arcadium*, *pag.* 15.

mais il importe infiniment que les fautes des Princes ne viennent pas d'un défaut permanent, & qu'elles soient passageres & sans racine ; qu'elles ne corrompent point le cœur ; qu'elles n'aveuglent point l'esprit, & qu'elles trouvent dans les autres dispositions de l'ame, leur correctif & leur remede.

VI. C'est la fin que je me propose dans cette Institution : Je veux montrer au Prince où il doit tendre [1], & par quels moyens. Je veux peindre à ses yeux l'image dont il doit être l'original & la vérité, & bien-loin de croire que je l'étonnerai par cette haute idée, qui sera, ce semble, au-dessus de ses forces, j'ai dessein au contraire d'allumer ses desirs, & de soutenir son espérance en excitant son courage.

ARTICLE III.

Division de l'Ouvrage.

I. Mais comme les choses que j'ai à lui dire, lui conviennent sous deux rapports, & que je puis le considérer, ou simplement comme le Chef & le Souverain d'un grand Etat qu'il doit conduire par les regles d'une sage politique, ou comme un Prince chrétien qui doit avoir pour lui-même & pour le peuple qui lui est confié, des vues plus élevées que celles qui se terminent à cette vie ; je diviserai selon ces deux rapports,

---

1 Regem tibi tanquam simulacrum quoddam erigens hac ratione describam : Tu vero simulacrum istud vivens & animatum ostendes. *Synes. de Regno ad Imp. Arcad.* pag. 9.

tout l'Ouvrage en deux Parties. Dans la premiére je me bornerai à ce qui regarde le Gouvernement temporel ; & dans la seconde j'y ajouterai tout ce que la piété & la Religion exigent d'un Prince chrétien qui desire de régner toujours.

II. Chacune de ces Parties sera divisée en deux autres, dont l'une traitera des dispositions ou des qualités du Prince ; & l'autre de ses devoirs par rapport au peuple. Dans l'une j'examinerai ce qu'il doit être, c'est-à-dire les vertus personnelles qui le mettent en état de régner ; & dans l'autre ce qu'il doit faire, c'est-à-dire, la conduite qu'il doit tenir à l'égard de ceux qui lui sont soumis. Et comme j'ai déja dit, qu'on peut considérer le Prince sous deux rapports, ou comme Chef d'une République temporelle, ou comme Souverain d'une société fidelle & chrétienne, ses dispositions personnelles, & les devoirs à l'égard du peuple, se multiplient selon ces deux rapports que j'aurai soin de ne pas confondre, & que je traiterai séparément dans les quatre Parties dont je viens de proposer l'ordre naturel, & d'expliquer la nécessité.

III. J'avertis seulement avant que d'entrer en matiere, que je suis très-éloigné de me borner dans les deux premiéres Parties a des vertus purement humaines, & à un gouvernement purement temporel. Je sai que la piété & la Religion ont droit à tout ; qu'il n'est pas permis de separer le Prince temporel du Prince chretien ; & que la prudence dans le gouvernement politique, doit être le fruit d'une haute sagesse. Mais on peut considérer les

choſes d'une maniére plus humaine & plus immédiate, ſans en examiner la derniére fin &
les plus ſublimes motifs. On s'éléve ainſi par
degrés à une vertu plus pure & plus parfaite,
& l'on ſe prépare, en ſe rendant attentif &
docile à la raiſon, à le devenir à la Religion
& à la Foi, qui commandent les mêmes choſes,
mais en propoſant de plus grands motifs, &
de plus dignes recompenſes.

CHAPITRE II.

*Premiére diſpoſition ou qualité du Prince. Il
doit connoître l'origine & le titre eſſentiel de
ſon autorité, & quelles en ſont les conditions.*

ARTICLE I.

*Le Prince doit connoître l'origine de ſon au-
torité.*

I. IL ne ſeroit pas poſſible d'établir l'ordre &
la paix, ſi les hommes vouloient être tous
indépendans, & s'ils ne ſe ſoumettoient à une
autorité qui leur ôtât une partie de leur liberté pour leur conſerver le reſte. Ils ſeroient toujours en guerre, s'ils prétendoient toujours ou
s'aſſujettir les autres, ou refuſer de ſe ſoumettre aux plus puiſſans, & il faut, pour leur repos & pour leur ſûreté, qu'ils acceptent un maître, & qu'ils perdent l'eſperance de le devenir,
quoiqu'ils en conſervent l'inclination.

II. Voilà l'origine humaine de l'autorité, & nous ne saurions point si elle est usurpée, ou si elle est devenue légitime, si Dieu ne nous avoit appris qu'il l'a confirmée, & que sa Providence n'en a pas seulement permis le projet & l'exécution, mais qu'elle l'a consacrée par une communication immédiate de son pouvoir.

III. Il nous a instruit de cette importante vérité en plusieurs endroits de l'Ecriture ; mais principalement dans l'Epître aux Romains, où S. Paul [1] établit cette maxime générale que toute puissance vient de Dieu ; que toutes celles qui sont établies le sont par son ordre, & que c'est résister à son ordre que de leur résister.

IV. Sans cette révélation qui fixe tous les esprits, & qui décide tous nos doutes, nous serions tentés d'avoir moins de respect pour une autorité dont les commencemens ont été quelquefois injustes, & qui est souvent exercée par des hommes qui la deshonorent par leurs actions ; mais Dieu nous défend [2] d'être attentifs aux passions qui ont servi d'occasion à la naissance des Empires, ou à l'indignité de ceux qui en sont les maîtres. Il nous éleve jusqu'à lui, qui préside à tout, & qui fait tirer

1 Non est enim potestas nisi à Deo ; quæ autem sunt, à Deo ordinatæ sunt. Itaque qui resistit potestati, Dei ordinationi resistit. *Rom. III.* 1. & 2

2 Qui nec exigui nec contemptibilis animantis viscera, nec avis pennulam, nec herbæ florulum, nec arboris folium sine suarum partium convenientia & quadam veluti pace dereliquit ; nullo modo est credendus regna hominum, eorumque dominationes & servitutes à suæ providentiæ legibus alienas esse voluisse. *S. Augustin l.* 5. *de Civitat. Dei, ch.* 2.

le bien du mal même. Et il veut que nous ado-
rions ſa puiſſance & ſa ſageſſe dans le partage
qu'il fait du monde entre ceux qui le gouvernent. « Soyez ſoumis , nous dit le premier
» de ſes Apôtres [1], à toute puiſſance humai-
» ne , à cauſe de Dieu, « (c'eſt-à-dire, par
des motifs de reſpect & d'amour pour lui.)
» Soyez ſoumis au Roi , comme à celui qui
» a l'autorité ſuprême, & aux Gouverneurs ,
» comme étant envoyés de lui .... parce que
» c'eſt la volonté de Dieu.

ARTICLE II.

Il en doit connoître le titre eſſentiel & les conditions.

I. Cette premiére vérité qui ſert de fondement à tout, nous conduit à une autre qui eſt
d'une autre conſéquence : car puiſqu'il eſt certain que Dieu eſt la ſource du pouvoir des Rois,
& que c'eſt ſon autorité qu'on reſpecte dans la
leur, il faut qu'il ait eu de grands deſſeins en
les plaçant ſi près de lui , & ſi fort au-deſſus
des autres hommes. Or c'eſt lui-même qui
nous a manifeſté ſes penſées & ſes conſeils ſur
un point ſi eſſentiel, en nous declarant qu'il a
choiſi les Rois pour en faire ſes Miniſtres, &
qu'il les a établis en cette qualité dans ſon
Royaume pour le gouverner en ſon nom, pour

1 Subjecti eſtote omni humanæ creaturæ , propter
Deum, ſive Regi, quaſi præcellenti ; ſive Ducibus, tan-
quam ab eo miſſis .... quia ſic eſt voluntas Dei. 1. *Petr.*
II. v. 13. 14. & 15.

proteger le bien & pour punir le mal ; pour rendre aux hommes toutes les affistances dont ils ont befoin, & pour les défendre contre tout ce qui feroit capable de troubler leur repos , en troublant l'ordre & la juftice.

II. S. Paul eft précis fur tous ces chefs. Il appelle jufqu'à trois fois dans un même lieu les Princes, [1] Miniftres de Dieu ; & c'étoit le nom que le S. Efprit leur avoit déja donné dans le livre de la Sageffe [2]. Cet Apôtre leur met l'épée dans les mains de la part de Dieu [3] , & leur donne en fon nom pouvoir de s'en fervir contre tous les rebelles. Il les charge de la protection des gens de bien, & de toutes les vertus, & il leur défend de fe rendre terribles à d'autres qu'aux méchans [4].

III. Il les rend refponfables de tout le mal qu'ils auront pu empêcher , & qu'ils auront laiffé impuni, parce qu'ils ont en main toute l'autorité néceffaire pour le prévenir , [5] ou pour en faire le châtiment. Il leur foumet pour cela fans diftinction tous les hommes [6] : Et en les mettant ainfi au-deffus de tout ce qui eft fur la terre , & leur confiant la pleine adminiftra-tion des chofes temporelles , il les place immé-diatement après lui, & leur communique une

---

1 Dei enim Minifter eft tibi in bonum. *Rom.* 13. *v.* 4. & 6.

2 Miniftri Regni illius. *Sap. VI.* 5.

3 Non fine caufa gladium portat , Dei enim Minifter eft.

4 Vindex in iram ei qui malum agit. *Rom. c.* 15. *v.* 4.

5 Ad vindictam malefactorum, laudem vero bonorum. 1. *Petr. c.* 2. *v.* 14.

6 Omnis anima poteftatibus fubdita fit. *Rom. c.* 13. *v.* 1.

Majesté qui n'est inférieure qu'à la sienne.

IV. C'est ce que disoit Tertullien au nom de tous les Chrétiens dont il ne faisoit que représenter les sentimens : « Nous sommes
>> pleins de respect pour l'Empereur [1], parce
>> que nous le regardons comme tenant le se-
>> cond rang après Dieu , comme ayant reçu
>> de lui la souveraine autorité sur tout ce qui
>> est dans le monde, & comme n'étant au-
>> dessous que de Dieu seul. Il est si élevé qu'il
>> n'a au-dessus de lui que le Ciel. [2] Nous sa-
>> vons que c'est le Seigneur qui l'a mis par sa
>> volonté & par son choix dans une place si
>> éminente [3]. Et c'est pour cela que nous nous
>> intéressons à sa conservation , & que nous
>> offrons pour lui nos priéres au Dieu éternel
>> & véritable, de qui seul il dépend [4] , à l'é-
>> gard de qui il est le second , & après qui il est
>> le premier.

V. Mais à quelles conditions Dieu l'a-t-il rendu si grand [5] ? Nous venons de l'entendre. C'est le titre même original de sa Souveraineté, qui lui apprend à quelles conditions elle lui est donnée. Il est établi Roi pour être le Ministre

1 Colimus Imperatorem & hominem à Deo secundum, & quidquid est à Deo consecutum, & solo Deo minorem. *Tertull. ad Scapulam pag.* 86. *Edit. Rigalt.* A.

2 Ideo magnus est quia cœlo minor est. *Tert. Apolog.* ch. 30. p. 30. B.

3 Quem necesse est suscipiamus , & eum quem Dominus noster elegit. *Apol. Ep.* 33.

4 Nos pro salute Imperatorum Deum invocamus æternum , Deum verum, Deum vivum, in cujus solius potestate sunt , à quo sunt secundi, post quem primi. *Apol.* ch. 30. A.

5 Qui per Deum tantus est. *Apol. ch.* 36.

de Dieu ; il regne pour lui obéir le premier, & pour le faire obéir par tous les autres ; il est chargé de l'exécution de ses ordres, & il n'a un pouvoir sans limites que pour donner à son zele & à sa fidelité une étendue sans reserve.

VI. Ses devoirs sont mesurés par la puissance. Tous les prétextes qui pourroient excuser sa négligence lui sont ôtés ; les obstacles qui arrêteroient une autorité bornée, ne sont qu'une occasion d'exercer la sienne. Il peut joindre à la parole & à l'exemple les recompenses & les châtimens. Il peut couvrir d'ignominie le vice, & mettre en honneur la vertu. Il est maître de tout ce que craignent ou espérent les hommes en cette vie, & c'est parce qu'il est maître de tout, qu'il est obligé de rendre compte de tout au Souverain dont il n'est que le Ministre.

VII. Dieu n'a pas prétendu lui confier son autorité pour la laisser inutile, ou pour souffrir qu'il en abuse. Il n'a pas eu dessein de flater & de nourrir son orgueil, en lui procurant le moyen de servir tout le monde. Il l'a associé à son regne, qui est un regne de justice, de sagesse, de clemence & de bonté. Il a partagé avec lui les soins de sa Providence, qui est attentive à tout, & qui ne neglige rien. Il le considere de près, puisqu'il l'a placé immédiatement sous son thrône, pour examiner sa conduite & son administration. Il voit s'il usurpe pour lui une autorité dont il n'a que le dépôt & l'usage ; s'il affecte de se mettre à la place de son maître ; s'il arrête & s'il borne à sa personne les honneurs qu'on lui rend ; s'il

oublie qu'il ne régne que par commiſſion &
pour un tems ; s'il ſepare la gloire attachée au
miniſtere qui lui eſt confié, du travail & du ſoin
qui en doivent être l'eſſentiel & le fonds ; s'il
renonce au titre fondamental de ſa Souveraineté, en refuſant d'obéir à Dieu, & de lui ſoumettre tout le monde ; s'il ſe dégrade & s'il ſe
réduit à la condition honteuſe d'un ſerviteur
ingrat & infidele, en tournant contre ſon Seigneur le pouvoir qu'il ne tient que de lui , &
en s'efforçant de conſerver par la revolte une
grandeur dont l'obéiſſance étoit le premier tître.

VIII. Il importe infiniment à un Prince, de
bien approfondir les vérités qui ſont toutes
compriſes dans ce peu de paroles : « Les Prin-
» ces ſont les Miniſtres de Dieu [1], établis
» pour cette raiſon unique & eſſentielle, qu'ils
» ſoient ſes ſerviteurs ». Il n'y a rien de plus
ſacré ni de plus inviolable que la volonté de
Dieu dans l'inſtitution des choſes. C'eſt cette
volonté qui eſt leur origine & leur tître. C'eſt
elle qui fait la loi de leur être & de leur état.
C'eſt le deſſein qu'il a eu en formant les créatures, qui eſt leur deſtination & leur regle.
C'eſt donc un prodige contraire à tout ordre ,
qu'un Prince qui prétend regner ſans être fidele à Dieu, ſans connoître ſes volontés, ſans
les ſuivre, ſans les faire reſpecter par les autres,
lui qui n'étoit Prince que pour être le plus zelé
Miniſtre de Dieu, le mieux inſtruit de ſa loi,
le plus jaloux de ſon autorité , le plus appli-

---

2 Miniſtri enim Dei ſunt in hoc ipſum ſervientes.
Rom. 13.

que à le faire obéir, & le plus inexorable quand
on y manqueroit.

IX. La patience de Dieu diſſimule quelquefois long-tems une telle perfidie ; mais ce qui
eſt caché dans l'avenir n'en eſt pas moins réel
pour être differé, & ce que nous liſons dans la
Sageſſe contre les Princes qui n'ont pas compris d'où venoit leur autorité, & à quelles
conditions ils l'avoient reçue, doit remplir de
frayeur tous ceux en qui la foi n'eſt pas éteinte.
 « Ecoutez Rois [1], & comprenez, apprenez,
 » Juges de la terre, prêtez l'oreille, ô vous qui
 » tènez les peuples ſous votre empire, & qui
 » vous plaiſez à voir les nations nombreuſes,
 » qui vous ſont ſoumiſes. C'eſt Dieu qui vous
 » a donné la puiſſance. Votre force vient du
 » Très haut (voilà l'origine de l'autorité ſou-
 » veraine) qui vous demandera compte de vos
 » œuvres, & qui pénétrera le fond de vos
 » penſées, parce qu'étant les Miniſtres de ſon
 » Royaume (voilà le titre eſſentiel de l'autorité
 » ſouveraine, & le caractere qui en eſt inſé-
 » parable) » vous n'avez pas jugé ſelon les regles
 » de la juſtice, & que vous n'avez pas mar-
 » ché ſelon les volontés de Dieu. Il ſe montre-

[1] Audite, Reges, & intelligite, diſcite, Judices finium
terræ, præbete aures vos qui continetis multitudinem,
& placetis vobis in turbis Nationum, quoniam data eſt
à Domino poteſtas vobis, & virtus ab Altiſſimo, qui
interrogabit opera veſtra, & cogitationes ſcrutabitur,
quoniam cum eſſetis Miniſtri Regni illius, non rectè ju-
dicaſtis nec cuſtodiſtis legem juſtitiæ, neque ſecundùm
voluntatem Dei ambulaſtis. Horrendè & citò apparebit
vobis, quoniam judicium duriſſimum his qui præſunt
fiet. Exiguo enim conceditur miſericordia ; potentes autem potenter tormenta patientur. *Sap. ch. 6. v. 2 & ſeq.*

« ra bien-tôt à vous d'une maniére terrible :
« car ceux qui commandent éprouveront le
« jugement le plus févere. On aura pitié des
« petits & des foibles ; mais les puiffans feront
« puiffamment tourmentés ». Ils devoient
être juftes & fideles à proportion de ce qu'ils
étoient puiffans, puifque c'étoit pour la juftice
& pour la vertu que Dieu les avoit établis. Ils feront punis felon l'étendue de leur pouvoir, & ils
feront traités en Princes dans le châtiment, parce qu'ils n'étoient Princes que pour être ferviteurs de Dieu avec une pleine liberté.

X. Nous n'examinons maintenant qu'une
partie d'un pouvoir fi étendu, parce que nous
nous bornons au gouvernement temporel ; mais
il étoit abfolument néceffaire que le Prince fût
bien inftruit d'abord de l'origine de fon autorité,
& des conditions auxquelles elle lui eft accor-
dée, ce qu'il n'a pu apprendre que de Dieu
même dans fes Ecritures ; tous les raifonnemens humains étant trop incertains & trop foibles, pour fervir de fondement à des vérités
dont dépendent toutes les autres.

CHAPITRE III.

Le Prince doit se regarder comme étant à la République, & non à soi-même, & comme chargé de représenter la conduite de Dieu par la sienne.

ARTICLE I.

Le Prince doit se regarder comme étant à la République.

I. CEs deux vérités sont des suites naturelles de celles qu'on vient d'établir ; car il est visible que le Prince étant le Ministre de Dieu pour le bien du peuple, c'est au peuple que Dieu le donne, & c'est au bien public qu'il est destiné : il est visible aussi, que le Prince tenant la place de Dieu à l'égard du peuple, puisqu'il est revêtu de son pouvoir, & chargé du ministere extérieur de sa providence, il doit representer dans sa conduite celle de Dieu même, qui veut régner par lui. Mais il est nécessaire que des vérités d'une si grande importance soient considérées de plus près, & traitées séparément. Je commence par la premiére.

II. Plus on examine tout ce que l'Ecriture nous apprend de l'autorité des Rois, plus on reconnoît que Dieu ne la leur donne que pour le bien des peuples. C'est pour rendre justice, pour empêcher les violences, pour conferver l'égalité & la paix; c'eft pour recompenfer la vertu, & pour punir le vice; c'eft pour défendre l'Etat contre les ennemis du dehors, & pour le rendre heureux au-dedans. Tout cela eft répété en mille maniéres dans les Livres faints; mais S. Paul en a fait comme l'abregé dans ce peu de paroles; [1] « Le Prince eft le » Miniftre de Dieu pour votre bien »; & il y a compris tout ce qui eft répandu dans les Ecritures fur cette matiére.

III. C'eft donc la même chofe, d'être à la République & d'être Roi; d'être pour le peuple & d'être Souverain. On eft né pour les autres, dès qu'on eft né pour leur commander; parce qu'on ne leur doit commander que pour leur être utile. C'eft le fondement & comme la bafe de l'état des Princes, de n'être pas à eux: c'eft le caractere même de leur grandeur, d'être confacrés au bien public. Il en eft d'eux comme de la lumiére, qui n'eft placée dans un lieu éminent, que pour fe répandre par tout. Ce feroit leur faire injure, que de les renfermer dans les bornes étroites d'un intérêt perfonnel. Ils rentreroient dans l'obfcurité d'une condition privée, s'ils avoient des vues moins étendues que tous leurs Etats. Ils font à tous, parce que tout leur eft confié. Ils ne font plus à eux-mêmes, parce qu'il n'eft pas poffible de les féparer du corps, dont ils font l'ame & l'efprit. Ils fe font unis la République fi étroitement, qu'on ne peut plus difcerner ce qui eft à eux, de ce qui eft à elle,

---

[1] Dei Minifter eft tibi in bonum. *Rom. XIII.* 3.

& l'on trouveroit plutôt une différence d'intérêt entre [1] la tête & le corps, qu'entre le Prince & l'Etat.

IV. C'est ce que repréfentoit à un jeune Prince chargé de tout le poids de l'Empire, celui qui avoit eu foin de l'inftruire, & qui confervoit encore quelque autorité fur fon efprit. [2] Ce n'eft pas pour vous, lui difoit-il, qu'eft la République, c'eft vous au contraire qui êtes pour elle ; & il ajoutoit dans un autre lieu, [3] que dès l'inftant que l'Empereur s'étoit confacré à la conduite de l'univers, il avoit dû s'oublier pour toujours.

V. La droite raifon conduit là. Il ne faut que confidérer ce qu'un Prince doit à l'Etat, pour en conclure qu'il s'y doit entier : mais quand on eft affuré par l'Ecriture, qu'il eft le Miniftre de Dieu pour le gouverner fous fes ordres, on découvre d'une maniere encore plus fenfible, qu'il n'eft tout ce qu'il eft, que pour le peuple dont Dieu lui donne le foin.

VI. Le miniftere eccléfiaftique confié à un Evêque, eft capable d'éclaircir cette vérité, fi elle eft encore couverte de quelques nuages. On convient qu'un Evêque eft tout à fon Eglife, & qu'il lui doit rapporter tous fes talens, tous fes travaux, toute fa vie. On le regarde comme indigne de fa place, s'il s'occupe de fes

---

1 Tu caput Reipublicæ es, illa corpus tuum. *Senec. L.* *1. de Clem. C. 5.*

2 Non Rempublicam tuam effe, fed te Reipublicæ, *Senec. Ibid. Ep. 4.*

3 Ex quo fe Cæfar orbi terrarum dedicavit, fibi eripuit *Senec. ad Polybium, C. 26.*

Tome I. *

plaiſirs, de ſes intérêts particuliers, de tout
autre ſoin que de celui de ſon troupeau. On
ne peut ſouffrir qu'il s'attribue les biens de
l'Egliſe comme s'ils étoient à lui. Tout le
monde ſe ſouvient alors qu'il n'en a que l'ad-
miniſtration : & plus il veut être maître de
tout, ſans être utile, plus on le conſidére
comme un homme qui a oublié ſon état &
ſes devoirs.

VII. D'où vient cette lumiere ſi pure & ſi
certaine, qui forme dans l'eſprit de tous les particuliers, des jugemens ſi exacts ſur la conduite d'un Evêque ? Elle vient de ce que tout le
monde ſait qu'un Evêque eſt le Miniſtre de
Dieu pour le bien de ſon Egliſe. Ce principe
eſt la ſource de toutes les conſéquences légitimes qu'on tire contre lui, s'il oublie ſa commiſſion & l'unique fin de ſon autorité. Mais le
principe eſt le même à l'égard du Prince. Il eſt
le Miniſtre de Dieu pour le bien de l'Etat ,
comme l'Evêque l'eſt pour le bien de l'Egliſe.
S'il vient donc à perdre de vue le motif unique & fondamental de ſon autorité ; s'il n'a
que de l'indifférence pour le peuple ; s'il détourne ſes ſoins & ſon attention à d'autres objets ; s'il ſe perſuade que tout eſt fait pour lui,
& que tout doit ſervir de matiere à ſon ambition, à ſon luxe, à ſes délices ; s'il eſt bleſſé
même par la ſeule idée qu'il ſoit à la République,
& qu'il ſe doive tout à elle, comme ſi cette idée ſi
glorieuſe pour les Rois, avoit pour lui quelque
choſe de deshonorant : que veut-il qu'on penſe de
lui ? Que croit-il être ? Et quel deſſein peut-il
attribuer à Dieu, qui ſoit digne de ſa ſageſſe &

de sa bonté, quand il l'a mis sur le thrône?

VIII. N'avons-nous pas vu que c'étoit [1] pour l'amour des Peuples que Dieu établissoit les Rois? Des Princes nés dans l'infidélité n'ont-ils pas rendu temoignage à cette vérité? Et ont-ils eu d'eux-mêmes une autre idée, sinon qu'ils étoient à leurs peuples, & que leur grandeur consistoit à les rendre heureux? Seroit-il possible que des Princes nés dans le Christianisme fissent consister la leur dans le contraire, & qu'ils la bornassent à une vaine magnificence, & à une domination stérile, dont le peuple sentît plutôt le poids que le fruit? Je n'examine pas, si les exemples d'un tel aveuglement sont fréquens. Je me contente d'avertir, que la tentation de separer l'éclat de la Majesté, des soins continuels du ministere, est très-grande & très-séduisante; que tous les hommes sont naturellement portés à se rendre le centre de tout; que les Rois sont plus exposés que les autres à ce danger, parce que tout leur cede, & que tout les fait souvenir qu'ils sont les maîtres; & que l'extrême dépendance où l'on est d'une seule de leurs paroles, les respects, les complaisances, souvent les flateries de tous ceux qui les environnent, les portent aisément à croire, que tout est fait pour eux; & qu'ils n'ont d'autres devoirs que ceux qu'il leur plaît de s'imposer.

[1] *L. 3. des Rois, Chap. 10. v. 9. L. 2. des Paralip. Chap. 2. v. 11. & Chap. 9. v. 8.*

Tome I. &

ARTICLE II.

Le Prince est chargé de représenter la conduite de Dieu par la sienne.

I. Un Prince fortement persuadé qu'il est chargé de représenter dans sa conduite celle de Dieu même, a des pensées bien differentes. Il a pénétré tout le fond de cette importante vérité, qu'il est le Ministre de Dieu : & il a compris qu'il est donc envoyé vers les hommes pour le rendre visible dans sa personne ; que c'est sur lui que Dieu se décharge des soins extérieurs & connus de sa Providence ; qu'il lui fait part de sa Majesté & de sa puissance, pour le mettre en état de le représenter aux yeux du peuple ; & que c'est [1] *sur son thrône même* qu'il le fait asseoir, pour annoncer delà ses ordres, & lui attirer les respects de tout le monde, par une conduite qui mérite d'être attribuée à Dieu même, [2] qui veut bien qu'on le connoisse par son Lieutenant, & qu'on juge de lui par son Ministre.

II. Il sait que le plus auguste caractère de la Divinité [3] est de n'avoir besoin de rien, & de ne rien commander que pour l'utilité de ceux qui lui obéissent : & quoique ce privilege ne

---

[1] Sit Dominus Deus tuus benedictus, qui voluit te ordinare super thronum suum. *2. Paral. IX. 8.*

[2] Regem Domini Dei tui. *Ibid.*

[3] Nihil Deus jubet quod sibi prosit, sed illi cui jubet. Ideo verus est Dominus, qui servo non indiget. *S. August. Ep. 138. ad Marcellin. n. 6.*

puiſſe être communiqué à la créature, il s'effor-ce d'imiter le premier trait de la grandeur de Dieu, en ſe propoſant de ne régner que pour le bien des autres, & de n'ordonner que ce qui ſera utile à ſes ſujets.

III. Il ne trouve rien dans ſon élevation de plus honorable que d'être expoſé à la vue de tous les hommes, [1] pour leur donner par ſa clemence, ſa juſtice, ſon application à tout bien, quelque legere idée du Dieu inviſible, qui conduit en ſecret toutes choſes. Il s'eſtime heureux d'avoir reçu de lui une puiſſance égale à ſon zele pour ſa gloire : & il ſe conſole des dangers où ſa condition l'expoſe, par l'avantage qu'il a de pouvoir obéir à Dieu avec plus d'étendue que tous les particuliers, dont le pouvoir borné ne laiſſe preſque à leur vertu que des deſirs.

IV. Il comprend que c'eſt à lui à juſtifier la providence, en corrigeant tout ce qu'il ſemble que Dieu diſſimule ; en tirant les foibles de l'oppreſſion, & faiſant ceſſer le ſcandale qu'une telle iniquité formoit dans l'eſprit de pluſieurs ; en cherchant le mérite & la vertu dans les tenébres, où il ſemble que Dieu les ait cachés ; en ſe hâtant de punir l'injuſtice & l'orgueil des perſonnes puiſſantes, dont le châtiment differé juſqu'après cette vie, feroit douter aux foibles ſi Dieu eſt auſſi attentif aux choſes humaines que nous devons le croire.

V. Il deſire de conduire les hommes par les

---

1 Deus providentiæ ſuæ quamdam imaginem tribuit (in Regibus) proindéque ſummi Regis amicus eſt, qui hîc eâdem cum illo appellatione gaudet, niſi nomen pœnitiatur. *Syneſ. de Regno ad Arcad. Imper. p. 8.*

traits de sagesse qui brillent en lui, jusqu'à cette sagesse suprême qui préside à tout, mais qui est peu connue de ceux qui ne jugent que des choses sensibles, à moins qu'elle ne se rende, pour ainsi dire, plus familière & plus accessible, en se manifestant à eux par le Prince, qu'elle instruit en secret, pour le rendre son interprète public. Ils s'élevent par lui jusqu'à elle. Ils montent jusqu'au thrône de Dieu par celui du Prince. Ils discernent sans peine, qu'un gouvernement si éloigné des passions & des foiblesses humaines ne peut venir de l'homme seul ; & ils sont conduits à la Religion par leur intérêt même & leur reconnoissance.

VI. Je ne sai ce que peuvent penser de ceci des Princes peu accoutumés à ces vérités : mais il me semble qu'ils devroient être inconsolables de ne les avoir pas connues, & d'avoir ignoré par consequent tout ce qu'il y avoit de grand & d'auguste dans leur état. Quel reproche en effet n'auroit-on pas droit de leur faire, d'avoir si indignement soutenu le caractère d'Envoyé & de Ministre du Seigneur ; d'avoir représenté si infidelement la sagesse & la bonté infinies du Souverain qui les avoit commis à sa place ; d'avoir excité tant de plaintes & de murmures contre sa Providence, eux qui étoient chargés de la justifier & de lui attirer les respects & la confiance de tout le monde ; d'avoir fait périr les enfans à la vue du pere, par l'épée même qu'il leur avoit donnée pour les protéger ?

VII. Un jeune Prince ne peut trop appréhender des accusations si justes, & il doit écouter avec grande attention ce que lui dit un des

plus illuſtres Peres de l'Egliſe : [1] « Reſpectez
» votre pourpre : reconnoiſſez le grand myſtè-
» re de Dieu dans votre perſonne. Il gouver-
» ne par lui-même les choſes celeſtes : il par-
» tage celles de la terre avec vous : tenez donc
» ſa place à l'égard de vos ſujets, & repréſentez
» leur ſa conduite par la vôtre.

CHAPITRE IV.

*Quel jugement le Prince doit porter de ſon éle-
vation & de ſa grandeur.*

I. IL en connoît [2] l'origine, & les conditions
qui y ſont attachées. Il en a tiré les principales conſequences, en ſe regardant comme
devoué au bien public, & chargé de repréſen-
ter la conduite de Dieu par la ſienne. Il s'agit
maintenant de comparer ſon élevation & ſa
grandeur avec lui-même, & d'examiner ce
qu'elle a de réel par rapport à lui. Mais dans cet
examen je ne comprens pas la pompe extérieure, & tout ce qui contribue au dehors à rendre vénérable la ſouveraineté qui vient de Dieu
ſeul. C'eſt elle-même, dans ce qu'elle a
de plus divin & de plus indépendant des hommes, que le Prince conſidere ici. C'eſt par rap-

---

1 Imperatores, purpuram revereamini. Cognoſcite
quantum id ſit quod veſtræ fidei commiſſum eſt ; quan-
tumque circa vos myſterium. Supera ſolius Dei ſunt ;
infera autem, veſtra etiam ſunt. Subditis veſtris deos
vos præbete. *S. Greg. Naz. orat.* 27. *p.* 471.
2 *Ci-devant Ch. II. & III.*

port à cette élevation qui le met au-dessus de tout , immédiatement après Dieu , & qui le rend une [1] seconde Majesté , qui ne céde qu'à la premiere , qu'il a dessein de s'examiner , pour juger sainement de ce qu'elle a de réel à son égard.

II. Dès que le Prince entre dans cette recherche , il decouvre que cette grandeur lui est étrangere , c'est-à-dire qu'il n'en est pas la source , qu'elle lui est seulement prêtée , & qu'elle lui est comme appliquée par le dehors , sans pouvoir jamais lui appartenir en propre , parce que la souveraineté dans sa source n'appartient qu'à Dieu seul , qui est essentiellement le Seigneur du Ciel & de la Terre , & qui ne peut céder à un autre son droit , qu'en lui cédant la gloire de la Divinité , & le privilege de la création ; ce qui est impossible.

III. Ainsi le Prince se trouve également soumis à Dieu avec tout le reste des hommes. Il est comme le moindre d'entr'eux , dépendant en tout de sa suprême puissance ; & il éprouve qu'il demeure absolument le même par rapport à son être intérieur & véritable , quoiqu'il ait sur les autres une autorité qui ne convient qu'à lui seul.

IV. Il se regarde dès-lors comme n'étant Roi que par emprunt & par commission à l'égard de Dieu , dont il exerce la jurisdiction jusqu'à ce qu'il lui plaise de la révoquer. Il se compare à un Officier , deputé par son Souverain pour le représenter dans un jour de cérémonie , & qui sait

____

1 Religio secundæ Majestatis. *Tertull. Apol. cap.* 35.

bien que fon maître ne lui a point cédé fa place, en l'honorant d'une fonction paffagere.

V. Il unit dans fon efprit la double idée de ce qu'il eft dans l'intérieur, & de ce qu'il exerce au dehors. Il foutient devant fes fujets le caractère augufte de Souverain, parce qu'il en eft chargé; & il conferve la modeftie d'un fujet devant le Roi de tous les Princes. Il commande & il obéit: il ne commande même que par obéiffance; & il comprend, que plus il eft élevé au-deffus des hommes, moins fon élévation lui appartient, puifqu'il n'a de fon fond que ce qui eft naturel à tous les hommes.

VI. Il fait [1] qu'il eft né dans les mêmes foibleffes que les autres; qu'il a eu dans fon enfance befoin des mêmes foins; qu'il aura une fin commune; que la Royauté l'a laiffé intérieurement tel que ceux qui ne font pas Rois, & qu'il la quittera comme ceux qui ne l'ont jamais eue; qu'elle eft donc pour lui un état étranger, & qu'il fe tromperoit, s'il jugeoit de foi-même & de fon véritable fond, par une chofe qui en eft abfolument féparée.

VII. Cette premiere Réflexion conduit le Prince à une autre qui en eft la fuite. Il connoît, fans avoir befoin d'en être averti, que la fouveraineté ne donne par elle-même aucun

---

1 Sum quidem & ego mortalis homo, fimilis omnibus, & ex genere terreni illius, qui prior factus eft, & in ventre matris figuratus fum caro. Et ego natus accepi communem aerem, & primam vocem fimilem omnibus emifi plorans. In involumentis nutritus fum, & curis magnis: nemo enim ex Regibus aliud habuit nativitatis initium. Unus ergo introitus eft omnibus ad vitam, & fimilis exitus. *Sap. VII.* 1. & feq.

avantage personnel d'esprit ou de corps : qu'elle [1] n'est point la même chose que le mérite ; qu'elle n'est point inséparable de la sagesse & de la vertu ; qu'elle n'est le remede d'aucun défaut ; qu'elle sert au contraire souvent à les multiplier, & à les rendre publics ; & que la grandeur qui éleve un Prince au-dessus des hommes, le laisse quelquefois fort au-dessous de plusieurs d'entre eux, s'il n'est élevé que par sa place, & n'est grand que par son pouvoir.

VIII. Il est vrai que [2] c'est une chose honteuse, & qui tient du prodige, qu'on soit le premier par le rang, & après beaucoup d'autres par le mérite : car l'ordre naturel demande que ces deux sortes de prééminences soient unies, & que la tête qui domine au reste du corps, soit le siége de la raison : mais ce qui devroit être, n'est pas toujours ; & rien n'est plus nécessaire à un Prince, que de se bien précautionner contre cette erreur, qui, toute grossiére qu'elle est, a séduit une infinité de Souverains, qui ont conclu de ce qu'ils étoient Rois, qu'ils méritoient de l'être ; & qu'aucuns de leurs sujets ne pouvoient être plus sages qu'eux, puisqu'ils leur étoient tous soumis.

IX. Mais quand la souveraine puissance donneroit le mérite aussi-bien que l'autorité, combien dure-t-elle ? Qu'est-elle quand le Prince est mort ? [3] Qui peut demêler les cendres d'un

1 Non tu de illis es, qui dignitates virtutes putant. S. Bernard. L. 2. de Consider. C. 7.

2 Monstruosa res, gradus summus & animus infimus. S. Bernard. L. 2. de Consider. C. 7.

3 Dele fucum fugacis honoris hujus, & malè colorata

homme qui a régné long-tems, de celles d'un esclave ? Le tombeau confond & égale toutes les distinctions qui ont paru pendant quelques momens si réelles. L'oubli ajoute encore quelque chose à la mort ; & ceux qui viennent dans un autre siécle, ignorent souvent les noms de ceux qui ont été les maîtres de leurs ayeux.

X. Qu'est-ce donc que le petit nombre d'années pendant lesquelles on a été appellé Roi, par rapport à tout le tems où l'on ne l'est plus ? Quelle proportion peut avoir un regne de quelques jours avec une éternité immense, où l'on est degradé, & puni même séverement de l'abus qu'on a fait d'une souveraineté si courte par l'exercice, & si durable par le compte qu'on en doit rendre ? Qu'un Prince, que l'ambition n'a pas corrompu, compare donc à loisir ce qu'il est pour toujours, avec une puissance qu'il ne sauroit retenir que pendant quelques années. Qu'il ne confonde pas son intérêt éternel avec une administration qui lui sera ôtée. Qu'il comprenne bien le malheur de ceux qui s'incorporent tellement la Royauté, qu'ils ne se considérent jamais qu'avec elle, & qui ne font pas réflexion que le regne le plus long & le plus heureux, quand il seroit aussi étendu que l'Univers, n'est qu'un point en comparaison de l'abîme immense de l'éternité, où toutes les dignités se perdent, & où l'usage seul qu'on en a fait subsiste toujours.

XI. On se consoleroit de la durée si courte de la Royauté, si elle offroit un moyen plus sûr &

nitorem gloriæ, ut nudè nudum consideres. *S. Bernard, L. 2. de Consider. C. 9.*

plus facile que les autres conditions, pour arriver au véritable bonheur. Mais il n'y en a point au contraire qui expose à tant de périls, qui fourniffent plus d'occafions à la cupidité, qui foit d'un accès plus difficile à la vertu, qui paroiffe mettre plus d'obftacles à l'Evangile, & qui foit plus environnée de feducteurs, & en même tems plus deftituée de tout fecours. On le verra clairement dans la fuite, & la trifte expérience de prefque tous les Princes, en eft une preuve trop publique & trop manifefte.

XII. Celui donc qui feroit le maître d'accepter ou de refufer la Royauté, & à qui la Providence n'impoferoit pas la néceffité, ou par la naiffance, ou par une voie auffi certaine que la naiffance, de monter fur le thrône, feroit fort fage de mettre en délibération s'il y monteroit. Il temoigneroit par-là qu'il feroit inftruit des devoirs, & par conféquent des dangers d'un Souverain. Il feroit paroître un efprit plus grand & plus élevé que la grandeur même, ou, pour parler plus jufte, que l'ambition qui la defire; & il prouveroit qu'il en feroit digne, par la crainte même de ne l'être pas, & d'y fuccomber. Des hommes qui n'avoient qu'une fageffe humaine, ont été capables de ces réflexions. Ils n'ont rien vu dans la fouveraine puiffance qui les éblouit; & dans le tems même que l'Empire leur étoit offert, ils n'y trouvoient rien de plus véritablement grand, que les dangers qui les intimidoient, & que les devoirs qui paffoient leurs forces.

XIII. L'Hiftoire nous a confervé fur cela deux exemples mémorables. L'un eft de l'Em-

peteur Tacite, & l'autre de l'Empereur Probe : tous deux véritablement dignes de commander, & tous deux ayant eu une extrême peine à accepter le commandement. Voici en peu de mots ce qui regarde le premier. [1] Le Senat & l'armée s'étant déferé mutuellement pendant six mois entiers, l'honneur de donner un successeur à Aurelien, parce qu'on penfoit à faire un bon choix, & qu'on craignoit de s'y tromper, le Senat jetta enfin les yeux fur Tacite, le premier [2] & le plus illuftre de fon Corps. Il n'y avoit jamais eu de circonftances plus flateufes pour un particulier, & jamais la vocation à l'Empire n'avoit paru plus légitime. Tacite néanmoins n'en fut pas touché, & les regîtres [3] publics nous apprennent, qu'il répondit ainfi aux Senateurs qui l'avoient choifi d'une commune voix : [4] « Je m'étonne que vous penfiez à mettre à la place d'Aurelien, l'un des
» plus grands Princes que nous ayons eu, un
» homme âgé, & qui remplit à peine les fonc-
» tions de Sénateur. Confidérez avec plus de
» réflexion quel homme vous tirez de fon cabi-
» net, & à quel âge, pour l'expofer à toutes
» les fuites du commandement, dont la prin-

---

1 Quod rarum & difficile fuit, Senatus Populufque Romanus perpeffus eft ut Imperatorem per fex menfes, dum bonus quæritur, Refpublica non haberet. *Vopifc. in vit. Taciti, p.* 284.

2 *Il étoit,* primæ fententiæ confularis.

3 *Vopifcus affure qu'il copie les Regîtres même du Senat.*

4 Miror vos, P. C. in locum Aureliani, fortiffimi Imperatoris, fenem velle principem facere. Vix munia Senatûs implemus. Videte diligentiùs quam ætatem de cubiculis atque umbrâ in pruinas æftufque mittatis. *p.* 284.

B vj

» cipale est de marcher à la tête des armées »».
Tout le Senat lui repréfenta, [1] que c'étoit à
fon efprit & à fa prudence que l'Empire étoit
confié ; & que c'étoit fon mérite qu'on choifif-
foit, & non fon corps. Mais comme il perfiftoit
dans fon refus, qui alloit jetter la Republique
dans un extrême danger, un des plus [2] fenfés
& des plus éloquens Senateurs lui fit voir, combien les raifons d'accepter l'Empire étoient fu-
perieures à celles qui le lui faifoient refufer ; &
il l'obligea de fe foumettre à une élection qu'on
étoit bien refolu de ne pas changer. Tacite y
confentit enfin, & il ajouta : « [3] Je n'ai donc
» plus deformais qu'à donner tous mes foins,
» & à faire tous mes efforts pour répondre à vo-
» tre attente, par des confeils dignes de vous
» & d'un Empereur, fi je ne puis la remplir
» par des actions de valeur & de courage ».

XIV. Probe fut auffi moderé & auffi fage. Il
s'oppofa, autant qu'il put, à l'inclination & aux
inftances de l'armée, qui le declara Empereur.
[4] « Vous faites, dit-il aux troupes, un mau-
» vais choix, qui ne vous convient, ni à vous
» ni à moi. Vous ne connoiffez ni votre bien,

---

1 Quis melius quàm fenex imperat? Imperatorem te,
non militem facimus. Tu jube, milites pugnent. Animum tuum, non corpus eligimus. *Ibid.*

2 *Il avoit été Conful, & il s'appelloit* Metius Falco-
nius Nicomachus. *Son difcours étoit rapporté dans les Re-
gitres publics.*

3 Curabo, enitar, efficiam, ne vobis defint, fi non
fortia facta, at faltem vobis atque Imperatore digna con-
filia. *p.* 285.

4 Non vobis expedit, milites : non mecum benè
agitis. Ego enim vobis blanditi non poffum. *Vopifc.
in vit. Probi. pag.* 291.

» ni mon caractère. Je suis ennemi des fla-
» teries & des complaisances, & je n'en aurai
» point pour vous ». C'étoit un moyen sûr
pour rallentir l'ardeur des soldats que de leur
parler ainsi, & c'étoit même s'exposer à la convertir en indignation contre lui ; mais il la craignoit moins que leur zele, & nous ne pouvons
douter que ce qu'il écrivit à un principal [1] Officier de l'Empire, ne contienne ses véritables
sentimens : « [2] Je n'ai jamais desiré, lui dit-
» il, la place où je suis. Je n'y suis monté qu'à
» regret, & je n'y demeure que parce que j'y
» suis forcé par la crainte de jetter la Republi-
» que dans de nouveaux périls, & de m'y ex-
» poser moi-même. »

XV. Ces grands hommes jugeoient plus sainement de la souveraine puissance que beaucoup
de Princes, qui en craignent moins les périls ,
parce qu'ils les connoissent moins. Ils avoient
moins d'ambition & plus de lumiéres, & ils savoient que la plus pressante & la plus efficace
raison qui puisse porter un homme de bien à
accepter le Gouvernement, est le desir d'être
utile à la Republique, & la crainte de la laisser
tomber dans de mauvaises mains.

XVI. C'est ce que le Prince doit estimer
dans la grandeur, & qui doit la lui rendre pre-
cieuse. Il est mis par elle en état de devenir le
Protecteur de la Republique ; d'y établir beaucoup de biens ; d'y remedier à beaucoup de

---

1 *A Capiton, Préfet du Prétoire.*

2 Imperium nunquam optavi, & invitus accepi. De-
ponete mihi rem invidiosissimam non licet. *Ibid.* pag,
191.

maux ; de donner le mouvement & la vie à un
grand Empire ; d'y faire fleurir la justice & les
loix ; d'y mettre en honneur la probité & la vertu ; d'y exciter le travail & l'industrie ; d'y faire
régner la paix & l'abondance. Il se trouve heureux en ce sens, d'avoir été choisi par la Providence divine pour être le canal & le principe de
tant de biens ; & il se console de ses peines , &
de ses dangers mêmes, par l'esperance d'être utile à une infinité de personnes , & beaucoup plus
par la joie de l'avoir été.

XVII. Mais il distingue toujours son état de
celui des autres ; & dans le tems même qu'il les
rend heureux par sa sage conduite, il ne croit
point l'être précisément parce qu'il est grand ,
ni même parce qu'il use bien de sa grandeur
pour les autres ; mais parce qu'il l'est intérieurement dans le fond de son cœur, où il faut toujours revenir, pour juger sainement de tout.
« [1] Il est donc fort utile , dit S. Augustin, que
« les bons Princes régnent long-tems, & sur
» plusieurs peuples : mais cette utilité regarde
» plutôt les peuples que les Rois. [2] Et lorsque
» Dieu en donne à la terre, qui ont toutes les
» qualités nécessaires pour bien régner, c'est
» aux Empires plutôt qu'aux Princes que Dieu
» fait misericorde.

XVIII. Cela ne signifie pas que le mérite
d'un Prince qui fait un saint usage de son auto-

[1] Utile est ut boni longè latéque diu regnent : neque
hoc tam ipsis quàm illis utile est quibus regnant.. *S. August. L.* 4. *de Civit. Dei. Cap.* 3.

[2] In hâc ergo terrâ regnum bonorum non tam illis
præstatur , quàm rebus humanis. *Ibid.*

rité, ne ſoit très grand aux yeux de Dieu : mais alors même ſon autorité, & le bon uſage qu'il en fait, ont plus de rapport aux peuples qu'à lui-même ; & c'eſt parce qu'il eſt bien perſuadé que toute ſa grandeur eſt pour les autres, qu'il a tant de mérite à s'en bien ſervir.

XIX. Voilà ſur quoi un jeune Prince doit former ſes idées ſur ſon élévation & ſa grandeur, pour les rendre juſtes, & pour n'être pas entraîné par les faux préjugés de la plûpart des hommes, qui n'admirent dans un Souverain que ſon pouvoir & ſon indépendance ; qui le croyent heureux, parce qu'il eſt le maître de tous les objets que la concupiſcence deſire ; & qui penſent eux-mêmes, ou qui veulent lui perſuader, que la grandeur eſt ſon état naturel, & qu'elle a mis autant de diſtinction entre lui & eux, qu'elle en a mis entre ſa place & la leur.

CHAPITRE V.

Quel jugement le Prince doit porter de l'éclat extérieur de la grandeur.

ARTICLE I.

Le Prince doit juger sainement de l'éclat extérieur de sa grandeur.

I. COmme il doit vivre au milieu de cet éclat, & qu'il en sera toujours comme environné, il est pour lui d'une extrême conséquence, de savoir quelle en est la fin, & quel en doit être l'usage : autrement il se remplira de beaucoup d'erreurs populaires, & il quittera le sentier qui devoit le conduire à une solide gloire, pour suivre, par de fausses routes, une vaine idée de splendeur & de majesté, qui s'évanouira quand il croira la saisir, & qui ne lui laissera que la confusion de s'être trompé.

II. L'éclat extérieur de la grandeur comprend deux choses : les honneurs ou les respects, & la magnificence. Celle-ci dépend du Prince, & l'autre de ses sujets. Il importe d'approfondir l'une & l'autre, & pour éviter la confusion, il est bon de les considérer séparément.

ARTICLE II.

Quel jugement il doit porter des honneurs & des respects qui lui sont dûs.

I. Il est certain que le respect & la vénération sont justement dûs aux Princes. [1] C'est Dieu qu'ils représentent ; c'est son autorité dont ils sont revêtus ; c'est lui qui les a placés sur nos têtes , & ce seroit manquer de respect pour lui-même , que de refuser un hommage sincere & profond à ce qu'il leur a communiqué de sa majesté.

II. Toutes les raisons qui prouvent que l'autorité des Princes est nécessaire pour conserver la tranquilité & la paix , & que sans elle tout retomberoit dans la confusion & le désordre , sont aussi des preuves de l'obligation où l'on est de la respecter par des motifs de justice & de reconnoissance. C'est le premier tribut qu'on lui doit pour les bons offices qu'on en reçoit & qu'on en attend ; & il est visible , qu'une autorité qui ne seroit pas respectée selon toute l'étendue de son pouvoir , ou deviendroit absolument inutile , ou seroit très limitée dans les bons effets qui en doivent suivre.

III. Mais plus il est certain que les respects les plus profonds sont dûs à l'autorité , parce qu'elle vient de Dieu , & qu'elle est toute destinée au bien public ; plus il est évident qu'ils ont

___

[1] Nos judicium Dei suspicimus in Imperatoribus, qui gentibus illos præfecit. Id in eis scimus esse quod Deus voluit. *Tertull. Apolog. c.* 32.

plus de rapport à la place qu'occupe le Prince, qu'à sa personne. Ils sont une suite naturelle de sa grandeur, & il en faut par conséquent juger comme de la grandeur même. Ils ne donnent comme elle, rien d'intérieur & de personnel. Ils ne sont point liés necessairement au mérite, & n'en sont point une preuve. Ils laissent tous les défauts, & n'en peuvent changer aucun ; & s'ils trouvent le Prince destitué de quelques qualités essentielles, ils n'en sont point le supplement.

IV. Dès lors il est évident que le Prince se tromperoit, s'il vouloit s'attribuer à soi-même, un honneur qui n'est dû qu'à l'autorité, & s'il croyoit mériter tout ce que mérite sa place. Ce sont deux choses très-differentes que son caractère & sa personne. L'un est sacré & divin ; mais l'autre peut en être fort indigne, & il faut qu'un Prince se mette bien avant dans l'esprit, que Dieu, en lui communiquant une autorité qu'il veut qu'on respecte, n'a point prétendu flater sa vanité [1], ni fournir une matière à son orgueil : mais qu'il a voulu que le Prince craignît de deshonorer par sa conduite une autorité si respectable, & qu'il s'efforçât de mériter par ses actions, le même honneur qui est dû à son caractère.

V. C'est en effet une puissante exhortation pour un Prince qui a du sentiment & de la noblesse, que les respects qu'on lui rend. Il se trouveroit honteux de les recevoir, sans s'effor-

___

1 Non vult te facere superbum Christus. *S. August. Enarrat. in Psal.* 125. *n.* 7.

ter d'en être digne. Il les regarderoit alors comme un reproche public de sa conduite : & il ne pourroit se consoler, s'il étoit convaincu que tous les respects vont à sa place & à son autorité, & qu'aucun ne s'adresse à lui.

VI. Il sait bien néanmoins, que malgré ses efforts, il demeure au-dessous des témoignages de vénération qu'il reçoit de toutes les personnes qui lui sont soumises, & en qui souvent le mérite & la vertu sont dans un degré plus éminent que dans lui-même [1] : & cette réflexion le retient en secret, de peur qu'il ne se livre a la vaine joie d'être l'objet des respects de tous. Il voit avec une espece de confusion, des personnes d'une haute vertu abaissées à ses pieds ; & il ne s'enyvre pas d'un honneur, qui seroit quelquefois plus justement dû à celui qui le rend, qu'à celui qui le reçoit, s'il s'agissoit de le régier par le mérite, & non par le rang.

VII. Car il y a des Grandeurs naturelles ; & il y en a d'autres d'institution. Les unes sont des qualités réelles de l'esprit ou du cœur ; telles que la prudence & la bonté : les autres sont des distinctions d'autorité & de rang ; telles que la qualité de Roi & celle de Prince. Il est dû à toutes de l'honneur : mais il n'est pas dû à toutes de l'estime. L'honneur & l'estime s'unissent, quand il s'agit des Grandeurs naturelles ; mais l'honneur demeure separé de l'estime, quand il ne s'agit que des Grandeurs d'institution.

---

[1] Ordinavit sic Deus Ecclesiam suam, ut omnis potestas ordinata in seculo, habeat honorem, & aliquando à melioribus. *S. August. Enarrat. in Psal.* 125. *n.* 7.

VIII. Il eſt juſte d'honorer l'autorité & d'y être ſoumis ; mais il n'eſt pas juſte qu'un Prince exige l'eſtime par le titre ſeul de l'autorité. Ce ſeroit alors confondre des choſes très-différentes. Quand le Prince aura des vertus eſtimables, je l'eſtimerai ; mais quand il ſe contentera d'avoir de l'autorité, je reſpecterai le pouvoir que Dieu lui a donné, & je lui refuſerai mon eſtime.

IX. Il faut qu'il uniſſe les deux Grandeurs, la naturelle, & celle d'inſtitution, pour m'obliger à unir à ſon égard le reſpect & l'eſtime ; & il doit comprendre que, comme ce ſeroit une folie que de lui diſputer la ſouveraine puiſſance, en prétendant avoir plus de mérite que lui, il commettroit de ſon côté une grande injuſtice, s'il prétendoit avoir plus de droit qu'un autre à l'approbation & aux louanges, parce qu'il eſt ſouverain.

X. Il eſt donc néceſſaire qu'un Prince qui a de la juſteſſe d'eſprit & du diſcernement, ſépare bien l'honneur qu'on lui doit toujours, de celui qu'on lui peut refuſer ſans être injuſte ; & qu'il diſtingue bien auſſi les moyens de ſe faire rendre l'un, & ceux de mériter l'autre. Si on lui manque de reſpect, ſon autorité, à qui il eſt dû, lui met en main les moyens de ſe le faire rendre, & de punir quiconque refuſe de ſe ſoumettre. La puiſſance alors venge le mepris de la puiſſance, & la force vient au ſecours de la grandeur : mais ce ſeroit abuſer des choſes, & confondre des moyens tout-à-fait ſéparés, ſi l'on vouloit employer la force pour ſe faire eſtimer. C'eſt au mérite ſeul qu'un tel honneur eſt dû,

& la puissance feroit d'inutiles efforts pour l'obtenir.

ARTICLE III.

Quel jugement il doit porter de la magnificence qui accompagne la grandeur.

I. Il en est de même de la magnificence, que tant de Princes tâchent de substituer au vrai mérite. Elle peut être propre à attirer une considération extérieure ; mais elle ne peut tenir lieu d'aucune qualité personnelle : tout son usage consiste à faire partie de l'éclat extérieur de la grandeur ; & elle ne devient digne de louanges, que lorsqu'elle est conduite par la raison.

II. On ne peut réduire ce qu'on entend par magnificence à une idée bien précise, parce que la magnificence s'étend à beaucoup de choses de différente nature : mais il me semble qu'on peut la diviser en deux especes ; dont la premiere comprend ce qui contribue à l'autorité & à la sûreté des Rois; & l'autre, tout ce qui sert à la splendeur & à la pompe. Les Officiers du Prince & de la Couronne, une Garde nombreuse, des Troupes entretenues & placées à propos pour le besoin, font partie de la magnificence de la premiere espece. Les Palais, les riches ameublemens, l'amas de plusieurs choses rares & de grand prix, une grande dépense, une Cour brillante & nombreuse, entrent dans la magnificence de la seconde espece, qui est toute pour l'éclat & pour l'appareil.

III. Il n'y a point de matière qu'il importe plus au Prince de bien connoître : mais ce feroit

prévenir l'ordre des chofes , que de la traiter ici
avec étendue , parce qu'elle dépend de beaucoup
de vérités qui doivent y fervir de préparation , &
qui auront ailleurs une place plus naturelle. Je
me contenterai donc ici de quelques Réflexions , qui ferviront de principes aux confe-
quences que j'en tirerai dans un autre lieu.

IV. On ne peut nier que la grandeur des
Princes temporels n'ait befoin d'une magnificence qui comprenne tout ce qui eft néceffaire
à leur fûreté & a leur autorité , & qui s'étende
même jufqu'a la fplendeur & à l'éclat. Ils régnent fur tout ce qui eft vifible , & ils ont en
leur pouvoir tous les objets qui frappent les fens.
Ce feroit donc leur ôter la marque de leur empire , que de ne leur pas accorder une partie de
ce qui reléve d'eux , & ce feroit confondre la
Puiffance avec le miniftère Eccléfiaftique , dont
l'autorité eft indépendante de l'éclat extérieur ,
parce qu'elle eft toute fpirituelle , & que fon objet eft au-deffus des fens.

V. Il importe au bien public que le Roi foit
le centre de l'Etat , & qu'il attire de tous côtés
le refpect & l'admiration de fes fujets. Quelques-
uns n'ont pas befoin de la majefté extérieure qui
l'environne , pour reconnoitre celle que Dieu
lui a donnée ; mais plufieurs ne connoiffent rien
de grand , que ce qui l'eft à leurs yeux. Ils n'admirent que ce qu'admire la cupidité ; & ils veulent voir dans leur Prince l'image de la feule félicité , & de la feule grandeur qu'ils defirent : fans
cela il ne leur paroît point élevé au-deffus d'eux ,
parce qu'ils n'ont point d'autre idée de l'élévation ; & ce feroit prefque dégrader le Prince

que de lui ôter tout l'appareil qui les éblouit.

VI. Mais le Prince qui le conserve à cause d'eux, ne doit pas être dans leur erreur. Il ne doit trouver aucun bien solide pour lui dans une magnificence qu'il lui est défendu d'aimer, & qui ne peut être excusée, que par la foiblesse de ceux qui en ont besoin, & par l'impuissance de conserver par d'autres voies le respect dû à l'autorité souveraine.

VII. Au milieu de la pompe & du faste, il doit s'affermir dans l'amour de la modération, & même de la simplicité ; s'affliger en secret de ce qu'il ne lui est pas permis de rejetter un importun appareil, qui le gêne ; trouver l'état d'une personne privée plus heureux en cela que le sien, parce qu'il est moins exposé à l'orgueil ; porter, comme Esther, avec une secrete confusion, tout ce qui ne sert qu'a faire paroître la souveraine puissance plus redoutable & plus fiére, & retrancher de la magnificence tout ce qui n'est pas absolument nécessaire pour maintenir l'autorité.

VIII. Car il n'est pas vrai que celle-ci dépende autant de l'autre qu'on le pense, & qu'on ne puisse diminuer l'une, sans donner atteinte à l'autre. Les Princes qui ont un solide mérite, savent remplacer en mille maniéres ce qu'ils paroissent perdre, en retranchant quelque chose du faste & de l'éclat extérieur. Ils se font respecter par leur sage conduite, beaucoup plus sûrement que par leurs dépenses. Ils s'attachent les peuples par la confiance & par l'amour, bien plus étroitement que par la vaine admiration d'une magnificence peu nécessaire ; & ils se

roient même très-fâchés qu'on parlât plus de la
beauté de leurs palais & de leurs richesses, que
de leur mérite personnel, de leur justice, de
leur humanité, & de leur application à rendre
heureux tous ceux qui leur obéissent.

IX. Un seul exemple prouvera ce que je dis.
Jamais Prince ne fut plus respecté, ni mieux
obéi qu'Auguste. On bâtit dans presque toutes les Provinces de l'Empire des villes en son
honneur. On passa même jusqu'a lui élever des
autels pendant sa vie, par une Idolâtrie très-cri-
minelle ; cependant il n'y eut jamais de Prince
plus éloigné du faste & d'une vaine ostentation
de grandeur. [1] « Il se contenta, pendant plus
» de quarante ans, d'une seule chambre, qu'il
» occupoit également l'hyver & l'été. [2] Ses
» meubles étoient si simples & si modestes, que
» des particuliers, peu d'années après, ne s'en
» seroient pas contentés. Il ne portoit point
» d'habits que ceux que Livie sa femme, sa
» sœur & sa fille avoient filés & mis en œuvre.
» [3] Il mangeoit très peu, & des viandes très
» communes. [4] Et à peine buvoit-il du vin ».
Voilà la magnificence de celui qui commandoit

[1] Per annos ampliùs quadraginta eodem cubiculo
hyeme & æstate mansit. In vit. August. Suet. Cap. 72.

[2] Instrumenti ejus & suppellectilis parcimonia apparet etiam nunc residuis lectis atque mensis, quorum ple-
raque vix privatæ elegantiæ sint. Veste usus est ab
uxore, & sorore, & filiâ neptibusque confectâ. Ibid.
Cap. 73.

[3] Cibi minimi erat, atque vulgaris ferè. Secunda-
rium panem, & pisciculos minutos & caseum bubulum
manu pressum. & ficus virides biferas maximè appetebat. Cap. 76.

[4] Vini quoque naturâ parcissimus erat. Cap. 77.

à

à tout l'Univers, & dont les hommes, par un amour & une reconnoissance portés jusqu'à l'excès, avoient fait un Dieu.

X. Je ne m'étonne pas après cela, de ce que dit un grand homme à l'Empereur Arcade, [1] que jamais l'Empire Romain n'avoit été dans un plus grand éclat, que lorsque ses Princes n'en affectoient aucun, qu'ils commandoient eux-mêmes les armées, souffroient les mêmes fatigues que le soldat, vivoient dans une grande simplicité, n'avoient rien dans leurs habits que de modeste, comme on le voit encore par leurs statues, que les enfans, dit cet Auteur, trouvent maintenant ridicules ; mais que, depuis que les Empereurs avoient cru se faire considérer par l'éclat de l'or & de la pourpre, & par une magnificence purement extérieure, [2] ils avoient autant perdu de leur véritable grandeur, qu'ils s'étoient efforcés d'en avoir une superficielle.

XI. C'est en effet une suite nécessaire de l'erreur où tombent les Princes sur ce qui seroit capable de les rendre véritablement grands, qu'ils négligent, pour y substituer des choses qui n'ont qu'une vaine apparence de grandeur ; qui conviennent autant aux mauvais Princes qu'aux bons, que les mauvais portent plus loin que les

---

[1] Quonam tempore Romanas res meliùs sese habuisse putas ? Num ex quo purpurati & inaurati estis ? An potiùs tunc, cum exercitibus præficiebantur homines in propatulo vitam agentes, sole adusti, reliquoque in cultu sine ullo artificio simplices, non tragicum timorem spirantes, sed laconicis pileis tecti, quos in statuis pueri spectantes derident. *Synes. p. 16.*

[2] Quantum Imperatoribus superbi atque arrogantis cultûs accessit, tantumdem decessit veritatis. *Ibid. p. 17.*

autres, dont l'argent est le prix, & qui sont une
source continuelle de nouvelles dépenses.

XII. On ne prend ainsi le change que par
foiblesse, & parce qu'on sent bien qu'il est plus
aisé d'éblouir par une magnificence qui ne
coûte rien au Prince, mais seulement à ses sujets, que de soutenir par un mérite universel
la Majesté de la souveraine puissance. On met à
la place de l'intérieur, qui est pauvre & miserable, un dehors chargé de clinquant, qu'on
espere qui le couvrira ; & l'on substitue à la réalité, une décoration qui trompe le Prince, mais
qui ne trompe gueres que lui. Quiconque est
véritablement digne de conduire les peuples,
doit avoir honte de devoir son autorité à ces foibles ressources : & il doit avoir toujours présente
à l'esprit cette maxime d'un des plus grands
Empereurs qu'ayent eu les Romains ; que
c'est la vertu & le courage, & non la magnificence extérieure, qui donne du poids & de la
dignité aux Souverains.

1 Non multum insignibus aut ad apparatum regium
auri & serici deputabat, dicens : Imperium in virtute
esse, non in decore. *Alex. Sever. dans la vie qu'en a
fait Lampride. p. 215.*

CHAPITRE VI.

L'une des plus essentielles qualités d'un Prince est de bien connoître les hommes.

I. APrès les reflexions que le Prince a faites sur la puissance que Dieu lui a donnée, & sur ce qui en est la suite & l'appareil, il doit tourner les yeux vers ceux à qui Dieu l'a donné pour les conduire. Il ne peut le faire avec sagesse, sans les bien connoître ; & son regne ne sera qu'une suite de fautes & d'égaremens, s'il néglige une science, qui est, à proprement parler, celle des Rois, qui doit faire l'étude de toute leur vie, & qui, après beaucoup de reflexions & d'expériences, demeure toujours très-imparfaite.

II. Quand on n'auroit que des troupeaux à conduire, on ne pourroit le faire avec succès, sans en connoître les inclinations naturelles & les besoins ; sans être attentif à ce qui peut leur nuire ou leur être utile ; sans étudier les manieres de les gouverner qui réussissent le mieux ; & sans profiter de ce qu'on découvre tous les jours, ou de leurs maladies, ou des remedes. Combien donc est-il plus juste qu'un Prince, chargé de la conduite des hommes, donne tous ses soins à les bien connoître, afin qu'il ne les gouverne pas au hazard ; qu'il n'employe à leur égard que la raison & l'intelligence, qu'il entre dans tous leurs véritables besoins, qu'il satisfasse leurs justes inclinations, qu'il conserve ce qu'ils

ont de bon, & qu'il s'oppofe à ce qu'ils ont d'in-
jufte?

III. Croiroit-on qu'un Pafteur, à qui l'on
n'auroit confié que quelques brebis, s'acquit-
teroit de fon devoir en ne confultant que fes
volontés, & en n'employant que la force?
Comment donc peut-on penfer qu'un Prince
n'ait qu'à commander ce qui lui plaira, & à
foutenir fes commandemens par la force, &
qu'il ne faille pour regner qu'être abfolu?

IV. Il faut avoir une idée bien baffe de la
Royauté, pour la borner à la feule puiffance,
& pour en exclure la raifon. Y a-t-il un Pere,
qui ne fe trouvât deshonoré, fi l'on le croyoit
incapable de conduire fa famille avec fageffe?
Voudroit-on confier une ville, fes loix, fon
commerce, fa liberté, fa fureté, à un homme
fans intelligence? Et quelle témérité par con-
fequent n'eft-ce point de fe charger d'un grand
Etat où il y a des millions d'hommes, fans tâcher d'approfondir ce qu'ils font, & de connoître par-là ce qu'on leur doit?

V. Un bon Prince defire avec ardeur de favoir ce qui eft capable de remuer les hommes,
de les attirer, de les attacher, de les remplir
d'admiration, afin d'avoir à leur égard tout ce
qui produit de tels effets. Il veut être inftruit
de ce qu'ils attendent de celui qui les conduit
afin de ne pas manquer à leur attente. Il examine pourquoi il eft de leur intérêt de fe foumettre à lui, afin de menager cet intérêt même, pour rendre leur foumiffion plus fûre &
plus conftante. Il fait attention à tout ce qui
les bleffe, & qui les porte à la défiance, pour

l'éviter avec soin. Il discerne dans leurs inclinations & leurs desirs , ce qui est légitime ,
pour le leur accorder , & ce qui ne l'est pas
pour s'y opposer , de peur d'entretenir , par une
foible complaisance , des maux qu'il faut guérir par la fermeté.

VI. Il s'applique sur toutes choses à bien
connoître par quels moyens les esprits de tant
de caracteres differens peuvent être persuadés
& réunis dans un même sentiment ; par quelles
insinuations on entre dans leur cœur ; par quels
remedes on guérit leurs prejugés ; par quels degrés on établit la confiance ; à quelles preuves
on connoît qu'on est assez le maître pour établir tout le bien qu'on juge nécessaire ; parce
que c'est à cette fin que tendent tous les desseins & tous les projets d'un bon Roi, & que
c'est pour cela qu'il examine de si près ceux
qu'il a dessein de servir , en les rendant
heureux : ce qui ne se peut , qu'en les rendant meilleurs.

VII. Outre ces raisons, qui sont pressantes
& sans replique, le Prince est obligé de faire
une étude particuliere des hommes, pour connoître leurs talens, leur mérite, leur capacité par rapport aux emplois. C'est à lui à les
choisir & à les placer : c'est sur lui que retombent toutes les suites d'un mauvais choix : c'est
à lui que le compte en sera demandé : & comment le Prince se conduira-t-il dans un choix
si difficile, s'il ignore ce qui est nécessaire dans
chaque emploi ; s'il ne peut être juge des qualités de celui à qui il le confie ; s'il se laisse
éblouir par de fausses apparences ; s'il se fait

aider dans cette dangereuse fonction par des
personnes peu éclairées ou infideles, à qui mal-
à-propos il a donné sa confiance?

VIII. Comment le Prince demêlera-t-il un
mérite extraordinaire, mais caché, d'un mérite médiocre qu'on lui vante? Comment saura-
t-il ce que c'est que mérite dans chaque état,
s'il n'en a lui-même un universel? Et comment
l'aura-t-il acquis, s'il ignore celui des autres, &
les moyens qu'ils ont employés pour l'acquerir?

IX. Comment jugera-t-il de plusieurs qualités qui se trouvent dans un même sujet, dont
les unes sont bonnes & les autres mauvaises,
pour marquer à cet homme une place où il
sera utile, & ne sera pas dangereux? Comment au contraire refusera-t-il un emploi à un
homme sage & reglé, mais trop foible pour résister aux périls dont cet emploi est environné?
Comment saura-t-il se déterminer, en donnant
chaque place, par le point véritablement décisif, sans se laisser jamais éblouir par d'autres
qualités, excellentes à la vérité, mais plus propres à un autre emploi?

X. Qui ne voit par cette legere idée que je
propose ici, & qui n'est rien en comparaison de
la chose même, que le Prince est exposé à tomber dans un million de surprises, s'il ne sait ce
que sont, & ce que valent les hommes; s'il
ne peut les comparer avec les emplois; s'il ne
sait balancer leurs bonnes qualités par les mauvaises; & s'il n'est capable de prevoir ce que
l'occasion & les penchans naturels causeront d'affoiblissement, dans des personnes qu'il ne doit
pas exposer?

XI. Mais ce qui rend la connoissance des hommes infiniment plus nécessaire au Prince que tout ce que je viens de dire, est l'intérêt qu'il y a lui-même : car il ne peut éviter de traiter avec eux, de partager avec eux son autorité, de les admettre dans sa confiance & dans ses conseils. Et il est pour lui de la derniere conséquence de bien connoître ceux à qui il se fie, & sur qui il se décharge d'une partie de son autorité : car s'il se trompe dans ce premier choix, il sera trompé dans tout le reste.

XII. Il aura inutilement de bonnes intentions, elles demeureront toujours sans effet. Il désirera en vain de connoître la vérité, elle n'approchera jamais de lui. Il ignorera toujours ce qu'il est, & ce qu'est son Royaume, ce qu'est le mérite, ce qui est digne de son attention & de récompense. Il ne sera Roi qu'en idée, & gouverné en effet. Sa puissance ne servira qu'à le rendre odieux, & elle sera bien plus à ses Ministres qu'à lui.

XIII. Il n'y a donc point de plus grand danger pour lui, & dont les suites soient plus sans remede, que de n'avoir pas les yeux assez perçans pour aller jusqu'aux plus profondes retraites du cœur de l'homme, & pour y découvrir tout le contraire de ce que l'artifice montre sur la surface.

XIV. Il y a des caracteres qui paroissent voisins, quoique très-differens. [1] Le vice imite souvent la vertu, & quelquefois même il en a

[1] Vitia nobis sub nomine virtutum obrepunt : in his magno periculo erratur : his certas notas imprime. *Senec. Epist. 45.*

plus les dehors, parce qu'il en a plus besoin, & qu'il y est plus attentif. Il faut y regarder de bien près, & y être fort habile, pour ne s'y pas meprendre, & sur-tout dans les Cours des Princes, où à la vérité tout le monde se connoît assez, mais où tout le monde affecte de se cacher au Prince, par des apparences dont il se contente presque toujours.

XV. Il doit donner toute son attention à démêler le vrai d'avec le faux, la fausse modestie de la vraie, la fausse simplicité de celle qui est sincere & naturelle, le faux desintéressement de celui qui a des racines dans le cœur, la fausse probité de celle qui est établie sur de fermes principes, la fausse piété de celle qui est solide & éclairée.

XVI. Car il n'y a point de vertus plus fausses, que celles qui ont tout, excepté la vérité, & qui ne sont attentives qu'à la vraisemblance. Il n'y a point d'hommes plus dangereux, que ceux qui veulent tromper par l'apparence du bien. Il n'y en a point de plus corrompus, ni de plus infideles, parce qu'il n'y en a point qui méprisent plus la vertu & leur conscience, & qui par conséquent soient moins retenus par les puissans motifs qui agissent sur les autres hommes.

XVII. Un particulier a peu d'intérêt à examiner severement, si l'on est ce qu'on paroît être. Il doit même éviter de soupçonner, qu'un extérieur sage & modeste cache un cœur different, parce que Dieu ne l'a pas chargé d'approfondir un mystere qu'il s'est reservé : mais le Prince est dans l'obligation de ne s'arrêter pas à la surface, parce qu'il est dans l'obligation d'éviter d'être trompé, & qu'il ne le sauroit être plus dangereusement, qu'en donnant sa confiance à l'imposture pensant la donner à la sincérité.

XVIII. C'est pour tout l'Etat qu'il est sur la défiance ; c'est par amour pour son peuple qu'il est timide & tremblant. Ce seroit une erreur, dont tout son Royaume porteroit la peine, & dont Dieu lui demanderoit compte, s'il ne prenoit toutes les mesures de prudence pour l'éviter. Le vice démasqué l'allarme moins ; sa condamnation est marquée sur son front. Le vice mêlé de quelques vertus ne lui donne aussi aucune inquiétude, parce qu'il paroît peu attentif à se cacher : mais une probité qui semble parfaite le met en peur, non qu'il ne desire qu'elle soit tout ce qu'elle paroît, mais parce qu'il craint quelque embuche, & qu'elle l'avertit d'être sur ses gardes : car il est rare qu'à la Cour la vertu soit pure, & qu'elle soit sans dessein. Il est rare qu'on vante au Prince celle qu'il ne connoît pas par lui-même, sans avoir des vues ; & s'il n'est capable d'en juger que sur les apparences & par des récits, il en sera toujours mauvais juge.

CHAPITRE VII.

*Défauts que le Prince doit éviter, pour ne pas
se tromper dans la connoissance des hommes.*

I. C Ette connoissance est pleine de difficultés, comme on a pu le conjecturer par
ce qui vient d'être dit, & comme on en sera
convaincu par le Chapitre suivant : mais les
préjugés dont les hommes sont remplis, & les
Princes plus que les autres, y mettent des obstacles plus insurmontables que les difficultés.

II. Le premier vient de la malignité, sur-tout
quand elle est soutenue par un esprit qui a quelque pénétration & quelque lumiere. Tout le
bien alors est suspect à un Prince défiant, qui
connoît peu la vertu, & qui en a peu d'expérience. De peur d'être trompé par une fausse apparence, il repousse même la vérité. Il croit
toujours voir ce qui n'est pas visible. Il cherche
tout ce qui ne paroît point. Il trouve des vraii-
semblances dans son propre cœur, qui justifient
tous les soupçons qu'il forme contre celui d'un
autre. Il ne peut penser qu'on soit capable de
faire le bien pour le bien même. Il est ingenieux
à substituer de mauvais motifs aux actions les
plus innocentes. Il prend pour simplicité le jugement favorable que les autres en portent ; &
il croit ses lumieres supérieures à celles du vulgaire, à proportion de ce qu'il pense avoir réussi
à decouvrir ce qu'on lui cachoit.

III. Comment un homme ainſi diſpoſé connoîtra-t-il le mérite, & ceux qui en ont ? Fau-
dra-t-il renoncer aux apparences de la vertu ,
pour lui perſuader qu'on en a la vérité ? Eſt-ce
que la vertu même n'eſt qu'un nom, & qu'elle
n'a rien de réel ? Mais alors que veut-il qu'on
penſe de lui ? Et à quoi aboutiſſent tous ſes
ſoins, pour n'être pas trompé, puiſqu'il ne peut
éviter de l'être ; tout ce qui ne paroîtra pas mauvais, l'étant encore plus que le reſte, puiſque
l'hypocriſie y ſera jointe ? Et d'ailleurs que peut-
on choiſir, où tout eſt corrompu ? Et quel ſuccès peut-on attendre d'une précaution qui ſe
termine à tout rejetter ?

IV. Il eſt viſible que la défiance portée juſqu'à
cet excès , conduit aux mêmes inconveniens
qu'une imprudence aveugle, puiſqu'elle ôte le
diſcernement du vrai & du faux, du vice & de
la vertu, du mérite & de l'hypocriſie, & qu'elle
confond tout en prétendant tout diſcerner.

V. Un Prince bien intentionné n'examine
pas ce qui eſt bon & vertueux, par la crainte de
le trouver. Il le cherche au contraire par le
deſir & l'eſpérance d'y réuſſir , & quand il le
rencontre, il ſait bien quel en eſt le prix. C'eſt
par une eſtime ſincere du mérite qu'il craint de
s'y meprendre ; & il ne ſe defie avec tant de
ſoin de ce qui n'en a que l'apparence , que parce
qu'il ſait en quoi conſiſte la vérité.

VI. [1] C'eſt donc à la vertu qu'il appartient de

---

1 Improbitas neque virtutem , neque ſeipſam unquam cognoſcit. Virtus verò , quum naturæ tempo-
ris experientia acceſſerit , & ſui ipſius & improbitatis
cognitionem conſequetur. *Plato L.* 3. *de Rep. p.* 408.

connoître la vertu. Le vice ne la connoît point; & il ne se connoît pas soi-même. C'est à la lumiere à juger des tenebres, & à la sagesse à discerner l'imprudence. [1] Tout le savoir des personnes qui ne sont instruites que par leur malignité, n'est que bassesse & tenebres. Ils s'applaudissent mutuellement quand ils sont ensemble, & qu'ils encherissent sur les soupçons les uns des autres, en calomniant la vertu; mais quand ils parlent devant des hommes qui ont de la probité & de la lumiere, ils passent dans leur esprit pour des insensés & des aveugles, à qui la justice est inconnue, & qui attribuent aux autres les criminelles dispositions de leur cœur.

VII. Un sage Payen a fait avant nous toutes ces refléxions. Ce sont ses expressions dont je me suis servi, & je crois devoir ajouter ce qu'il dit encore sur cette matiere, parce qu'il est fort propre à l'éclaircir. [2] Il seroit à propos, dit ce grand homme, que dans un Etat bien reglé, ceux qui en auroient la conduite fussent âgés, & en même tems très-vertueux, afin qu'ils con-

---

1 Versutus ille & suspicax, qui & multa injustè agit ipse, & qui vafer ac sapiens putatur, quando cum suis similibus versatur, ingenii acritate, & prudenti perspicacitate valere creditur, sua in se exempla respiciens. Quando autem cum bonis & senioribus res illi est, fatuus prorsus apparet, importunè & præter rem diffidens, & candidam morum simplicitatem ignorans, quippe cujus nulla in se habeat exempla. *Idem. ibid.*

2 Consentaneum est judicem non esse juvenem, sed senem, qui serò quæ & qualis sit injustitia didicerit : qui non propriam in se ipso sit expertus, sed qui alienam in aliorum animis longo tempore exploravit & attentè, & qui scientiâ potiùs quæ sit hujus mali natura cognoscat *Idem. ibid.*

nuſſent par eux-mêmes le bien, & qu'ils ne fuſ-
fent inſtruits du mal que par une longue expérience, qui les auroit forcés à le remarquer dans
les autres. [1] En cela, dit le même Auteur, ils
feroient abſolument differens des Médecins,
qu'il faudroit choiſir jeunes & d'une foible com-
plexion, afin que, par leur propre expérience
& une longue étude des maladies, ils devinſ-
fent plus habiles, & fuſſent plus appliqués à
chercher les remèdes.

VIII. La ſageſſe de ce Payen doit couvrir de
honte ceux qui ſe croient habiles, parce qu'ils
font corrompus, & qui jugent de la probité
des autres par la depravation de leur propre
cœur. Un Prince qui feroit infecté de cette
malheureuſe diſpoſition, très-ordinaire dans la
Cour des Grands, ignoreroit toute ſa vie ce que
font les hommes, & il ne jugeroit bien tout au
plus que de ceux qui lui reſſembleroient. J'in-
ſiſte beaucoup ſur ce point, non-ſeulement parce qu'il eſt capital, mais auſſi parce qu'il feroit
aiſé, ſans cette précaution, de confondre un
grand vice avec une grande vertu, & de porter un Prince à la malignité, en l'exhortant à
bien examiner les hommes, & à bien approfondir leur mérite.

IX. Il y a dans pluſieurs une ſorte de défiance,
differente de celle qui a des racines dans la corruption du cœur, parce qu'elle ne vient que de

---

[1] Medici peritiſſimi,& ad artem præſtandam aptiſſimi
evaderent, ſi ab ineunte ætate, præter magiſtrorum in-
ſtitutionem, uſum quoque artis maturè adhiberent, &
ipſi naturâ non omnino ſanâ eſſent, ſed omnia mor-
borum genera experirentur : neque enim corpus corpore
curant, ſed animi induſtriâ. *Idem. ibid. p.* 408.

l'irrefolution & des tenebres de l'efprit. Ils favent en général qu'ils peuvent être trompés ; que
les dehors les plus fpecieux ne les doivent pas
raffurer ; que ceux dont ils pourroient prendre
confeil ne font pas incapables de les jetter dans
l'erreur, ou à deffein, ou par ignorance. Ils
demeurent ainfi flottans, & defireroient d'y demeurer toujours, s'il étoit poffible : mais la néceffité des affaires les contraignant à fe deter-
miner, ils choififfent, par une efpece de fort,
ce qui s'offre à eux fans le connoître, auffi prepa-
rés à condamner leur choix qu'à le foutenir ,
& ne fachant fi c'eft fur un homme de mérite ,
ou fur un indigne qu'il eft tombé.

X. De tels Princes font fouvent injure à la
vertu, en la rejettant, & honneur au vice, en
le mettant en place ; & ils les confondent toujours par une défiance égale , & par l'impuiffance de les demêler. Il ne faut attendre de leur
conduite ni fermeté , ni lumiere. [1] Leur efprit demeurera ouvert à tous les foupçons, & à
toutes les calomnies. On leur rendra très-faci-
lement le mérite fufpect : & comme la vertu
eft fimple , & le vice plein d'artifices , quelque
homme ambitieux & adroit fe faifira d'un Prince foible & timide , & prendra hardiment fur lui
toutes les décifions dont il verra fon maître im-
portuné.

XI. Un troifieme obftacle, auffi oppofé à la
connoiffance des hommes que ceux que je viens
de marquer, eft la perfuafion que tous les hommes font à-peu-près femblables, & qu'il impor-

---

1 Utrumque in vitio eft, & omnibus credere & nulli.
Sen. Ep. 3.

te peu par conſequent d'examiner ce qu'ils ſont, & quelle difference leurs qualités perſonnelles peuvent mettre entr'eux ; parce que cette dif-ference eſt peu de choſe ; qu'ils ont tous quelque bien & quelque mal dans une proportion aſſez égale ; que les talens & les défauts ſont mêlés dans tous, & qu'on a droit d'eſpérer qu'ils réuſ-ſiront également dans les emplois, comme on a ſujet de craindre de tous qu'ils s'en acquittent mal.

XII. Par une ſuite de cette diſpoſition, l'on eſtime & l'on mépriſe également tous les hom-mes ; & l'on ne voit jamais de grandes raiſons, ni pour les placer, ni pour les revoquer, parce qu'on ne ſe fie pas véritablement à eux, & qu'on ſe défie également des ſucceſſeurs qu'on leur donneroit.

XIII. C'eſt par cet injuſte préjugé que la plûpart des Princes ſe croient diſpenſés d'étudier les hommes avec ſoin, & qu'ils ſe tiennent en repos ſur le choix qu'ils font des uns plutôt que des autres, perſuadés dans le fond, qu'après beaucoup de recherche, ils ne ſeroient pas mieux ſervis, & qu'ils ſe donneroient une pei-ne inutile.

XIV. Mais quiconque ſait la diſtance preſ-qu'infinie qu'il y a ſouvent entre un homme & un homme pour l'Egliſe, pour la Juſtice, pour la Guerre, pour les Finances ; entre un homme digne de la confiance du Prince, & un hom-me qui en abuſe ; entre un homme zelé pour le bien public, & un homme qui en eſt ennemi: quiconque connoît ces differences, peut juger de l'aveuglement d'un Souverain qui ne les con-

noît pas, & des suites affreuses d'un tel aveu-
. glement.

XV. Mais on est conduit à cette malheureuse disposition par la paresse, qui est un quatriéme
obstacle à la connoissance des hommes. Un
Prince veut regner & être en repos. Il veut
être le maître, & ne se donner aucun soin.
Dès lors il est de son intérêt de se faire des
maximes qui s'accordent avec l'amour de sa
tranquillité; & il n'y en a aucune si commode
pour son repos, que l'égalité du mérite & de
l'imperfection des hommes. On peut fermer
les yeux & les placer sans crainte, puisqu'ils
ont tous les mêmes talens : on peut encore fermer les yeux, & les destituer, parce qu'ils ont
tous les mêmes défauts. La volonté du Prince,
où tout est égal, est la seule chose qui soit décisi-
ve : aller par-delà, c'est une vaine subtilité, &
une inquiétude inutile.

XVI. L'expérience qui paroît justifier cette
fausse maxime est un cinquiéme obstacle. J'ai
cru au commencement de mon regne, dit **un**
Prince, qu'il falloit discerner les hommes & les
bien connoître : mais l'usage m'a détrompé. Je
n'ai connu personne qui valût beaucoup plus
qu'un autre. Le tems a découvert dans tous des
défauts cachés. J'ai appris de tous les mêmes
choses, & reçu les mêmes plaintes, & souvent
ceux que j'ai choisis presqu'au hazard, ont mieux
réussi que les autres. C'est donc un travail très-
infructueux que celui de vouloir tout approfondir. C'est l'erreur & la chimere des commen-
çans : l'usage les en desabusera.

XVII. Cela est vrai jusqu'à un certain point,

& le sera toujours , quand on ne cherchera le vrai mérite qu'à la Cour , & qu'on se contentera d'examiner les hommes sur le rapport de ses Ministres , & ses Ministres sur l'idée qu'on s'est fait dès l'enfance de ce qui est nécessaire aux places qu'ils occupent ; mais quand le Prince aura de justes idées de tout , qu'il cherchera parmi les hommes tout ce qui en approche le plus ; qu'il employera à cela un soin perseverant , comme on le dira dans la suite ; il découvrira bientôt , qu'une expérience défectueuse n'étoit pas une regle , & qu'il y avoit dans son Royaume plus de véritable mérite qu'il ne pensoit.

VIII. Mais pour cela il faut avoir de l'élevation & de la grandeur dans l'esprit & les sentimens : car, où chercher ce qu'on ne connoît point ? Et comment le discerner quand on le trouvera, si l'on n'en a aucune idée ? C'est donc un esprit borné & médiocre qui borne la connoissance des hommes , & qui met un obstacle invincible au discernement qu'un Prince en doit faire. Tout est court & limité pour celui qui l'est. Il ne croit pas réel ce qu'il ne voit pas. Il trouve tout égal, parce que ses yeux ne sont pas assez clairvoyans pour observer des differences qui leur échappent , & excepté le cercle étroit de ce qui l'environne, tout le reste est confus pour lui, & se perd dans l'obscurité.

XIX. L'indifférence pour le bien public, est un obstacle encore plus dangereux qu'un esprit médiocre & borné. Avec le plus excellent génie, on peut ignorer les hommes & leurs mérites , parce qu'on examine peu ce qui touche peu. C'est l'amour de la Republique qui rend attentifs à tout, ceux qui font capables de la fervir ou de lui nuire ; c'eft fon intérêt qui agite le Prince, & qui le met en inquiétude ; c'eft pour elle qu'il defire de trouver du fecours dans ceux qui partagent fes foins. Autrement il s'endort, & ne fait aucun ufage de fes lumieres, & il compte pour perdu tout ce qui ne fe termine pas à lui-même.

XX. Enfin c'eft la baffeffe du cœur qui met un dernier obftacle à la connoiffance des hommes. On fe foucie peu qu'ils ayent ce qu'on n'a pas : on le craindroit même s'ils l'avoient ; & l'on feroit plus capable de jaloufie, fi l'on étoit forcé de le voir, que de defir de le trouver. Ainfi l'on eft bien aife de ne point tant examiner, & de laiffer tous les hommes dans une efpece d'oubli, qui enfeveliffe les grandes qualités de quelques-uns, & qui cache la difference qu'elles mettroient entr'eux, & le Prince qui ne les a pas.

CHAPITRE VIII.

Rien n'eft plus difficile que de bien connoître les hommes.

I. CEla feroit vrai, quand il ne s'agiroit que d'une connoiffance qui fe termineroit à l'efprit, & dont on ne feroit point obligé de faire ufage : car dans les ouvrages de Dieu, il n'y a rien de plus grand que l'homme, qui contienne plus de merveilles, & qui cache par conféquent plus d'obfcurités. Mais ce n'eft point à une connoiſſance ftérile de l'homme que le Prince doit fe borner. Il eſt obligé d'entrer dans le détail, & d'appliquer ce qu'il fait. C'eft pour la Republique, & non pour fa fatisfaction, qu'il étudie ce nombre infini d'hommes qui lui font confiés, dont il doit conduire les uns par les autres. C'eft pour leur bien qu'il tâche d'entrer dans leurs plus fecretes inclinations, & de découvrir les plus fecrets reſſorts qui les font agir, afin de marquer à chaque perfonne fa place ; de donner de l'autorité à proportion du mérite ; de faire concourir le bien particulier au bien public ; & de conduire tout l'Etat par un mouvement fi reglé, que tout fe lie & s'entretienne, & que la force des uns ne foit employée que pour l'utilité des autres.

II. Voilà le but du Prince, [1] & fans cela il vaudroit mieux qu'il dormît toute fa vie, comme dit S. Auguftin, que de s'agiter beaucoup pour ne rien faire, & qu'au lieu de charger fes Miniftres d'une infinité d'affaires qui les occupent jour & nuit, & qui retombent prefque toutes fur le peuple, il les congediât, comme inutiles au bien public.

III. Mais par quels moyens un feul homme connoîtra-t-il tout ce qu'il y a de bon & de mauvais dans tous ceux qui lui font foumis ? Par quelle lumiere percera-t-il ces profondes re-

---

1 Quid boni agitis in his tantis curis & laboribus veſtris, nifi ut benè fit hominibus ? Si enim hoc non agitis, vel dormire fatiùs eft noctefque diefque, quàm vigilare in laboribus publicis nulli utilitati hominum profuturis. *S. Auguftin. Ep.* 151. *Nova Edit. ad Catilianum. n.* 14.

traites du cœur [1] où l'homme se cache, & où il est si different de ce qu'il paroît être ? Comment demêlera-t-il tous ces dedales & tous les contours où l'artifice s'enveloppe, & où il s'embarasse quelquefois de telle sorte, qu'il ne se reconnoît plus & qu'il est le premier trompé ? Les esprits les plus défians & les plus soupçonneux croyent ne l'être pas encore assez pour se précautionner contre l'imposture ; & quoiqu'ils ayent tort, on doit convenir, que l'obscurité impenétrable des pensées & des sentimens des hommes donne occasion à leur malignité.

IV. Ce seroit un reméde, si l'on pouvoit reduire tous les caracteres des hommes à certains genres, & en faire au Prince une peinture exacte qui lui servît à les remarquer. Mais les caracteres sont infinis, & d'une telle variété, que les modeles qu'on en donneroit, n'égaleroient jamais les originaux, & ne serviroient même qu'à tromper celui qui seroit frappé de quelques traits qui paroîtroient semblables ; mais qui seroient joints à beaucoup d'autres très-differens.

V. Il peut arriver que l'homme de bien conserve quelque chose qui blesse, & qui ne donne pas de lui une idée avantageuse. Un excellent esprit n'a pas toujours l'air aussi humble & aussi modeste qu'il le faudroit. Une vertu sincere est quelquefois plus negligée & plus simple que celle qui n'en a que l'apparence. Au con-

---

1 In animis hominum tantæ latebræ sunt, & tanti recessus, ut omnes suspiciosi, cum meritò culpentur, etiam laudari arbitrentur se debere quod cauti sint. *S. Augustin. ibid. n. 4.*

traire, un mérite très-superficiel peut être relevé par des manieres très-prevenantes; & un homme ambitieux, intéressé, entreprenant, peut cacher ce mauvais fond, sous des dehors qui feroient une partie du caractere contraire. Comment, en consultant quelques modeles dont on se sera rempli la memoire, découvrira-t-on le mérite sous des apparences qui le cachent, & le vice sous une parure qui l'embellit?

VI. Les Princes ont ordinairement un goût fort exquis des manieres, & ils sont par là plus exposés que les autres à se tromper sur le fond. Ils sentent tout; mais ils ne voient pas toujours tout. Ils sont invités ou offensés par des choses qui le méritent, mais qui souvent ne sont pas ce qu'il y a de plus essentiel. Ils jugent promptement de ce qui est visible, & pour l'ordinaire le jugement qu'ils en portent est fort sûr; mais ce qui est visible est rarement decisif; & quand on a certaines qualités imposantes, on est facilement dispensé par eux d'une épreuve un peu severe.

VII. On dit en général aux Princes, qu'ils doivent se défier des personnes artificieuses & d'une profonde dissimulation; mais en combien de manieres peut-on diversifier ce caractere? La naïveté & la candeur savent le couvrir dans les plus habiles. Ils mettent en apparence leur cœur sur leurs levres, pour le rendre plus inaccessible en effet; & plus ils ont d'esprit & de desseins, plus ils réussissent à cacher un abîme profond sous une surface innocente.

VIII. On avertit encore les Princes d'être en

garde contre les flateurs : mais il n'y a que
ceux qui le font groffierement qui foient de-
couverts : les autres font inftruits de la défiance où l'on eft à leur égard, & ils évitent avec
foin tout ce qui les feroit reconnoître. Plus ils
font ingenieux , plus ils font feconds en artifices & en precautions : & le même deffein de fe
rendre maître de l'efprit du Prince par la flaterie, s'execute par cent moyens differens.

IX. il en eft de même de l'ambition & du
defir de dominer. Devant un Prince jaloux de
fon autorité, qui oferoit l'avouer ? On fe couvre d'un mafque de modeftie , d'éloignement
des affaires, d'inclination pour la retraite, capable de tromper tout le monde ; & pendant
qu'on fait agir & parler differentes perfonnes ,
pour faire valoir fes talens & fon mérite, on y
ajoute de fon côté la recommandation de l'humilité , qu'on efpere qui fera plus puiffante. La
fauffe probité, le faux zèle pour le bien public
fous un Prince qui n'a que de bonnes intentions,
prennent mille figures pour le féduire : & quoique le menfonge ne foit pas toujours heureux,
il réuffit mieux ordinairement que la vérité ,
dont il emprunte le vifage, & auquel il ajoute
le fard.

X. Par quelle efpece de prophétie le Prince
lira-t-il dans les cœurs le contraire de ce qu'on
lui montre ; car c'eft le nom que donne l'E-
criture à cette lumiere fupérieure , qui doit lui
découvrir tout l'artifice qu'on emploie pour le
tromper ? [1] Il faut, dit-elle, que le Roi foit

---

[1] Divinatio in labiis Regis , in judicio non errabit os
ejus. *Prov. XVI.* 10.

devin pour bien juger de tout. Qui diſſipera les preſtiges & les fantômes qu'on fait paroître devant lui à la place des réalités ? [1] Le cœur d'un ſeul homme eſt impénétrable, ſelon le langage du St. Eſprit : [2] C'eſt une eau profonde qu'on ne peut ſonder. Quelle ſageſſe faut-il donc avoir pour l'épuiſer, & en decouvrir le fond ? Et quelle étendue doit avoir cette ſageſſe, pour avoir le même ſuccès à l'égard de tant de perſonnes que le Prince a intérêt de bien connoître ?

XI. Comme le Prince étudie les hommes, tous ceux qui ſont auprès de lui, ou qui ont quelques eſpérances, l'étudient auſſi. Ils l'examinent encore plus attentivement qu'ils n'en ſont examinés. Ils témoignent de l'averſion pour tout ce qu'il condamne. Ils paroiſſent ſes approbateurs, pour en être approuvés ; & parmi cette multitude d'hommes attentifs à le copier, rien n'eſt plus difficile que de diſcerner le ſigne de celui qui a des motifs plus ſinceres.

XII. On obſerve principalement ſes défiances & ſes précautions, pour le tromper plus ſûrement par ſa vigilance même. On ſait ſur quoi il eſt en garde, & on l'évite. On ſait ce qu'il prend pour une preuve de mérite, & l'on s'en fait honneur : mais avec de ſages menagemens ; parce qu'on ſait bien que le plus grand danger conſiſte à être découvert, & que rien n'eſt plus capable de tout découvrir que l'affeʃtation.

---

[1] Pravum eſt cor omnium & inſcrutabile : quis cognoſcet illud ? *Jerem. XVII.* 9.

[2] Sicut aqua profunda, ſic conſilium in corde viri ; ſed homo ſapiens exhauriet illud. *Prov. XX.* 5.

XIII. Mais quand on suppoſeroit que perſonne n'a deſſein de tromper le Prince; comment connoîtra-t-il des hommes qui ne ſe connoiſſent point eux-mêmes, & qui ſont les premiers trompés ſur leur ſujet; qui penſent avoir
ce qu'ils n'ont point ; qui ſe croyent propres à
des choſes qui les paſſent ; qui prennent leurs
penſées pour leurs diſpoſitions ; qui jugent de
leur vertu par leurs idées , & qui ſe perſua-
dent qu'ils ſont capables de tout , parce qu'ils
ne ſe rendent juſtice ſur rien ?

XIV. Sur quels fondemens pourra-t'il juger,
que dans une place importante ils conſerveront
la probité qu'ils avoient dans une ſituation qui
les expoſoit moins ? Combien y en a-t-il à qui
l'élevation a fait perdre ce qu'ils avoient de vertu ? Combien paroiſſoient-ils moderés juſqu'à
ce qu'ils fuſſent placés ? L'eſpérance de l'être,
tenoit toutes leurs autres paſſions en bride.
Ils avoient un interêt principal qui ſuſpendoit
tous les autres ; ils ont paru ce qu'ils étoient,
dès qu'ils ont eu la liberté de le montrer.

XV. Pour bien juger des hommes , il faut
beaucoup moins les examiner par rapport à ce
qu'ils ſont actuellement , que par rapport à ce
qu'ils peuvent devenir : car il y a mille reſſorts
dans leurs cœurs, qui n'agiſſent & ne ſe dé-
tendent que dans l'occaſion. Une condition obſ-
cure tient toutes les paſſions comme engour-
dies, & l'on croiroit alors qu'elles ſont éteintes,
parce que rien ne les remue; mais dès que les
choſes qui en ſont les objets ne ſont plus à la
même diſtance, & qu'elles commencent à s'approcher, c'eſt une choſe étonnante combien les
mêmes

mêmes hommes paroissent differens, & combien on s'étoit trompé en jugeant qu'ils seroient toujours ce qu'ils avoient été plusieurs années.

XVI. Un simple homme, borné à un petit bien de campagne, & qui n'a pas la moindre pensée d'ambition, peut être conduit par degrés à en avoir une aussi grande qu'Alexandre. Il ne faut pour cela qu'étendre les bornes qui mettent à l'étroit sa cupidité, & qui ôtent toute vraisemblance à ses desirs. A mesure que son pouvoir s'augmentera, ses projets deviendront plus grands ; & quand il aura obtenu un grand Empire, il ne pensera qu'a l'agrandir.

XVII. Ce n'est pas alors le cœur de cet homme qui est changé, ce n'est que sa fortune. Il étoit dans sa condition privée tout ce qu'il est sur le thrône. Il ne lui manquoit qu'un espace qui pût donner lieu à tous les mouvemens dont il portoit le principe. C'est un reste de grandeur du premier état de l'homme, dont il abuse maintenant ; & c'est ce qu'il faut bien connoître, pour juger si les hommes qu'on met en place sont sages & modérés par reflexion & par vertu, ou s'ils ne l'ont été jusques-là que par impuissance. Mais avant l'expérience, sur quoi un tel jugement portera-t-il ?

XVIII. Il y a des hommes si legers & si mobiles, qu'on ne peut compter sur eux. Mais il y en a d'autres plus fermes, qu'il importe fort de connoître, parce qu'ils le sont quelquefois pour le mal, comme pour le bien ; & qu'il y a un extrême danger à mettre l'autorité entre les mains d'un homme capable de soutenir jus-

Tome I. D

qu'au bout un mauvais parti , s'il l'avoit pris. Mais fur quelles conjectures un difcernement de cette confequence fera-t-il fait ? Et que ne hafarde-t-on point, en donnant un grand pouvoir à un homme qui peut devenir invincible dans le mal, comme dans le bien ?

XIX. Il y a des défauts qui n'ont pas de racine dans le cœur, & qu'on peut corriger quoiqu'ils paroiffent grands. Il y a des vertus au contraire, qui ne font pas profondes quoiqu'elles aient un grand éclat. Certains veftiges font efpérer, que les défauts du premier genre feront furmontés par des inclinations plus heureufes ; & certains indices au contraire , font appréhender , que les vertus de la feconde efpece ne foient vaincues par de mauvais penchans. Comment obferver ces traces prefque imperceptibles d'un bien ou d'un mal futur , & régler fur elles le choix , ou l'exclufion de certaines perfonnes, qu'il importe au bien public d'admettre ou d'exclure ?

XX. Un fimple particulier réuffit rarement dans le difcernement du petit nombre d'amis qu'il veut avoir. Plufieurs fe plaignent d'avoir été trompés , ou de n'avoir rien trouvé que de médiocre. Quelques-uns paffent jufqu'à cet excès, que de croire tous les hommes incapables d'amitié & de fidélité ; ce qui eft la même chofe que de les croire incapables de vertu. Que faut-il donc penfer de la difficulté que doit trouver un Prince à difcerner des hommes d'un vrai mérite, pour leur donner fa confiance, lui que tant de perfonnes croient avoir intérêt de féduire , & qui a tant de chofes dans fa Gran-

..., si éloignée de l'état d'un particulier, qui ... & invitent les seducteurs ?

CHAPITRE IX.

Moyens de connoître les hommes.

JE n'ai pas eu dessein, en représentant combien il est difficile de connoître les hommes, de décourager le Prince, qui a un si grand intérêt à les connoître. J'ai voulu seulement l'avertir, qu'il ne trouveroit pas dans lui-même, ni dans les secours humains, toute la lumiere dont une telle connoissance est le fruit ; & j'ai espéré qu'il la demanderoit à Dieu avec un cœur aussi humble & aussi sincere que Salomon, en lui disant, comme lui : « [1] Sei-gneur, qui êtes mon Dieu, vous avez mis sur le thrône votre serviteur ; mais je suis un jeune homme qui ne sais pas me con-duire, & qui suis chargé du peuple que vous avez choisi, peuple infini & innombrable : donnez donc à votre serviteur la sagesse & l'intelligence, & un cœur docile, afin qu'il puisse juger & gouverner votre peuple, & discerner entre le bien & le mal, car qui pourra gouverner & juger, comme il faut, ce peuple immense ?

II. Salomon, en faisant cette priere, paroît se borner au gouvernement temporel, qui est celui que nous examinons dans cette premiere

[1] *L. 3. Reg. Cap. III. v. 7. 8. 9. & L. 2. Paralip. Cap. I. v. 10.*

Partie. Il voit en quoi consiste la difficulté, &
elle est la même que celle que nous avons re-
présentée jusqu'ici. C'est un peuple immense,
dit-il, que j'ai à conduire, moi qui ne sais pas
me conduire moi-même ; & ce peuple est celui que vous avez choisi, que vous aimez, que
vous m'ordonnez d'aimer à votre exemple,
mais dont les inclinations, les besoins, les
intérêts, les maux mêmes me sont inconnus.
Instruisez-moi le premier, soyez mon con-
ducteur, afin que je sois le sien ; faites que je
vous écoute, afin qu'il m'obéisse utilement.
Que ce soit votre sagesse qui regne sur lui &
non pas moi ; & n'abandonnez pas une nation
dont vous êtes le Pere & le Pasteur invisible, à
la témérité d'un jeune Prince qui est égal à
ses freres, qui par conséquent a les mêmes besoins, & à qui le même guide est nécessaire.

III. C'est ce qu'il représentoit à Dieu dans
une autre priere, qui doit servir de modele aux
prieres de tous les Princes : « [1] O Dieu de
» mes Peres, ô Seigneur misericordieux, qui
» avez tout fait par votre parole : donnez-moi
» la sagesse qui est toujours auprès de votre
» thrône, & ne me rejettez pas du nombre de
» vos serviteurs ; car je le suis, & le fils de vo-
» tre servante. Je ne suis qu'un homme foible,
» peu avancé en âge, & dont la connoissance
» est fort au-dessous de celle que je dois avoir
» de la justice ; mais quand on auroit toute
» l'expérience, & toute la connoissance dont
» un homme est capable, si l'on étoit privé

____
[1] Sap. Ch. IX. v. 1. & seq.

» de votre fageffe, tous ces avantages feroient
» comptés pour rien. . . . Votre fageffe eft
» avec vous ; elle connoît tous vos ouvrages ;
» elle étoit avec vous quand vous avez fait le
» monde ; elle favoit ce qui vous plaifoit, &
» l'équité de toutes vos loix ; envoyez la moi
» des lieux où votre fainteté réfide ; du thrône
» où vous êtes affis avec majefté, afin qu'elle foit
» toujours avec moi, & que je connoiffe ce qui
» vous eft agréable : car elle fait tout, & elle
» a l'intelligence de tout. Elle me fera obfer-
» ver une jufte médiocrité dans toutes mes
» actions, & elle me gardera par fa puiffance ;
» & ma conduite vous plaira, & je gouver-
» nerai votre peuple avec juftice, & je ferai
» digne du thrône de mon Pere.

IV. Tout eft remarquable dans cette divine
priere. Il y eft clairement établi, qu'aucune
prudence, aucune expérience, aucun travail,
ne peuvent mettre un Prince en état de bien
conduire fes fujets, s'il n'eft lui-même conduit
par la fageffe éternelle. La raifon de cette importante vérité y eft clairement marquée : c'eft
que tout eft l'ouvrage de cette fageffe, & qu'elle
connoît elle feule ce qu'elle a mis dans les
créatures ; que c'eft elle qui a créé l'homme
en particulier, qui lui a marqué fa deftination,
en lui donnant tout ce qu'il a, & qu'elle eft
feule bien inftruite de ce qu'il eft, & de la maniere dont il doit être conduit. La conféquence
de ces principes eft nettement tirée. [1] Sans
elle on ne fera que fe tromper ; on ne con-

---

1 *Voyez ce qui eft dit, Sap. Ch. X. v. 1. & 2.*

noîtra point les deſſeins de Dieu ; on conduira mal le peuple ; on ne fera rien avec prudence : mais avec elle tout ſera dans l'ordre,
& dans une juſte méſure ; tout ſera conduit à
ſa fin par des moyens ſûrs & infaillibles ; Dieu
gouvernera le Prince, & par lui le peuple qui
lui obéit.

V. Le moyen donc le plus ſûr pour bien
connoître les hommes, & pour leur être utile,
eſt de ſe rendre le diſciple de la Sageſſe éternelle qui préſide à tous les eſprits, & qui ré-
vele à qui il lui plaît ce qu'il y a de plus ſecret & de plus inconnu dans les penſées & les
inclinations des hommes. Mais on ne devient
ſon diſciple qu'en la préferant à tout, même
aux Royaumes, ſi l'on eſt Roi, & en ne dé-
ſirant regner qu'avec elle & par elle. « [1] J'ai
» deſiré l'intelligence, dit encore Salomon,
» & elle m'a été donnée. J'ai invoqué l'eſprit
» de ſageſſe, & il eſt venu ſur moi. J'ai préferé
» la ſageſſe aux Royaumes & aux thrônes :
» au prix de la ſageſſe, les richeſſes m'ont
» paru comme rien : devant elle l'or m'a ſem-
» blé un grain de ſable, & de l'argent comme
» de la boue. Je l'ai plus aimée que la ſanté
» & la beauté. J'ai réſolu de la ſuivre comme
» ma lumiére, parce que la ſienne ne s'éteint
» jamais. Tous les biens me ſont venus avec
» elle, & j'ai reçu de ſa main la gloire & des
» richeſſes immenſes ». Voilà le cas qu'il faut
faire de la ſageſſe, quand on veut être digne de regner. Il faut la préferer à tout, &

____

[1] Sap. Ch. VII. v. 7. & ſeq.

même au thrône : car il vaudroit mieux en descendre, que d'y monter sans elle ; parce qu'alors on n'y est assis que pour sa propre confusion & pour le malheur des peuples qu'on ne connoît point.

VI. Mais quand c'est elle qui instruit le Roi, elle lui donne une connoissance si étendue, & en même tems si distincte & si circonstanciée de tout ce qui regarde les hommes, qu'un grand peuple ne lui est alors guéres moins connu qu'un seul particulier. L'Ecriture appelle cela élargir le cœur ; & elle dit que [1] Dieu en donna un à Salomon, plus spacieux & plus étendu que le sable de la mer : c'est-à-dire qu'il donna à ce Prince une capacité presque immense, pour embrasser, comme d'une seule vûe, tout ce qui étoit utile aux hommes ; tout ce qui pouvoit concourir au bien de l'Etat ; tout ce qui étoit caché dans les replis du cœur ; tout ce qui étoit enfermé dans les sentimens naturels, dont il donna bientôt un rare exemple dans le jugement qui est devenu si célebre ; tout ce qui convenoit a chaque dessein & à chaque affaire ; tout ce qui demandoit de l'application & du détail ; tout ce qui étoit l'objet des soins d'un Prince attentif & bienfaisant.

VII. Il ne faut pas néanmoins s'imaginer, qu'il suffise à un Prince de demander à Dieu la sagesse, sans employer d'autres moyens pour s'instruire de ce que font les hommes, & de

---

[1] Dedit Deus sapientiam Salomoni & prudentiam multam nimis, & latitudinem cordis quasi arenam quæ est in littore maris. *L. 3. Reg. IV.* 29.

ce qu'ils attendent de lui : car c'eſt la ſageſſe
elle-même qui porte le Prince à faire uſage de
tout ce qui peut le rendre plus éclairé ſur cette matiére, & plus pénétrant.

VIII. Rien n'eſt plus capable de produire cet
effet, qu'une étude ſérieuſe de la Morale, qui
doit être comme la baſe de la ſcience des Rois,
& qui leur apprend ce que c'eſt que l'homme ;
ce qu'il étoit dans ſa premiére origine ; ce qu'il
a perdu dans ſa chûte : ce qui lui reſte de ſa
premiére grandeur ; quel uſage on peut faire
pour la ſocieté & pour le bien commun, des
qualités qu'il a retenues ; quelle précaution il
faut prendre contre les mauvaiſes, juſqu'à ce
qu'elles ſoient réformées ; par quels remedes
elles peuvent être guéries ; par quels degrés ſa
ſanté ſe rétablit, & par quels moyens elle devient ferme & ſolide.

IX. Chaque article que je viens de toucher
légérement a une très-grande étendue ; mais
ce n'eſt pas ici le lieu d'entrer dans cet im-
menſe détail. Je me contente de dire , que
les Princes qui ſont aſſez heureux pour trouver dans cette ſcience de bons guides , font
des progrès infinis dans la connoiſſance des
hommes ; découvrent les motifs de leurs actions juſques dans leur principe ; prévoient ce
qu'ils feront preſqu'auſſi certainement que s'ils
étoient appellés à leurs conſeils ; ſavent ménager avec une merveilleuſe dextérité leurs eſprits ; les conduiſent plus ſûrement par leurs
inclinations que par tous les autres moyens ;
connoiſſent ce qu'il leur faut refuſer, & ce qui
eſt innocent, & les préparent par des vertus

moins parfaites, à d'autres plus éminentes.

X. De cette connoissance générale de l'homme, qui fait la premiére partie de la Morale, le Prince passe à la connoissance de soi-même, qui en est la seconde. Il descend dans son propre cœur, pour en étudier tous les mouvemens, & pour connoître par cette étude, tout ce qui est capable de remuer les autres hommes : car ils conviennent tous dans certaines choses qui les intéressent également, quoiqu'ils en fassent différens usages, & qu'ils se partagent entre eux par mille diversités, qui ne viennent pas des principes, mais de l'application qu'ils en font.

XI. Il voit par sa propre expérience que tous veulent être heureux, que tous n'ont que ce dessein dans tout ce qu'ils font, que tous ne s'unissent que pour y réussir plus facilement par le mutuel secours qu'ils se prêtent, que c'est par l'espérance d'être plus sûrement & plus long-tems heureux qu'ils se soumettent à un Roi qui leur en procurera les moyens ; & qui sera en état de lever tous les obstacles que les particuliers ne sauroient surmonter.

XII. Le Prince voit tout d'un coup les suites de ces vérités fécondes, plus capables de l'instruire que tous les livres. Il étudie ensuite ce qu'il desire lui-même pour être heureux ; ce qui est juste dans ses desirs, & ce qui ne l'est pas ; ce qui est possible en cette vie, & ce qui est réservé pour l'autre ; & ce qu'il découvre en soi-même, il le conclut de tous ses sujets, même des plus petits, sans crainte de se tromper.

D v

XIII. Il examine auffi tout ce qui manque à fa félicité, & tout ce qui eft capable de le confoler des défauts qu'il y trouve. Il fent fa mifere même fur le thrône : mais il fent auffi l'impreffion que l'amitié, la compaffion, l'in-térêt qu'on prend à fes peines, font fur fon ef-prit ; & il devient par ces réflexions plus hu-main, plus compatiffant, plus tendre pour tous ceux qui font dans l'affliction, & qui font privés de tous les biens qui l'environnent.

XIV. Il fe rend attentif à mille chofes qui échappent ordinairement aux Grands, parce qu'ils ne fe mettent prefque jamais à la place des autres, & qu'ils ne fauroient fe perfuader que les autres hommes aient la même fenfi-bilité qu'eux, & les mêmes befoins. Il voit ce que peut un mot placé à propos, une maniére obligeante, une raifon mêlée au commande-ment, une grace accompagnée d'un éloge, un refus adouci par des termes honnêtes ; & il voit tout cela dans foi-même, quoique fa condi-tion ne lui permette pas de l'éprouver comme les particuliers : parce qu'il ne fe confidére pas alors comme Roi, mais comme femblable à ceux dont il eft Roi, & qu'en defcendant du thrône en efprit, pour aller fe mettre à la place de l'un de fes fujets, il diftingue nette-ment dans cette fituation ce qu'il defireroit que l'on fît pour lui.

XV. En examinant fon efprit, il voit par quels moyens il s'ouvre à la vérité ; quelle rou-te il faut prendre pour le perfuader : comment une connoiffance prépare à l'autre ; quelle fau-te on commettroit, fi l'on vouloit commencer par ce qui eſt le plus difficile & le moins clair ; & il apprend ainſi , comment il faut ménager les eſprits des autres , & réſerver beaucoup de choſes à un tems où elles feront mieux reçues.

XVI. Il étudie avec ſoin ce qui partage les hommes en divers ſentimens , & comment, avec une lumiére ſupérieure , on peut ordinairement les réunir , en uniſſant les vérités particuliéres qui les diviſoient. Il reconnoît en lui-même , qu'on ne ſe rend pas ſi facilement à la vérité , qu'à la maniére dont elle eſt dite , qu'il eſt rare que celui qui ſe trompe , ſe trompe en tout , & qu'il n'eſt pas difficile de lui faire abandonner l'erreur , ſi l'on lui rend juſtice , en avouant qu'il a vû une partie de la vérité. Il ſent en lui-même les principes ſecrets de toutes ces foibleſſes , & il en profite pour inſtruire les autres , & pour les conduire par des voies naturelles , où l'autorité n'eſt preſque jamais néceſſaire.

XVII. Je ſerois infini , ſi je voulois ſuivre le Prince dans les retours qu'il doit faire ſur lui-même , pour apprendre ce que font les autres hommes. Il me ſuffit de l'avoir averti , que c'eſt une ſource de lumiére & de prudence pour lui , pourvû que ſes recherches & ſes réflexions ne ſe terminent pas à le rendre philoſophe , au lieu de le rendre un grand Roi.

XVIII. Un quatriéme moyen qui contribue beaucoup à faire connoître les hommes , eſt d'être attentif à tout ce qu'on voit & qu'on entend , & à y faire réflexion. C'eſt cette expérience non ſeulement de tous les jours , mais de tous les momens , qui eſt plus capable

d'instruire le Prince, que tous les avis qu'on
lui donneroit.

XIX. Car tous les hommes ne peuvent pas
toujours se déguiser, ni vivre dans la gêne.
L'artifice est moins persévérant que le naturel;
& quand un Prince a des yeux attentifs, il découvre enfin ce qui est simple & vrai, & le
distingue de ce qui étoit affecté. Les passions
changent, & en changeant elles se trahissent.
Il n'y a que le vrai qui soit égal. La vertu n'a
qu'un visage. Le mérite n'a point d'autre intérêt que d'être ce qu'il est, soit qu'on le connoisse, ou qu'il demeure inconnu ; mais tout
ce qui s'efforce de lui ressembler, est trop inquiet pour lui ressembler long-tems.

XX. Le Prince n'auroit donc qu'à tenir toujours les yeux ouverts, & se bien souvenir de
ce qu'il auroit vû, pour connoître à fond les
hommes qui l'approchent : mais rien n'est plus
rare que la réflexion. La distraction fait perdre
le fruit de tout. On ne sait point unir plusieurs
observations pour en former un jugement sûr;
& l'on vit quelquefois long-tems sans avoir
acquis par l'expérience plus de solidité d'esprit
& plus de sagesse pour conduire les hommes,
que lorsqu'on commençoit à regner.

XXI. A l'expérience de tous les jours, un
Prince doit joindre celle de tous les siécles, &
apprendre dans l'Histoire ce que sont les hommes aujourd'hui, par ce qu'ils ont toujours été.
Mais il ne faut pas qu'il se borne aux grands
évenemens, qui sont rares, & qui instruisent
peu. C'est aux caractéres des hommes qu'il doit
être attentif. C'est leurs motifs, leurs intérêts,

les moyens qu'ils ont employés pour réuſſir ; qu'il doit principalement examiner. C'eſt aux différences entre un mérite ſuperficiel, & un mérite acccompli, entre un homme inquiet & ambitieux qui paroît grand par ſes paſſions , & un homme véritablement grand par des qualités réelles, qu'il doit toute ſon attention. Il conſidére les Princes & les ſujets. Il compare leurs inclinations opppoſées, leurs fautes mutuelles, leurs mépriſes ; & il voit dans les Regnes paſſés, ou bons ou mauvais, ou mêlés de bien & de mal, tranquilles ou agités, ce que ſont les peuples , & ce que doivent être ceux qui les gouvernent.

XXII. Mais aucune Hiſtoire ne l'inſtruit comme celle de l'Ecriture ſainte. C'eſt d'elle qu'il doit faire ſa principale étude, pour y connoître à fond l'eſprit & le cœur des hommes ; pour juger ſainement de leurs bonnes ou de leurs mauvaiſes qualités ; pour diſcerner leurs véritables vertus, des vices qui en prennent les apparences ; pour pénétrer les cauſes ſecretes de tous leurs mouvemens ; pour ſonder la profondeur de leurs penſées, & de leurs conſeils ; & pour obſerver l'infinie varieté des caractéres qui les diſtinguent. Les ſeuls [1] Livres qui traitent de la Sageſſe, ſont plus capables d'inſtruire un Prince de ce qu'il y a d'utile dans la connoiſſance des hommes, que tout ce qu'il pourroit lire ailleurs. Mais une telle lecture demande beaucoup de réflexion , parce que tout conſiſte en des ſentences courtes, & en

---

1 *Ces Livres ſont les Proverbes de Salomon, l'Eccleſiaſte,
la Sageſſe & l'Eccleſiaſtique.*

des obſervations ſimples en apparence , mais remplies d'un grand ſens, qui ont beſoin d'être approfondies. Ce que je dis ici de l'Hiſtoire & de l'Ecriture ſainte, n'a rapport qu'à la connoiſſance des hommes, dont je montre les ſources & les moyens. Il en ſera parlé ailleurs avec plus d'étendue.

CHAPITRE X.

Le premier fruit qu'un Prince doit tirer de la connoiſſance des hommes , eſt de ſe précautionner contre les flateurs. Pourquoi les Princes ſont ſi expoſés à la flaterie. Combien elle doit leur être odieuſe.

ARTICLE I.

Le premier fruit qu'un Prince doit tirer de la connoiſſance des hommes , eſt de ſe précautionner contre les flateurs.

I. IL ſeroit inutile à un Prince de s'appliquer à connoître les hommes, s'il ne faiſoit uſage de cette connoiſſance pour les diſcerner, & pour mettre entre eux la même différence qu'y met le mérite.

II. Le diſcernement doit commencer par ceux qui ont l'honneur de l'approcher, parce que c'eſt par eux qu'il doit être aidé à faire le diſcernement des autres : & la lumiére qui doit conduire le Prince dans ce premier diſcernement, dont les suites sont infinies, est celle qui lui découvre les hommes sincéres, ou les flateurs ; ceux qui sont dignes de sa confiance, ou qui ne la méritent pas ; ceux qui aiment le Prince & sa véritable gloire, ou qui n'aiment que leurs intérêts ; ceux qui lui disent la vérité, ou ceux qui pensent à le tromper.

III. Si le Prince est assez heureux pour ne pas confondre des caracteres si différens ; & pour se conduire jusqu'au bout par la lumiere qui les lui fera discerner, il deviendra certainement un Prince accompli ; quand il n'auroit point d'autre mérite que de connoître celui des autres, & de refuser sa confiance à quiconque en seroit indigne. Car alors il trouveroit un supplement de tout ce qui lui manqueroit, dans les excellentes qualités de ceux qu'il associeroit au gouvernement, & il s'uniroit ainsi tout le bien qui seroit répandu dans les personnes les plus capables de le servir dans la conduite de l'Etat.

IV. Au contraire, quand il auroit de son propre fond les plus heureuses dispositions pour regner, s'il se trompe dans le choix des hommes, & qu'il préfere ceux qui ne penseront qu'à lui plaire, à ceux qui seroient capables de lui donner conseil ; par cette seule erreur il anéantit tout ce qu'il a de bon, & il ne fait que s'égarer avec les mauvais guides qu'il a choisis.

V. Mais à quel Prince n'a-t-on pas dit qu'il devoit se précautionner contre les flateurs ? Et quel Prince a profité d'un si salutaire avis ? Ceux qui sont les plus livrés à la flaterie, ne

savent pas qu'ils y sont livrés. C'est un mal
qui a presque toujours son effet sans avertir,
parce qu'il commence par aveugler.

VI. On condamne en idée la flaterie ; mais
l'on n'en suit pas moins la séduction. On rou-
giroit d'avouer qu'on en est le jouet, & qu'on
est tourné par elle au gré de ceux qui la savent employer ; mais l'on n'en est pas moins
dépendant, ni moins esclave. Tous les autres
le voient, excepté celui qui a plus d'intérêt que
les autres à le voir. On le plaint ; & il est assez
aveugle pour regarder comme ses amis, ceux
qui le deshonorent & qui le trompent.

A r t i c l e I I.

Pourquoi les Princes sont si exposés à la flaterie.

I. Un tel aveuglement vient de deux cau-
ses. La premiere est l'inclination secrete qu'ont
tous les hommes, & sur-tout les Grands, à
recevoir sans précaution la louange, & à juger favorablement de tous ceux qui les admirent, ou qui témoignent pour leurs volontés
une soumission & une complaisance sans
bornes.

II. La seconde est la ressemblance de la flaterie avec une affection sincere, & avec un respect légitime, qui est quelquefois si parfaitement imité, que les plus sages y peuvent être
trompés, s'ils n'ont beaucoup d'attention , &
s'ils ne sont bien avertis, ou par leur expérience, ou par les observations qu'on leur a fait faire,

de tout ce qui diftingue la flaterie du refpect & de l'attachement, dont elle eft une copie infidéle.

III. C'eft donc très-inutilement qu'on dit en général aux Princes, qu'ils doivent éloigner d'eux les flateurs, fi on ne leur apprend pas à les reconnoître, & à les difcerner par des caracteres certains, de ceux qui font dignes de leur confiance : & c'eft encore plus inutilement qu'on leur fait obferver en détail tous les caracteres féduifans du flateur, fi l'on ne leur découvre pas à eux-mêmes le principe fecret qui les porte à confentir à la flaterie, & fi l'on ne tâche pas de le guérir. C'eft donc par le dernier qu'il faut commencer, & réferver à un autre Chapitre les caracteres du flateur.

IV. La flaterie eft un commerce de menfonge, fondé d'un côté fur l'intérét, & de l'autre fur l'orgueil. Celui qui flate a un deffein. Il ne veut pas tromper précifément pour tromper. Il veut tromper pour plaire ; & il veut plaire pour obtenir ce qu'il defire. Il fait que la perfonne puiffante qui a dans fes mains ce qu'il defire, eft, comme lui, fenfible à l'eftime & à l'approbation ; qu'elle craint tout ce qui la rabaiffe & l'humilie ; qu'elle eft accoûtumée aux louanges, & qu'elle eft devenue, par cette habitude, très-délicate & très-facile à bleffer ; qu'une conduite plus méfurée & plus réfervée peut l'offenfer ; qu'il eft pour lui d'une extrême conféquence de fe la rendre favorable ; & qu'il eft certain du refus, s'il lui eft moins agréable que des concurrens qui ont fait une étude de toutes les manieres de plaire, & de toutes les infinuations que l'efprit peut fugge-rer. Sur tous ces points le flateur n'eft pas trom-pé, & c'eft parce qu'il n'eft pas trompé qu'il s'applique à féduire le Prince dont il attend ce qu'il defire. C'eft fon intérêt qui le rend féducteur.

V. Pour le Prince, c'eft fon orgueil qui le prépare à la féduction, & qui l'avoit déja trom-pé avant que le flateur en formât le deffein. Il n'aime pas la vérité, & il ne trouve point mau-vais qu'elle ne lui foit pas dite. Il veut que fes défauts foient ignorés; & on lui fait plaifir de lui témoigner qu'on n'en découvre aucun. Il fouhaite que ce qu'il a de mérite foit connu, & c'eft le toucher dans un endroit fort fenfi-ble, que de lui apprendre que tout le monde y eft attentif. Il voudroit être parfait, mais fans qu'il lui en coutât; & c'eft une agréable furprife pour lui, que de l'affurer qu'il l'eft devenu. Il a malgré fes foibleffes & fa mifere, un defir violent d'être admiré; & il eft bien aife qu'on le confole de ce qu'il trouve de foi-ble & de méprifable en foi-même, en lui mar-quant de l'admiration, & en lui faifant con-noître par-là, qu'il ne fait pas lui-même tout ce qu'il vaut, & qu'il eft plus grand qu'il ne penfe. Son cœur déja corrompu par le men-fonge, s'ouvre avec plaifir à un menfonge nouveau : fa vanité applaudit à la fauffeté, & c'eft plus fon orgueil qui le flate, que le flateur même.

VI. Ainfi le Prince feul eft trompé; car le féducteur ne l'eft pas : & il eft encore affez malheureux pour récompenſer l'artifice dont on ſe ſert pour le tromper. Les grands emplois ſont attachés à ce prix. Ses récompenſes dûes au mérite, paſſent au menſonge. La protection & la faveur ſont accordées à la diſſimulation, & refuſées à la probité. Le flateur fabrique la fauſſe monnoie, & le Prince lui donne cours ; ou plutôt il lui en offre une fauſſe, & il en reçoit une vraie : car il s'avance en le trompant.

VII. Il n'eſt pas poſſible d'ôter aux Princes leur puiſſance, ni à ceux qui les approchent, le deſir des biens que les Princes ſeuls peuvent donner. Il y aura donc toujours un danger infini pour les Princes, dont tout le monde a beſoin, & que tout le monde veut gagner par la flaterie. Plus ils ſont grands & en état de donner, plus ils ſont expoſés à tout ce que la cupidité la plus ingénieuſe peut inventer pour les ſéduire : & s'ils ne ſont continuellement attentifs, comme ils ſont continuellement attaqués, [1] ils ſe laiſſeront enfin amollir par un poiſon dont je ne connois pas de remede.

VIII. Il n'eſt pas difficile à un Prince qui a de l'élevation & du courage, d'être en garde contre une flaterie groſſiére & viſible. [2] Elle offenſe un homme délicat, au lieu de lui plaire; & elle eſt ordinairement punie par le mé-

---

1 Adulatio moribus corruptis, perinde anceps, ſinulla & ubi nimia eſt. *Tacit. L.* 4. *Annal. p.* 113.

2 Tempora illa adeò infecta & adulatione ſordida fuêre, ut memoriæ prodatur, Tiberium quoties curiâ egrederetur græcis verbis in hunc modum eloqui ſolitum : ô homines ad ſervitium paratos ! ſcilicet etiam illum qui libertatem publicam nollet, tam projectæ ſervientium patientiæ tædebat. *Tacit. L.* 3. *Annal. p.* 99.

pris, sans que celui qui la méprise en soit plus humble, parce qu'il y a de l'honneur à rejetter une flaterie qu'on n'a pas eu l'esprit de déguiser.

IX. Mais quand c'est une main habile qui l'a préparée, & qui a su épargner la pudeur du Prince & contenter sa vanité, qui lui a conservé l'honneur de la modestie & le plaisir d'être loué ; il faut être bien établi dans l'amour de la vérité pour la rejetter : & il faut même avoir beaucoup d'esprit, pour discerner ce que la flaterie a su mêler parmi de justes louanges.

X. Quand elle est de ce genre, c'est-à-dire quand elle est adroite, circonspecte, prudente, un Prince qui n'a pas autant d'esprit que celui qui le flate, la sent, mais ne la discerne pas : elle lui fait plaisir ; mais elle n'en est pas connue ; & son peu de lumiére concourt alors avec sa vanité à le tromper.

XI. Mais elle ne laisse pas d'avoir un très grand effet, lors même que le Prince la discerne, s'il n'a que de l'esprit, & que son cœur ne soit pas droit. Il voit bien alors qu'on le trompe, mais il n'en est pas fâché. Il est bien aise de se regarder dans l'esprit d'un autre, sous une plus agréable idée que celle qu'il a de lui-même ; & pourvû qu'on ne lui dise rien de si visiblement faux qu'il puisse être converti en reproche, il se console par le mensonge, de ce que la vérité lui manque, & il excuse facilement une erreur qui l'honore & qui l'embellit.

XII. Les flateries ingénieuses & concertées avec art, préparent le chemin à d'autres : elles se font recevoir les premieres ; mais elles n'entrent pas seules. Elles accoûtument l'esprit à une certaine douceur, & elles y laissent un certain attrait, qui le degoûtent de la vérité, & qui lui rendent aimable tout ce qui le flate & l'amollit. [1] Une louange donnée à propos pénetre le cœur ; elle y demeure lorsqu'on croit l'avoir oubliée ; elle revient souvent à l'esprit, & d'une maniere plus séduisante que lorsqu'on l'avoit écoutée. On y fait des réflexions, & l'on s'y arrête, & les retours sont toujours suivis d'un nouvel affoiblissement dans la vertu, & d'un nouveau penchant pour la flaterie.

XIII. Ainsi, l'unique moyen de s'en défendre, est de fermer les oreilles à des paroles agréables, que le cœur ne rejette jamais, quand les oreilles les ont souffertes ; d'avoir une timidité sur ce point, qui conserve le courage, & de ne se croire point au dessus des tentations d'une flaterie grossiere, si l'on ne repousse avec séverité celles qui sont plus délicates & moins visibles.

XIV. Car il en est de l'orgueil, comme de toutes les passions qu'on peut réprimer, mais qu'on ne peut pas satisfaire. C'est en lui refusant tout, qu'on le peut pas vaincre : on l'irrite par les ménagemens, & l'on se met dans la nécessité de lui tout accorder, en prétendant composer

---

1 Adulatorum, & prava laudantium sermo diutiùs hæret quam auditur : nec facile est animo dulcem sonum excutere. Prosequitur & durat & ex intervallo recurrit. Ideò claudendæ sunt aures malis vocibus, & quidem primis, nam cum initium fecerunt admissæque sunt, plus audent. *Senec. Epist.* 123.

avec lui. [1] Un Prince qui commence à être amolli par la flaterie, ne confidére la retenue de ceux qui n'imitent pas fes flateurs, que comme une fecréte improbation, comme une efpece de malignité & d'envie, comme un defir de diminuer fa gloire. Il leur parle avec moins de bonté qu'à l'ordinaire ; il les confulte moins ; il leur refufe plus de chofes & plus durement : au contraire il devient tous les jours plus ouvert, plus familier, plus libéral pour ceux qui le louent de tout, & qui font toujours prêts à admirer, & ce qu'il dit, & ce qu'il fait.

XV. Bientôt cette diftinction eft remarquée, & ceux qu'elle blefle apprennent bientôt le langage de ceux que le Prince leur préfere. [2] Ils commencent par des flateries plus modérées ; mais comme elles font étouffées par d'autres exceffives, ils ne gardent plus de méfure, & la Cour fe remplit alors de perfonnes qui ne s'appliquent qu'à tromper le Prince ; & au lieu d'une noble émulation de vertu & de zèle pour fon fervice, il n'y a plus qu'une lâche affectation à le flater & à le féduire.

1 Fò jam dementiæ venimus, ut qui parcè adulatur pro maligno fit. *Senec. Natural. Quæff. l. 4.*

2 Nemo ex animi fui fententiâ fuadet diffuadetque, fed adulandi certamen eft, & unum omnium officium, una contentio, quis blandiffimè fallat. *Senec. L. 6. de Beneficiis Cap. 30.*

ARTICLE III.

Combien la flaterie doit être odieuse aux Princes.

I. Le Prince alors s'applaudit feul de fon malheur. Il croit être aimé & admiré de tout le monde, pendant qu'il n'a autour de lui que de fecrets ennemis ; & parce que tout le monde a confpiré à lui cacher la vérité, il penfe être bien inftruit des véritables fentimens de fes ferviteurs.

Il ne fait pas qu'il a perverti lui-même fa Cour, & qu'il en a banni la fincérité, l'honneur, la bonne foi, le devoir ; qu'il n'y a rien de moins vrai que ce qu'on lui dit ; que c'eft par le contraire de ce qu'il voit & de ce qu'il entend, qu'il faut juger des difpofitions intérieures du cœur ; [1] qu'il n'eft environné que de gens appliqués à lui préparer le poifon, & à le couvrir par une douceur, qui ne fert qu'à le faire recevoir avec plus d'avidité, & à rendre fes effets plus incurables ; que les mêmes perfonnes, qui n'ont devant lui que des manieres infiniment refpectueufes & que des termes d'admiration, fe rient de fa fimplicité, & qu'ils le méprifent comme un homme vain, qu'on mene où l'on veut par le menfonge, & qui a la foibleffe de récompenfer l'artifice avec lequel on le trompe.

[1] Apertis & propitiis auribus adulatio recipitur, & in præcordia ima defcendit, eo ipfo gratiofa, quo lædit. *Senec. Epift.* 45.

III. Il faudroit n'avoir pas toujours été Prince, pour bien juger de ce que pensent les Courtisans & les Ministres dans le tems qu'ils se répandent le plus en louange, & qu'ils ont une complaisance aveugle pour tout ce que veut leur maître. Ils se dédommagent de toutes leurs bassesses par une cruelle malignité, & après avoir porté devant le Prince un masque embelli par l'intérêt & par l'imposture, ils le jettent avec indignation quand ils sont en liberté, & qu'ils peuvent parler comme ils pensent C'est une seconde faute, pire en un sens que la premiere, mais qui en est une suite: car quiconque est assez lâche pour tromper son Prince par la flaterie, est toujours assez lâche pour lui insulter de ce qu'il l'a exigée par fierté, ou de ce qu'il l'a reçue par foiblesse.

IV. Les mauvais Princes ont été une preuve dans tous les tems de cette indigne duplicité. Tout le monde les connoissoit, & tout le monde les louoit contre ses lumieres. [2] On les craignoit parce qu'ils étoient injustes, & l'on s'étudioit à les flater, à proportion de ce qu'on les craignoit. Ainsi rien ne prouvoit plus clai-

---

1 *On ne savoit comment flater Othon, devenu Empereur, parce qu'il savoit par son experience comment il avoit trompé les Princes par la flaterie.* Privato Othoni nuper atque eadem dicenti nota adulatio. Tacit. L. 1, Hist. p. 335.

2 Pavor internus occupaverat animos, cui remedium adulatione quærebatur, *Tacit. L. 4. Annal. p. 137.*

Quantò quis illustrior, tantò magis falsi ac festinantes... adulationes miscebant. *Annal. t. 7. Tacit. L. 1.*

Quantòque magis falsa erant quæ fiebant, tantò plura facere. *Tacit. L. 1. Hist. pag. 321.*

Ingeniosior est ad excogitandum simulatio veritate, servitus libertate, metus amore. *Paneg. Traj. pag. 161.*

rement

ment qu'ils étoient indignes de louanges, que la profusion avec laquelle on les leur accordoit; & rien ne doit être plus suspect a un Prince, qui connoît les hommes par les anciennes Histoires, que de remarquer dans ceux qui l'environnent quelque affectation a le louer de toutes choses, & à n'oser le contredire; parce que c'est une preuve presque certaine qu'on le condamne en secret, & qu'on ne lui montre que ce qu'on ne pense point.

V. Je ne sache donc rien qui soit plus capable de rendre la flaterie odieuse aux Princes, que de la bien connoître, & ceux qui les empoisonnent par cette maligne vapeur; car il ne faut qu'un peu de courage, pour détester un encens qui est offert avec moquerie, & par des personnes également lâches & perfides. Il ne faut qu'un orgueil un peu plus délicat que le vulgaire, pour repousser des louanges qui sont accompagnées d'un mépris secret, & qui partent d'un cœur rampant & intéressé: & il faut avoir bien peu de discernement & de goût pour la gloire, pour se contenter de celle que le mensonge donne, & dont les menteurs eux-mêmes se rient.

VI. Mais ce qui mérite encore plus l'indination du Prince, est que la flaterie tâche de lui enlever ce qu'il a de plus précieux & de plus essentiel à son bonheur, & à celui de son Royaume, c'est-à-dire, un esprit sage & équitable, le discernement du vrai & du faux, l'amour de la justice & du bien public. [1] Les gar-

---

1 Cavendum præsertim, idque totis animi viribus, ne amicitiæ personam extrinsecus circumfusa incautis ob-

des veillent autour de son Palais, dit un Ancien, pour écarter des ennemis moins dangereux ; elle trompe les sentinelles, elle pénétre non seulement dans l'intérieur du Palais, mais aussi jusque dans le cœur du Prince ; & elle n'y laisse que de la foiblesse, après en avoir énervé tout le courage.

VII. Elle le conduit alors du dégoût de la vérité jusqu'a la haine. Elle la lui rend insupportable, aussi-bien que ceux a qui il resteroit encore assez d'amour pour ne la lui pas cacher. Elle ne souffre auprès de lui que des hommes appliqués à lui dire des choses agréables, & à le nourrir d'illusions & de chiméres, en lui promettant toujours des évenemens heureux, & le jettant imprudemment par de telles promesses dans des périls, dont les suites durent quelquefois plus que la vie.

VIII. Dieu permet cette séduction, pour punir par-là les Rois qui aiment à être flatés. Il consent, selon l'Ecriture [1], qu'un esprit de mensonge réussisse à les tromper, & qu'il prévale sur toutes les remontrances des hommes éclairés & fidéles, pour venger la vérité méprisée dans d'autres occasions. *Tu le tromperas*, dit le Seigneur à l'Esprit de mensonge qui s'offroit de tromper le Roi d'Israël par la bouche des faux Prophêtes qui le flatoient, [2]

repat adulatio. Sola quippe hæc nequicquam vigilantibus satellitibus imperium deprædatur . . . in ima usque conclavia sensim penetrat Regumque nobilissimam partem, animam nimirum, adoritur. *Synes. de Regno p.* 12.

1 *Liv.* 3. *des Rois Ch.* XXII. *v.* 24.

2 Non vides quomodo illos in præceps agat extincta libertas. *Senec. L.* 6, *de Benefic. cap.* 30.

& tu prévaudras ; va & fai comme tu dis.
C'eſt à ce châtiment ſecret, mais terrible, qu'il
faut attribuer l'obſtination de certains Princes
à n'écouter rien de ſalutaire, & à ſe livrer ſans
retenue à des hommes artificieux & violens,
qui abuſent de leur facilité, quoique les preuves qu'on leur donne de leurs mauvais conſeils ſoient ſenſibles & convaincantes. Ils ont
aimé la flaterie, il eſt juſte que la ſouveraine
vérité les puniſſe, en les abandonnant à une
flaterie qui les conduit à leur perte, ſelon cette formidable parole. [1] « Le Seigneur a mis
» l'eſprit de menſonge dans la bouche de tous
» vos Prophétes, & il a réſolu votre perte. «

CHAPITRE XI.

*Difficulté de diſcerner les Flateurs. Moyens
d'y réuſſir.*

ARTICLE I.

Difficulté de diſcerner les Flateurs.

I. ON a obſervé dans le Chapitre précédent que deux principales cauſes con-
tribuoient à la ſéduction de la flaterie. La premiere, l'inclination ſecréte qu'ont tous les
hommes, & ſur-tout les Grands, à recevoir
ſans précaution la louange, & à juger favorablement de tous ceux qui les admirent, & qui

[1] *L. 3. des Rois Ch. XXII. 22. & L. 2. Paralip. Ch.
XVIII.*

témoignent beaucoup de soumiſſion & de complaiſance pour toutes leurs volontés. La feconde, la reſſemblance de la flaterie avec une affection ſincere & un reſpect légitime, qui eſt quelquefois ſi parfaitement limitée, que ſans une grande attention l'on peut y être trompé.

II. La premiere de ces cauſes vient d'être traitée, & l'on a tâché, en découvrant le mal, d'y apporter auſſi le remede. Il eſt maintenant queſtion de la feconde, & de faire voir à un Prince qui craint d'être féduit par des flateurs, combien il eſt aiſé de s'y meprendre, ſi l'on n'obſerve de fort près les caracteres qui les diſtinguent des hommes ſinceres & fidéles.

II. Les dehors de l'ami ſincere & du flateur ſont très-reſſemblans. C'eſt le cœur qui les diſtingue & le cœur eſt inconnu. ¹ L'un & l'autre deſirent de plaire, & craignent d'offenſer. Ils étudient l'un & l'autre les inclinations du Prince pour les ſuivre ou pour ne s'y oppoſer pas imprudemment. L'un & l'autre ſont aſſidus, empreſſés, reſpectueux. Leurs expreſſions ſont les mêmes. L'attachement paroît égal. L'eſprit & le mérite paroiſſent auſſi ſouvent très-égaux ; ² quelquefois même les avantages extérieurs ſont plus du côté du flateur, que de l'ami, qui peut avoir moins de politeſſe, moins d'uſage du monde, moins d'éloquence, moins de dextérité, d'inſinua-

1 Adulatio quàm ſimilis eſt amicitiæ ! Non imitatur tantùm illam ſed vincit. Doce quemadmodum hanc ſimilitudinem dignoſcere poſſim. *Senec. Ep.* 45.

2 Venit ad me pro amico blandus inimicus. Vitia nobis ſub virtutum nomine obrepunt, In his magno periculo erratur. Iis certas notas imprime. *Idem. ibid.*

tion, de facilité, & de varieté dans les manieres.

IV. Quelquefois le flateur a su mieux difcerner l'inclination du Prince dans des choses qui étoient innocentes, & qui lui faisoient plaisir. Il a mieux réussi à s'acquitter d'u-
ne commission ; il a paru plus diligent, plus
vif, plus appliqué. Il a su le gagner par une
humeur plus aimable & plus égale. Il a mieux
connu, & plus adroitement ménagé tous les
secrets rapports qu'il pouvoit mettre entre
l'imagination du Prince, & certaines maniér-
res, dont le concours fait ce qu'on appelle
sympathie. Tous les penchans du Prince & tous
les préjugés font pour lui. L'inclination eft formée ; la confiance va bientôt fuivre : & fi elle
le fuit, le Prince eft perdu ; car celui à qui il
eft prêt de la donner, eft un esprit dangereux
qui en abufera. C'eft un esprit travefti, qui
veut faire fervir l'autorité du Prince à fes paffions, & qui ne penfe qu'à lui infpirer fes
propres volontés, en affectant en apparence de
fuivre tous fes mouvemens.

V. Comment faire pour arrêter le Prince
fur le bord du précipice ? C'eft premierement
de l'avertir qu'il s'eft trop avancé, & d'employer non-feulement la priere, mais une efpece d'effort, pour l'obliger à fufpendre fon
jugement, & à examiner avec plus de maturité ce qu'il a trouvé dans la perfonne qui lui
plaît fi fort, & ce qu'il a dû y chercher.

VI. Que le Prince fe demande donc à lui-
même, s'il lui a trouvé des qualités effentielles, & quelles elles font ; s'il les a mifes

à l'épreuve, & si l'épreuve a été longue & sérieuse ; s'il a tâché d'approfondir ce qu'il y avoit de plus secret dans son cœur ; s'il est juste d'accorder son amitié & sa confiance à de simples apparences ; si c'est par l'imagination & par le goût qu'un Prince doit se déterminer dans un choix d'une si grande conséquence pour lui & pour son Etat ; s'il ne mérite pas d'être trompé toute sa vie, en prenant si peu de précaution pour ne l'être jamais ; & si c'est savoir regner, que de distinguer si legérement & si superficiellement le mérite de ceux qui peuvent lui aider à porter le poids de l'Empire.

VII. Après ces avis généraux, il faut demander au Prince, s'il suffit, pour éviter les flateurs, de savoir qu'il les faut éviter, & si l'on réussit à les éviter, quand on ne s'applique point à les connoître. Il faut le prier de dire, à quoi il peut les distinguer d'un homme droit & sincere ; si c'est à la figure, aux manieres, à l'agrément, aux qualités qui peuvent être communes à la probité & à la perfidie, & qui ne sont point décisives. On lui fait remarquer ensuite, que c'étoit par des choses de cette nature qu'il s'étoit laissé prévenir : & on le rend, par ce moyen, plus attentif aux observations importantes sur les caracteres essentiels qui distinguent l'homme de bien, en qui l'on doit prendre confiance, du flateur à qui l'on doit toujours la refuser.

VIII. Mais avant tout il faut l'avertir qu'il y a des flateurs de toute espece, & que plusieurs n'ont qu'un seul caractere auquel ils soient reconnoissables : qu'ils sont quelquefois plus dangereux que les autres, parce qu'ils approchent plus du vrai mérite, sans l'avoir, & qu'ils paroissent plus dignes de la confiance, sans la mériter : mais qu'il y a un caractère universel, inséparable du flateur, qui est de s'aimer soi-même plus que le Prince & le bien public : que cette marque est la distinction essentielle qui le sépare de l'homme de bien, & que c'est principalement à cette observation qu'il faut réduire toutes les autres.

ARTICLE II.

Moyens de discerner les Flateurs.

I. Le flateur ordinairement donne des louanges à tout ce que le Prince aime, à tout ce qu'il dit, à tout ce qu'il fait, à tout ce qu'il a, sans discernement & sans choix. Le desir de plaire le séduit & le rend imprudent, & sert à le découvrir. Un homme sage & sincere ménage plus ses louanges, parce qu'il a plus de lumiere & plus d'honneur. Il loue ce qui le mérite, & garde le silence sur le reste.

II. Le flateur donne de grandes louanges à des actions ou à des qualités qui n'en méritent aucunes, ou qui en méritent de plus modérées. La bonne mine du Prince, son adresse dans quelques exercices, son bon goût pour des ajustemens, sont une matiere inépuisable pour lui. La magnificence d'un Palais, la beauté des Jardins l'extasient. Il ne faut pas se fier à un homme qui connoît si peu le prix de chaque chose : ou il est trompé, ou il veut plaire en trompant. J'aime bien mieux la fageffe de celui qui ne loue de bon cœur que les qualités dignes d'un Prince, qui loue moderément celles qui font communes aux bons & aux méchans, & qui ne dit mot fur ce qui n'eft qu'une matiere de dépenfe.

III. Le flateur n'eft prefque jamais naturel. L'étude & l'affectation paroiffent dans tout ce qu'il dit & dans tout ce qu'il fait. Le deffein de perfuader qu'il eft plein des fentimens qu'il témoigne, prouve tout le contraire à quiconque connoît le fond de l'homme. La fincerité s'exprime plus fimplement : elle s'en fie à elle-méme, & elle fent bien qu'elle n'a point befoin d'art. C'eft une marque de fauf-feté que d'être fi appliqué à la couvrir. Je me défie d'un homme qui paroît tout employer, de peur que je ne me défie de lui. [1] Ce n'eft plus imiter le naturel & la vérité, c'eft vouloir les furpaffer, & il n'y a que le menfonge qui l'entreprenne.

Le flateur eft toujours prêt à imiter ce qu'il voit dans le Prince. [2] Il en eft comme l'ombre qui imite tous les mouvemens du corps. Il en fuit toutes les inclinations. Il en prend toutes les manieres. [3] Il eft attentif à former fon jugement fur le fien. Il n'en a aucun qui lui foit propre, & il eft toujours prêt à chan-

1 Non imitatur tantùm illam, fed vincit.

2 Non fe ad Regis voluntates flectat amicus non adula-tor, neque umbra manus implens aut nutus, aut motus omnes imitabitur. *Theophilact. Inftit. Reg. au Porphyr. Conftantin. Part. 2. C. 15.*

3 Adulantem & ad placitum cujufque loquentem. *S. Bern. L. 4. de Confid. C. 4.*

...er d'avis, dès qu'il voit que le Prince en a un contraire. A quoi un tel homme peut-il être propre ? Quel fond peut-on faire sur les sentimens qu'il fait paroître ? Qui ne voit, que la vérité & la probité ne sont pour lui que des noms ? Que la seule chose invariable pour lui, est son intérêt, & que son attachement servile pour tout ce qui plaît au Prince, n'est qu'un moyen pour parvenir à asservir le Prince même à son ambition ? Il y a bien loin d'un caractere si indigne à celui d'un ami fidele ; & les Princes sont bien malheureux s'ils ne le savent pas discerner.

V. Les momens les plus heureux pour un flateur, sont ceux où le Prince est ému de quelque passion : car il ne manque pas de la favoriser par ses services, & de la justifier par ses discours. Il desire même de découvrir, si le Prince est capable de quelques foiblesses, & s'il est susceptible de quelques mauvais conseils. Il lui tend adroitement des piéges pour le sonder ; & il examine par quelle porte il fera entrer dans son cœur une passion qui l'y introduise lui-même. Il espere alors le gouverner seul, & écarter tous ceux qui seroient moins officieux & moins complaisans que lui. Mais ce sont ces momens, où le flateur se demasque & se montre à visage découvert. C'est alors que le Prince doit connoître qu'il est l'ennemi de sa gloire, de sa vertu, de son repos, de son Etat, & il doit le chasser avec toute l'indignation que mérite sa perfidie. Au contraire il doit faire un extrême cas de celui [1] qui dans les tems d'affoiblissement, où la colere, l'ambition, la volupté commenceroient à se faire sentir, a osé lui parler sincerement & fortement; qui a mieux aimé lui déplaire, que de le trahir, & qui a préferé son devoir à toute autre considération, & même à sa fortune ; car il est évident qu'un tel homme est attaché au Prince sans intérêt, & c'est la qualité du monde la plus rare & du plus grand prix.

VI. Il y a des flateurs de toute espece, comme on l'a dit dès le commencement; & ils occupent quelquefois les premieres places, sans que le Prince les connoisse pour ce qu'ils sont, parce qu'ils n'ont pas les défauts grossiers des flateurs ordinaires, & qu'ils ont même des qualités très-opposées, quoiqu'ils ne soient guères meilleurs. Un moyen sûr pour les connoître, est d'examiner quel usage ils font de leur crédit & de leur accès auprès du Prince ; s'ils sont fort réservés à demander des graces pour les autres, de peur qu'elles ne leur soient imputées, & qu'elles ne tiennent lieu des bienfaits qu'ils esperent pour eux-mêmes ; s'ils ne parlent jamais pour des personnes qui sont sans appui & sans faveur, & qui sont incapables dans d'autres occasions de leur rendre les mêmes offices ; s'ils ne s'intéressent qu'à celles qui ont quelque liaison publique ou secrete avec eux ; de tels hommes n'aiment qu'eux-mêmes, & ne servent de rien à la véritable gloire, & à la vertu du Prince, à qui

---

1 Dic illis non quod volunt audire, sed quod audisse semper volent. *Senec. L. 6. de Benef. C. 33.*

ne fourniſſent aucune occaſion de diſcerner le mérite, & de le proteger, & dont ils
voudroient pouvoir borner la généroſité à eux
ſeuls & à leurs amis.

VII. Un caractere encore plus dangereux,
& qui les rend auſſi plus reconnoiſſables, eſt
le ſoin qu'ils prennent d'écarter tous ceux qui
pourroient être connus du Prince, & attirer
ſa confiance par leur mérite. L'inquiétude où
ils ſont, lorſque quelqu'un, malgré leur vigilance, parvient juſqu'à lui, & les artifices dont
ils ſe ſervent, pour empêcher qu'il ne ſoit
écouté, découvrent la baſſe jalouſie qui les con-
ſume : & cette jalouſie eſt une preuve, qu'ils
veulent poſſeder ſeuls le Prince qu'ils environnent, & qu'ils craignent, qu'en devenant plus
éclairé, il ne ſe degoûte d'eux & de leurs conſeils. Ce n'eſt point ainſi qu'en uſe un homme qui aime ſon Prince. Il le ſert autant qu'il
peut ; mais il eſt ravi que d'autres le ſervent
encore mieux que lui. Il cherche le mérite
par-tout où il eſt. Il le produit : il le fait connoître, & il regarde comme une trahiſon, de
voler à ſon maître, ou de lui cacher un tré-
ſor qui lui appartient. Mais un homme d'une
haute vertu ſe trouve rarement a la Cour,
& par conſéquent il eſt rare qu'il y en ait d'autres que des flateurs ; & la faute en eſt aux
Princes, qui ne ſe ſoucient pas que leur Cour
en ſoit remplie.

VIII. Ils pourroient les reconnoître s'ils vouloient, & ceux mêmes qui ſe déguiſent avec
plus de ſoin, s'ils examinoient l'affectation qu'ils
ont de ne louer que ceux qui leur ſont uïis ;

d'être toujours muets quand il est question des autres, ou de mêler à quelques louanges superficielles quelques défauts essentiels; de les rabaisser par des mots qui paroissent dits négligemment & comme échappés sans dessein, pour leur donner plus de croyance; d'être toujours bornés dans le cercle étroit de leurs intérêts & de ceux de leurs amis. Cette espece de conspiration & de ligue, pour ne louer & ne blâmer jamais rien que par rapport à eux, est un crime d'Etat. A cette seule marque ils doivent être suspects; & il est important que le Prince en soit averti.

IX. Plus le flateur paroît modeste, retenu, desintéressé, plus il est à craindre; parce qu'il ressemble tout-à-fait à ce qu'il n'est point, & qu'on le peut prendre pour l'homme de bien. Mais qu'on examine si, dans le tems qu'il ne dit rien, qu'il ne prétend rien, qu'il se tient même à l'écart, plusieurs personnes ne font pas son éloge, sans qu'il en soit question; qu'on examine les personnes qui le louent, leur discernement, leur mérite, leur capacité: qu'on approfondisse d'où vient leur zèle & leur chaleur pour cet homme si merveilleux: on trouvera que c'est une pure cabale, que l'intérêt a formée, & que l'artifice tâche de couvrir. Une seule découverte de cette nature, suivie du châtiment que mérite l'imposture, peut affranchir le Prince pour long-tems des flateurs qui le tiennent comme investi.

X. Il y a des Courtisans qui gardent à vûe le Prince, pour ainsi dire, qui craignent de s'absenter pour des momens, quoiqu'ils

n'aient pas des Charges, ou que celles qu'ils
ont ne les obligent pas à une telle affiduité.
Ils ont peur que le moindre intervalle ne foit
une occafion à d'autres de s'avancer à leur préjudice, & de leur faire perdre ce qui leur a coûté beaucoup de foins, parce qu'ils confiderent
la bonté du Prince pour eux, comme un bien
très-fragile & très-expofé a l'envie. Ils ont raifon en un fens ; & ce n'eft pas le jugement
qu'ils portent de la faveur du Prince que je
condamne : mais felon leur aveu , ils ne penfent qu'à la ménager ; & c'eft a quoi fe bornent tous leurs foins. Comment auroient-ils
donc le courage de rifquer ce bien , qui les
rend fi affidus & fi tremblans , pour dire au
Prince quelque chofe de fort utile à fa gloire
& même à fa confcience , mais qui pourroit
leur attirer fa difgrace , s'il étoit mal reçu ?
Leur grande affiduité marque donc leur grande lâcheté. Ils craignent tout, & leur véritable devoir plus que le refte.

XI. Combien y a-t-il de Princes, que des
hommes comblés de leurs bienfaits laiffent dans
l'erreur fur des points effentiels, par une cri-
minelle indifférence pour eux ? Ils font les premiers à les condamner en fecret, mais ils ne
voudroient pas avoir dit un mot pour les détromper : pourquoi ? Eft-ce que ce n'eft pas
leur affaire ? D'autres abordent-ils le Prince
pour lui parler ? Donne-t-il fa confiance à d'autres qu'à eux ? Et eux-mêmes ne feroient-ils
pas inconfolables s'il portoit ailleurs fa confiance ? D'où vient donc qu'ils font muets ? C'eft
qu'ils comptent leur Prince pour rien , & qu'ils

ne font aucune comparaison entre lui & eux, entre son véritable bien & leur miserable intérêt.

XII. Il n'y a donc que bassesse, que lâcheté, qu'indignité dans le flateur, quand il est bien connu, de quelque naissance qu'il soit, & dans quelque élévation que la faveur l'ait placé. C'est là son caractere ineffaçable. Il n'est capable de rien de grand, de généreux, de salutaire au Prince & à l'Etat. Son intérêt le tient toujours courbé vers la terre. Il ne s'éleve jamais au dessus des biens, que l'on peut perdre en demeurant vertueux, & qu'il est quelquefois necessaire de sacrifier à son devoir. Il se mesure uniquement sur ce qu'il plaît au Prince de faire. S'il a de grandes pensées, il se fait honneur de les suivre : mais s'il n'en a que de basses, il se contente au plus de les condamner dans son cœur, bien résolu de ne les jamais contredire. Que le Prince juge après cela, si c'est lui qu'on aime, & si les biens dont il comble ses Courtisans, sont des juste recompenses de leur zèle pour sa gloire, & de leur attachement pour sa personne.

CHAPITRE XII.

Moyens que le Prince doit employer pour écarter les flateurs, dont le principal est de témoigner un grand amour pour la vérité.

ARTICLE I.

Moyens d'écarter les Flateurs.

I. APrès avoir vu combien la flaterie doit être odieuse aux Princes, & par quelles observations ils peuvent discerner les flateurs : il faut, pour rendre toutes ces reflexions utiles, considérer les moyens d'éloigner de leurs personnes & de leur Cour des hommes si dangereux, & si habiles à se travestir sous toutes sortes de formes : car ils sont capables de profiter même de l'aversion qu'on a de la flaterie, pour flater d'une maniere plus seduisante, en donnant de grandes louanges à une aversion qui marque tant d'élevation & de noblesse.

II. Le moyen le plus sûr de les écarter, mais aussi le plus difficile est de ne leur point donner retraite dans son propre cœur, [1] & de

1 Non est quod nos magis aliena judices adulatione perire, quam nostra. Quis sibi verum dicere ausus est ? Quis non inter laudantium, blandientiumque positus greges, plurimum tamen sibi ipse assentitus est ? *Senec. de Tranquillitate animi. Cap. I.*

n'être pas à foi-même fon premier flateur, & fon premier courtifan. On les chaffera fans peine de fa Cour, fi l'on n'écoute point en fecret le plus dangereux d'entre eux, qui eft l'amour propre : mais l'on employera inutilement contre eux une feverité feinte, fi l'on traite avec bonté celui dont le langage eft encore plus feduifant que le leur, & qui leur tient un chemin toujours ouvert par l'intelligence qu'il conferve avec eux, pour les faire entrer dans le cœur, où il eft lui-même fi bien reçu, & fi fort le maître.

III. On accufe les flateurs de tous les maux que commettent les Princes, mais cela n'eft vrai qu'en partie. Ceux-ci font des fautes parce qu'ils font flatés : mais les plus grandes viennent de ce qu'ils fe flatent eux-mêmes. Ils fe difent plus de chofes fauffes qu'ils n'en écoutent. Ils font plus ingénieux à fe montrer ce qu'ils ont de bon, à fe diffimuler ce qu'ils ont de défectueux, à excufer ce qu'ils ne peuvent fe cacher, que les plus habiles de tous les flateurs : & ils portent dans leur propre cœur, un poifon plus fubtil & mieux préparé que celui qu'on leur préfente.

IV. Cette maladie eft commune à tous les hommes, & le nombre de ceux qui travaillent avec fuccès à la guérir, eft infiniment petit : car où font ceux qui fe parlent à eux-mêmes bien fincérement, & qui ofent fe dire toutes les vérités qui les humilient & qui les condamnent ? Qui ne fe craint pas, & ne s'évite pas foi-même ? Qui ne cherche point à éluder fa propre cenfure, & ne fort pas avec

hâte de fon cœur, de peur de s'y voir très-dif-
férent de ce qu'il veut paroître ? C'eft donc en
nous qu'eft née la flaterie ; c'eft de-là qu'il la
faut chaffer. C'eft contre elle que doit s'animer
notre haine ; & c'eft par elle qu'un Prince doit
commencer à l'exterminer de fa Cour.

V. Il ne faut pas néanmoins qu'il attende
que le penchant fecret qu'il a à fe flater lui-
même foit vaincu, pour éloigner de lui les flateurs. Il faut au contraire que fa foibleffe fecréte le porte à éviter avec plus de foin ce qui
ferviroit à l'entretenir, & que plus il fentira
de peine à vaincre fon penchant, plus il fe
déclare ennemi de tout ce qui rendroit fon
travail inutile.

VI. [1] Auffi-tôt qu'il s'appercevra qu'on le
veut fonder par la flaterie, qu'il témoigne ou-
vertement qu'elle lui déplaît, & plus encore
celui dont elle vient. Qu'il l'arrête par un vifage fevere ; qu'il change le difcours, & qu'il
faffe fentir par fon air, ou, s'il le faut, par
quelque chofe de plus, qu'il fe tient offenfé
du deffein qu'on a de le feduire, & de l'efpérance d'y réuffir.

VII. Un Empereur [2], bien digne en
cela d'être imité par tous les autres, en ufoit
ainfi. [3] Il avoit un difcernement exquis pour
découvrir la flaterie la plus adroite. Il la de-
concertoit dès qu'il l'appercevoit, & il en

---

1 Ideo claudendæ funt aures malis vocibus, & quidem primis. *Senec. Ep.* 123.

2 *Alexandre Severe.*

3. Erat ingentis prudentiæ, & cui nemo poffet im-
ponere ; & quem fi aliquis urbanè tentare voluit, in-
tellectus tulit pœnas. *Lamprid. in ejus vita pag.* 214.

puniſſoit l'auteur, comme coupable de l'avoir voulu ſurprendre, & de l'avoir cru un petit eſprit qui ne s'appercevroit pas de l'artifice. [1] Il ne pouvoit ſouffrir les témoignages exceſſifs de reſpect qu'on vouloit lui rendre, ni ſupporter les expreſſions affectées de ceux qui l'approchoient. Il les chaſſoit de ſa préſence avec ignominie, ou, ſi leur condition les mettoit a couvert de cette peine, il les tournoit en ridicule, en s'en moquant.

VII. Tibere, parmi de grands défauts [2] avoit conſervé le même éloignement de la flaterie, & la même attention à la reprimer. Il interrompoit le diſcours dès qu'il devenoit flateur. Il marquoit en particulier les expreſſions qui le bleſſoient, & il leur en ſubſtituoit d'autres plus modeſtes & plus exactes ; & il en uſoit ainſi, non-ſeulement dans la converſation, où il eſt plus facile de réformer ce qui déplaît dans le diſcours, mais auſſi dans les actions publiques, où la parole lui étoit adreſſée, & où il n'avoit aucun ménagement pour tout ce qui offenſoit le goût qu'il avoit conſervé pour la vérité.

IX. Il eſt certainement honteux pour beaucoup de Princes, que la vraie Religion a dû rendre ennemis du menſonge, qu'ils l'écou-

---

2 Si blandius aliquid dixiſſet, vel abjiciebatur, ſi loci ejus qualitas pateretur, vel ridebatur ingenti cachinno, ſi ejus dignitas graviori ſubjacere non poſſet injuriæ. '. 211.

1 Adulationes adeò averſatus eſt, ut ſi quid in ſermone, vel in continuâ oratione blandiùs de ſe diceretur, non dubitaret interpellare ac reprehendere, & commutare continuò. Suet. C. 27.

tent si tranquillement, dans des discours où la flaterie est répandue sans mésure, & qu'ils se croyent honorés par des harangues que des Empereurs Payens auroient interrompues, comme insupportables au reste de pudeur & de sincerité que leurs vices n'avoient pu éteindre.

X. Je sai qu'il importe au bien public que les Princes soient respectés, & qu'on ne doit ni leur parler, ni parler d'eux que d'une maniere qui convienne à leur suprême dignité : mais croit-on leur attirer la veneration du peuple, en leur donnant de foibles louanges, que tout le monde convertit en reproches ? Et les Princes, en les recevant tranquillement, pensent-ils qu'elles imposent à quelqu'un, & qu'elles ayent un autre effet que de rendre méprisables, & le flateur, & la flaterie, & celui qui l'endure ?

XI. Ils s'attireroient un applaudissement général, malgré le défaut de mérite s'ils avoient au moins celui de la sincerité : & l'on commenceroit à les louer de bon cœur, s'ils imposoient silence à ceux qui les louent sans jugement.

XII. Mais ce sont deux choses presque toujours unies, que de ne mériter pas d'être loué, & de prendre plaisir à l'être. Un bon Prince doit avoir les deux qualités opposées, s'efforcer de mériter l'approbation, & s'appliquer à moderer les témoignages qu'on lui en donne.

XIII. Il doit défendre en public, aussi-bien qu'en secret, tout ce qui est excessif : & regarder comme excessif, tout ce qui blesse la vérité. Un discours flateur, prononcé dans une cérémonie, doit être interrompu par lui, si celui qui le fait n'a pas profité des avis qu'on lui a fait donner, de n'y rien mêler que de sage & de raisonnable. Une action de cet éclat est sue dans tout le Royaume. Elle ferme la bouche à tous ceux qui croiroient avoir de l'esprit, en disant de belles paroles, sans se mettre en peine qu'elles fussent vraies. Elle met en honneur le Prince, comme ennemi déclaré du mensonge ; & elle apprend à tous ses sujets, que le moyen de lui plaire est d'aimer comme lui, la vérité.

XIV. Par le même motif, le Prince rejettera avec mépris toutes les Poësies, toutes les Épîtres, tous les Ouvrages d'esprit, où l'on ne respectera pas son caractere de gravité & de modestie, & où l'on aura prétendu le louer aux dépens de son principal mérite, qui consiste dans l'aversion de la flaterie.

XV. Mais il aura sur-tout une extrême indignation contre toutes ces vaines fictions, où les noms des anciennes Divinités lui seront attribués, aussi-bien que leur prétendu pouvoir sur la terre ou sur la mer, sur la guerre ou sur la paix. Il n'y a rien, d'un côté, de si froid que ces chiméres, & d'un autre, de plus impie, ni de plus scandaleux. Je sai que les noms de Mars, de Neptune, de Jupiter, sont des noms vuides de sens : mais ce sont des noms qui ont servi au démon pour tromper les hommes, & pour se faire rendre par eux les honneurs divins. C'est donc faire injure au Prince, que de le mettre à la place de cet usurpateur : & le Prince se deshonore en consentant à cette

impiété. Cependant les Théâtres en reten-
tissent; la Musique s'exerce sur ces indignes
fictions; les peuples s'infectent de cette espece
d'idolâtrie; & les châtimens pleuvent en foule
du ciel, sur une Nation qui s'est fait un jeu
d'un si grand mal.

XVI. Le Prince se souviendra en tremblant
de l'exemple d'Herode [1], qui, [2] pour avoir
reçu avec quelque complaisance les applaudissemens que les Tyriens donnoient à son discours, en disant qu'il étoit plutôt d'un Dieu
que d'un homme, fut frappé sur le champ par
la main d'un Ange, & rongé des vers tout
vivant, en punition du blasphême & de l'approbation qu'il y avoit donnée. L'Ecriture du
nouveau Testament atteste cette vengeance; &
néanmoins les Tyriens étoient des idolâtres,
accoûtumés à prodiguer la divinité par flaterie;
& Herode étoit Juif, & par conséquent bien
plus excusable que les Chrétiens.

XVII. Les Inscriptions qu'on gravera sur le
marbre, ou sur l'airain, seront condamnées par
le Prince, & changées par son ordre, si elles
ne sont simples & sinceres. C'est un mal plus
grand de perpétuer la flaterie par des monumens durables, que de la souffrir dans des
discours, qui ne laissent point de vestiges.
C'est rendre le scandale comme éternel, &

---

1 *Il étoit surnommé Agrippa.*

2 Herodes vestitus veste regiâ, sedit pro tribunali &
concionabatur ad eos, populus autem acclamabat:
Dei voces, & non hominis. Confestim autem percus-
sit eum Angelus Domini, eò quod non dedisset honorem Deo, & consumptus à vermibus expiravit. *Act.*
C. XII. v. 21. 22. & 23.

apprendre à la postérité à méprifer la vérité, que de lui laisser de si mauvais exemples. Les hommes s'y accoûtument ; mais l'indignation de Dieu ne se passe point, & une statue avec un titre insolent est une espece [1] d'Idole, qui lui rend odieux & le lieu où elle est érigée & le peuple qui n'en gémit pas.

XVIII. Il faut en [2] toutes choses & en toutes occasions que le Prince se déclare contre le mensonge & la flaterie, pour écarter les flateurs. Car inutilement les repousseroit-il par un côté, s'il les admettoit par un autre. Ils comprendroient aisément, qu'il y auroit plutôt de l'affectation dans sa conduite, qu'une véritable haine contre eux, s'il ne falloit, pour se réconcilier avec lui, que changer la maniere de le flater. Il faut leur refuser tout, & leur témoigner sans relâche qu'on les hait, dès qu'on les connoît, mais parce qu'ils sont infatigables ; il faut employer quelque chose de plus sensible que le mépris & la haine, pour les réprimer : & c'est de n'accorder aucune grace, ni aucun emploi à un flateur reconnu.

XIX. Un tel moyen est d'une grande efficace, si l'on veut bien s'en servir toujours : car c'est ôter à la flaterie ce qui la nourrit, & la faire périr par la faim. Elle renoncera à ses artifices, dès qu'ils ne serviront qu'à la

1. Idolum zeli. *Une Idole qui excite la jalousie de Dieu. Ezech. C. VIII. v. 5.*

2. *Vespasien se moqua de ceux qui, par une fausse Genealogie vouloient faire remonter sa maison jusqu'à Hercule.* Conantes quosdam originem Flavii generis ad conditores Reatinos, comitemque Herculis referre, irrisit ultro. *Suet. C. 12.*

rendre malheureuse. Car c'est pour son intérêt seul qu'elle s'acharne à poursuivre le Prince avec ses louanges, & si elle voit qu'elle l'irrite toujours, elle apprendra un autre métier, & essayera de lui devenir agréable par quelque chose de plus solide.

ARTICLE II.

Le moyen le plus efficace pour écarter les Flateurs, est de témoigner un grand amour pour la vérité.

I. On voit assez que tout ce que j'ai dit jusqu'ici doit être fondé sur l'amour de la vérité, & qu'il ne peut être exécuté si cet amour n'est bien sincere. Mais il est important, que le Prince déclare hautement qu'il n'aime que ce qui est vrai : qu'il ne trouve aucune beauté, ni aucun agrément, dans ce qui n'en a que l'apparence ; qu'il ne veut être trompé, s'il est possible, en quoi que ce soit, & qu'on ne lui peut plaire qu'en lui parlant sur toutes sortes de sujets avec une exacte vérité.

II. Une telle déclaration, renouvellée dans les occasions importantes, aura deux grands effets. Elle donnera accès aux gens de bien, & elle mettra en fuite les imposteurs. Elle ouvrira aux uns la demeure du Prince, qui a déja pour eux les oreilles ouvertes, & le cœur tout disposé ; & [1] elle fermera les portes aux

[1] His neque palatii neque aurium fores aperiet. *Theophilact. Inst. Reg. P. 2 Cap.* 16.

aux autres , que le Prince a proſcrits comme
ſes ennemis.

III. Mais une telle déclaration engage à bien
plus qu'on ne penſe. Il y a des vérités que
les Princes écoutent avec plaiſir : il y en a
d'autres qui les bleſſent, s'ils n'y ſont bien pré-
parés. Tout ce qui les inſtruit, en les rendant
plus habiles, ne trouve point d'obſtacles ; mais
ce qui les inſtruit en les reprenant, en trouve de grands : & c'eſt-là d'ordinaire où tous les
projets de perfeﬁon ſe deconcertent & s'exha-
lent en fumée.

IV. Il y a peu de Princes, dont on puiſſe
dire ce que S. Ambroiſe diſoit du grand Théo-
doſe après ſa mort : « [1] Je l'ai aimé, parce
» qu'il n'aimoit point la flaterie, & qu'il ai-
» moit au contraire à être repris ». Grand
éloge, & qui renferme tout. Il y a peu de
Princes, comme David, qui regardent « [2] com-
» me une grace & une miſéricorde que le
» juſte les reprenne, & qui rejettent le par-
» fum que le pécheur, c'eſt-à-dire le flateur,
» veut répandre ſur leurs têtes. » Il y en a
peu qui ſoient de l'avis du Sage , & [3] qui
» aiment mieux les bleſſures que fait un ami,
» que les careſſes trompeuſes d'un ennemi
» qui les flate. » Mais cette matiere a be-

1. Dilexi virum, qui magis arguentem quàm adulantem probaret. *S. Ambr. de obitu Theod. n.* 34.

2. Corripiet me juſtus in miſericordiâ & increpabit
me ; oleum autem peccatoris non impinguet caput
meum. *CXI. v.* 5.

1. Meliora ſunt vulnera diligentis, quàm fraudu-
lenta oſcula odientis. *Prov. C. XXVII. v.* 6.

Loin d'être traitée avec plus d'étendue, & j'y
destine le Chapitre suivant.

CHAPITRE XIII.

*Combien il est rare que l'amour de la vérité
soit sincere, & qu'il surmonte les obstacles
qui empêchent ordinairement les Princes de
la connoître.*

ARTICLE I.

Il est rare que l'amour de la vérité soit sincere.

I. IL n'y a rien qui fasse plus d'honneur à
l'homme, & principalement quand il
est dans une grande place, que le desir de
connoître la vérité, parce que ce desir, quand
il est sincere, est la preuve d'un esprit excellent, qui veut être conduit par la lumiere
& la raison, & d'un cœur juste & droit,
qui est sans passion, & qui ne cherche que
le bien. Mais plus ce desir fait honneur à
l'homme, plus il est aisé qu'on se laisse éblouir
par une apparence flateuse, & qu'on se persuade trop legérement qu'on a ce qui mériteroit de grandes louanges si l'on l'avoit.

II. On tâcheroit inutilement d'inspirer quelque défiance sur ce point, à un homme qui
croit sentir ses dispositions, & être mieux instruit de ce qu'il pense & de ce qu'il aime,
que tous ceux qui voudroient l'en faire dou-

Tome I.   F

ter ; mais c'est l'occasion qui découvre le cœur, & ce qui y étoit caché sous un desir qui n'en occupoit que la surface.

III. Tant qu'on parle de la vérité en général, l'esprit s'y porte par une inclination naturelle, & le cœur la desire, parce qu'il ne sent point qu'elle lui soit opposée ; mais dès qu'elle le condamne, il s'afflige de l'avoir vue, & il pardonne avec peine à ceux qui la lui ont fait voir. « [1] Je vous demande avec instance, disoit un Roi [2] d'Israël à un Prophête du Seigneur, & je vous conjure au nom de Dieu, de ne me dire que la vérité ». Qui ne jugeroit par ces paroles, que l'intention du Roi étoit sincere ? Le Prophête lui répond le contraire de ce qu'il espéroit, & [3] le Roi le fait mettre en prison pour l'en punir. Voilà le fond du cœur expliqué. Le Prince vouloit unir l'honneur de chercher la vérité, avec un desir plus sincere & plus profond d'être flaté : l'évenement sépara ces deux choses ; mais un moment auparavant on eût pu y être trompé.

IV. Voici un exemple encore plus propre à découvrir les replis du cœur, secrétement ennemi de la vérité, dans le tems qu'il est pleinement persuadé qu'il n'aime qu'elle. [4] Les Chefs des foibles restes du peuple d'Israël, qui étoient demeurés en Judée après la ruine de Jerusalem, prierent le Prophête Jeremie,

1. Iterum atque iterum adjuro te , ut non loquaris mihi nisi quod verum est in nomine Domini, 3. Reg. C. XXII. v. 16.

2. Le Roi Achab au Prophéte Michée.

3. Mittite virum istum in carcerem. Ibid. v. 17,

4. Jerem. C. XLII. v. 1. & seq.

de demander à Dieu pendant plusieurs jours, qu'il lui plût de leur marquer, s'il vouloit qu'ils continuassent à demeurer dans leur païs, ou qu'ils cherchassent un asile en Egypte. Le Prophête le promit, & eux l'assurerent en ces termes de leur obéissance : « [1] Nous prenons » Dieu à témoin de notre bonne foi : & nous » voulons qu'il nous punisse, si nous n'accom- » plissons pas tout ce qu'il nous dira par votre » ministere ; nous vous envoyons vers lui, & » nous obéirons à ses ordres, soit qu'ils soient » conformes à nos desirs, soit qu'ils y soient » contraires : car nous ne pouvons espérer d'ê- » tre heureux, qu'en écoutant la voix du Sei- » neur notre Dieu ». Le Prophête consulta le Seigneur, & le pria pendant dix jours, & après ce terme il assembla les Chefs & le peu- ple, leur défendit de la part de Dieu d'aller en Egypte, & les assura de sa protection, s'ils s'y confioient en demeurant en Judée ; & alors tous ces hommes si soumis & si religieux en ap- parence éclaterent en blasphêmes contre la ré- ponse que Dieu leur faisoit par son Prophête : « [2] Vous mentez, dirent-ils à Jeremie, ce n'est » point le Seigneur qui vous envoie, & qui » nous défend d'aller en Egypte : c'est Baruch

---

[1] Sit Dominus inter nos testis veritatis & fidei, si non juxta omne verbum, in quo miserit te Dominus Deus tuus ad nos, sic faciemus, sive bonum est sive malum : voci Domini Dei nostri, ad quem mittimus te, obediemus, ut bene sit nobis cùm audierimus vo- cem Domini Dei nostri. *Jerem. C. XLII. v. 5. & 6.*

[2] Mendacium tu loqueris : non misit te Dominus, sed Baruch incitat te adversum nos, ut tradat nos in manus Chaldæorum, ut interficiat nos, & traduci fa- ciat in Babylonem. *Jerem. C. XLIII. v. 2. & 3.*

» qui vous suggere ce pernicieux conseil, pour
» nous faire périr par la main des Chaldéens ,
» ou pour nous faire exiler a Babylone.

V. Quel changement, diroit quelqu'un peu
instruit de la duplicité naturelle aux hommes !
comment peut-on passer si promptement de
l'obéissance à la révolte ? Qu'est devenu ce desir
si sincere , & si solemnellement attesté par le
serment, de connoître la vérité, & de la suivre ? Il n'y a ici point de changement : on n'a
fait que lever le voile qui cachoit les dispositions dominantes. L'amour de la vérité n'étoit
qu'une idée. Le desir de suivre son inclination
étoit seul véritable : mais on ne le connoissoit
pas, & l'on s'applaudissoit d'une pensée flateuse
que l'épreuve a dissipée.

VI. Il en est ainsi de presque tous les hommes, qui ne répondent si hardiment de leur
attachement à la vérité, que parce qu'ils ignorent quel sacrifice elle exigeroit d'eux , & quelle
opposition il y a entre elle & leurs inclinations
corrompues. [1] Ils aiment sa lumiere ; mais non
sa censure. Ils l'interrogent dans l'espérance
d'en être approuvés ; mais ils n'hésitent pas à
traiter ses réponses d'imprudentes & d'excessives, & par conséquent de fausses, si elles sont
contraires à leurs desirs.

VII. Plus les hommes sont élevés au-dessus
des autres, plus ils sont capables de cette illusion : car ils sentent à merveille quelle grandeur
il y a dans le caractere d'un homme vrai qui
veut être instruit, & le veut de bonne foi : mais

1. Amant lucentem , oderunt redarguentem. S.
Aug. L. 10. Conf. C. 23.

ils fentent beaucoup moins tout ce qui les empêche de fe faire inftruire, & d'en profiter. Et
cette impreffion inégale de fentimens les per-
fuade qu'ils n'aiment que la vérité ; qu'ils la
fuivent dès qu'elle leur eft montrée ; que s'ils
l'ignorent, c'eft moins leur faute, que celle
des perfonnes qui ne la leur difent pas ; & que
l'on ne peut leur faire plus de plaifir, que de
la leur montrer.

VIII. Mais ceux qui font chargés de la leur
découvrir, penfent bien différemment. Ils
voient rarement que leurs avis foient reçus. Ils
fentent prefque toujours qu'ils bleffent, s'ils ne
couvrent la vérité fous des expreffions qui la
laiffent à peine paroître. Ils font obligés d'étudier mille détours, & d'employer mille artifices pour faire réuffir un feul mot, & fouvent
ils fe repentent de l'avoir dit, parce qu'on leur
en fait mauvais gré.

IX. Ils avouent prefque tous, que le tems
où l'on puiffe efpérer d'être écouté des Princes,
eft celui de leur jeuneffe ; encore ne faut-il pas
qu'ils foient fur le thrône : que dès qu'ils commencent à n'être plus dans la dépendance, ils
n'écoutent plus rien ; & que plus ils avancent
en âge, plus ils s'enfoncent dans une épaiffe
nuit, que la lumiere de la vérité ne fauroit pénétrer : qu'alors tout le fruit d'une heureufe éducation fe perd infenfiblement, parce qu'il n'eft
plus foutenu, & que mille erreurs prévalent enfin fur les vérités dont on avoit jetté la femence.

ARTICLE II.

Il est rare que l'amour de la vérité soit assez fort dans les Princes, pour surmonter les obstacles qui les empêchent de la connoître.

I. Ces erreurs, outre les racines naturelles qu'elles ont dans le cœur, sont inspirées par des hommes qui ont dessein de tromper, & par d'autres qui sont trompés eux-mêmes les premiers. Les uns font servir la séduction à leur intérêt ; les autres suivent, sans dessein, leurs propres tenebres. Le Prince vit au milieu de ces hommes ; & il est souvent assez malheureux pour réunir toutes leurs erreurs.

II. Il n'entend presque jamais rien d'utile, rien d'exact, rien de salutaire. Toutes les idées qu'on lui présente sont fausses. On pervertit devant lui les noms du bien & du mal, des passions & de la vertu. On fortifie un discours séducteur par des exemples encore plus séduisans. L'on ferme à la vérité toutes les avenues. Et que sert-il alors à un jeune Prince de conserver un amour foible pour elle, & une crainte vague d'être trompé ?

III. S'il arrive que cette crainte soit plus véritable & plus sincere dans un Prince qu'elle ne l'est dans les autres, il prendra des précautions pour n'être pas trompé : mais quelles seront ces précautions ? Et sait-il bien qu'il nourrit dans son cœur une secrette confiance en ses lumieres, qui rendra tout inutile ? Demandera-t-il ce qu'il pense savoir mieux que beaucoup d'autres ? Sera-t-il assez humble pour avouer, qu'il ignore bien des choses nécessaires à son état ? Ne se croiroit-il pas deshonoré s'il l'avouoit ? Ne seroit-il pas fâché de voir dans un autre plus de sagesse & de capacité qu'il n'en a ?

IV. Mais en laissant à part ces défauts si naturels & si propres aux Grands ; quel est le Prince qui ne craigne de donner trop d'avantage à ceux qu'il consulteroit sur sa conduite, que sa confiance pour eux ne leur inspire trop de liberté, & qu'ils n'abusent enfin de sa docilité & de sa franchise ?

V. Les Rois ne veulent qu'on leur parle que lorsqu'il leur plaît. Ils s'offensent quand on en use autrement. Et comme on ignore quand il leur plaît, on demeure dans le silence. Ainsi tous les avis se réduisent à ceux qu'ils veulent bien demander. Et s'ils ne pensent à rien, ou s'ils pensent ce qu'ils ne doivent pas, mais sans en avoir aucune inquiétude, le mal est sans remede. Le Prince se trompe, & l'on est contraint de le laisser tranquille dans son erreur.

VI. Ceux qui paroissent le mieux intentionnés, s'informent de la vérité ; mais à qui ? Aux personnes qui les environnent, & qui ont souvent intérêt de la leur cacher ; parce qu'ils profitent eux-mêmes de leur erreur, ou parce qu'ils sont liés avec ceux qui ont intérêt que le Prince ne soit pas si clairvoyant, ou qu'ils appréhendent de se commettre, en s'exposant à son secret & à sa prudence, dont ils

font ordinairement peu fûrs. Ces confidéra-
tions retiennent les plus fages qui ne difent
rien, ou peu de chofe ; & tout demeure inconnu, malgré les queftions du maître.

VII. D'ailleurs, ces fortes d'enquêtes font
très-imparfaites. Les Princes veulent être avertis fur certains fujets , & non fur tous. On
voudroit leur dire plus, mais ils n'en donnent
pas l'occafion. Ils font occupés d'un devoir ,
& négligent les autres. Ils ont du zèle par
goût, par humeur : mais excepté ce qui les
frappe dans le moment, tout le refte eft compté
pour rien.

VIII. Il eft rare qu'ils fachent profiter de
quelques mots qui feroient capables d'exciter
leur attention , & de les conduire plus loin.
Ils ne comprennent pas la valeur de certains
avis enveloppés, qui les regardent eux-mêmes,
ou des perfonnes puiffantes. On n'oferoit s'expliquer davantage fans un commandement
bien précis : On met le Prince fur les voies :
on ouvre devant lui une fenêtre : il ne tient
qu'à lui d'ouvrir les yeux , & de regarder ; mais
il eft diftrait & indifférent, & celui qui l'aver-
tiffoit, le devient à fon exemple.

IX. Sur quelle matiere les avis feroient-ils
plus néceffaires que fur les défauts perfonnels
du Prince ? Mais quelle matiere eft plus délicate ? & à qui réuffiroit-il d'y toucher ? Les Rois
s'offenfent fi l'on paroît avoir étudié leur conduite, & fi l'on a vû plus qu'ils ne vouloient.
Ils peuvent d'abord recevoir affez tranquillement un premier avis : mais un fecond feroit
mal reçu. Ils paroiffent fe mieux fouvenir de

la liberté qu'on a prise, que du service qu'on a voulu rendre. Ils le marquent par des mots indirects, ou par des railleries piquantes. Ils se ferment à l'avenir & deviennent plus défians & plus severes : & un serviteur fidele voit passer à d'autres, plus complaisans, la faveur que sa sincerité lui a fait perdre.

X. Ce n'est pas qu'un Prince qui se pique d'aimer la vérité, ne fasse souvent des questions sur sa propre conduite à des domestiques affectionnés, & qu'il ne leur demande ce qu'on pense de lui ; mais c'est à ses admirateurs qu'il fait ces questions : c'est à des personnes dont il croit les lumieres bornées, & devant qui l'amour apparent de la vérité devient un nouveau sujet d'admiration. Ce n'est pas à des hommes gagés, & qui peuvent par un seul mot perdre leur fortune, qu'un Prince doit demander s'il a des défauts, & s'il remplit tous ses devoirs. Plus il se borne à de telles lumieres, plus il s'expose à demeurer toujours dans les tenebres. Ce sont des hommes désintéressés, habiles, généreux, pleins de vûes pour le Prince & pour son Royaume, qu'il doit consulter ; & il doit être mécontent, quand il ne trouve que des louanges.

XI. Il faut qu'un Prince cherche la vérité, non-seulement avec sincérité, mais même avec inquiétude. Autrement elle le fuit, non par elle-même, puisqu'au contraire elle va au-devant des hommes, mais à cause de tout ce qui la repousse & qui l'éloigne de lui. C'est pour cela que l'Ecriture l'avertit d'acheter la vérité, [1] mais de ne la jamais vendre ; parce qu'il faut souvent qu'il en coûte beaucoup pour l'avoir & pour la retenir, & qu'il ne faut rien épargner pour l'un & l'autre.

XII. Mais le secret le plus sûr pour la trouver, est de savoir en profiter quand on l'a trouvée. Je parle de celle qui vient par le conseil & le ministere d'autrui. Il faut la recevoir avec joie & avec reconnoissance, & prouver que ce sentiment est sincere, en faisant usage des avis qu'on a reçus. Par ce moyen on en conserve la source : ils viennent de toutes parts ; & la prudence qui les fait discerner, ne rejette que les inutiles, & ne néglige aucun des nécessaires.

XIII. Un Empereur [2] fort sage en usoit ainsi. [3] Il trouvoit bon que tout le monde lui dit son sentiment avec liberté. Il l'écoutoit avec attention ; & il en profitoit, quand on lui marquoit ce qu'il pouvoit reformer ou changer dans le gouvernement : bien différent en cela de Tibere, qui, [4] quoiqu'ennemi de la flaterie, ne pouvoit souffrir la liberté ; & qui craignoit les avis & les conseils, dans le tems qu'il témoignoit une grande aversion des louanges.

---

1 Veritatem eme, & noli vendere sapientiam. *Prouerb. C. XXIII. v. 23.*

2 *Alexandre Severe.*

3 Moderationis tantæ fuit, ut sibi ab omnibus liberè quæ sentiebant dici cuperet : & cùm dictum esset, audiret ; & cùm audisset, ita ut res poscebat, emendaret & corrigeret. *Pag. 24.*

4 Angusta & lubrica oratio sub Principe qui libertatem metuebat, adulationem oderat. *Tacit. L. 2. Annal. p. 74.*

On ne favoit comment traiter avec lui , ni quel étoit le milieu entre le menfonge & la vérité , capable de le fatisfaire : mais ce caractere , qui paroît fort fingulier , eft celui de tous les Princes qui ont affez d'efprit & de courage pour ne pouvoir fouffrir la flaterie, mais qui ne veulent pas qu'on leur donne des avis qu'ils ne demandent point ; & qui regardent comme une liberté indifcréte , le zèle de ceux qui tâchent de les éclairer. Le nombre de ces Princes eft petit , parce qu'ils ont prefque tous beaucoup d'inclination a être loués : [1] mais tous ceux qui s'élevent au-deffus de cette baffeffe , fans aimer fincerement la vérité , fans la chercher , fans la recevoir avec joie lorfqu'on la leur découvre, s'expofent à conferver de grands défauts , & à fe borner à des vertus très-médiocres.

[1] Non vides quemadmodùm illos in præceps agat extincta libertas? *Senec. L. 6. de Benefic. Cap.* 30.

CHAPITRE XIV.

*Pour conserver l'amour de la vérité, & pour
en être bien instruit, le Prince doit s'attacher des personnes qui n'aiment qu'elle. Caractere de ces personnes. Usage qu'il faut
faire de leur mérite.*

ARTICLE I.

*Pour conserver l'amour de la vérité, & pour en
être bien instruit, le Prince doit s'attacher
des personnes qui n'aiment qu'elle.*

I. IL est évident par tout ce qui a été dit
jusqu'ici, que les Princes, même bien
intentionnés, parviennent difficilement jusqu'à la vérité, ou parce qu'ils ne la cherchent
pas avec assez de soin, ou parce que les personnes qui les environnent conspirent à la leur
cacher. Le seul remede à ces deux inconvéniens est de faire choix de quelques amis,
qui n'ayent d'autre intérêt que celui du Prince,
qui ayent reçu de lui, non-seulement la liberté,
mais un commandement exprès de lui dire
tout ce qu'ils pensent, & qu'ils puissent consulter dans toutes les occasions avec une confiance sans réserve.

II. Mais je supplie le Prince d'observer avant
tout, que si ces hommes tiennent à lui par
d'autres liens que ceux d'une affection égale-

ment tendre & respectueuse, je ne réponds plus de leur fidélité : & que si, de son côté, il ne s'attache à eux par un sentiment sincere de bonté & de reconnoissance, je ne saurois répondre qu'ils lui soyent utiles. Il faut que la correspondance soit mutuelle, que l'amour de la vérité soit le principe d'une union ferme & durable, & que, de part & d'autre, on comprenne qu'on a le même intérêt : autrement tout ne seroit qu'une cérémonie, & l'on s'en degoûteroit bientôt des deux côtés.

III. Les Princes qui ne sont occupés que de leur majesté, n'entendront point cela. Ils croiroient s'abaisser, s'ils choisissoient des amis entre leurs sujets. Ils en exigent du respect, & les dispensent du reste : & pour eux, ils ne connoissent que leur autorité, & la mettent à la place de tout.

IV. Ils ne savent pas ce qu'ils perdent [1] en demeurant ainsi retranchés dans leur Grandeur, & comme séparés du commerce des autres hommes. Cette fierté qui les porte à renoncer aux sentimens humains, les dégrade, au lieu de les élever, & le mépris qu'ils font de l'amitié, la plus précieuse chose de l'univers, marque seulement qu'ils n'en sont pas dignes.

V. Ceux qui ont mieux connu la véritable grandeur des Souverains, ont eu des pensées bien différentes. [2] Ils ont cru que dans tout ce

---

1 Severior illa gravitas vos domo penitus clausos, & à vobis ipsis quasi obsessos detinet. Quamdiu ergo humanam conditionem aspernamini, nec hominis quidem perfectionem attingitis. *Syne. de Reg. p.* 14. *& 15.*

2 Nam quæ ulla Rege dignior possessio quàm amici

que poſſedent les Rois, rien n'égaloit le commerce d'un ami, qui ajoute à leur bonheur, en s'y intéreſſant, & diminue leurs peines en y prenant part ; qui eſt toujours ſincere quand il loue, toujours reſpectueux quand il reprend, toujours fidele, quoique tout change.

VI. Ce n'eſt que parce qu'on ne connoît pas [1] un bien d'un ſi grand prix, qu'on y eſt indifférent : car ſi l'on en avoit une juſte idée, on ne ſe croiroit point heureux quand on en ſeroit privé, & l'on mettroit ſa gloire auſſi-bien que ſa félicité à l'acquerir & à le conſerver. Il eſt donc important qu'un Prince ſache ce que c'eſt qu'un ami digne de lui ; & que, ſur la peinture que je vais lui en faire, il cherche toute ſa vie avec application ceux qui lui paroîtront y reſſembler.

ARTICLE II.

Caractere de ces perſonnes.

I. Sa premiere qualité eſt, d'être profondément ſecret, de l'être à toute épreuve, & de

---

conſortium ? Quis ſecundarum rerum particeps jucundior ? Quis in adverſis fortunæ caſibus tolerandis ſtabilior ? Quis in laudando ſincerior? Quis in acriter objurgando minus moleſtus ? *Syneſ. de Reg. pag.* 11.

[1] Exoleverat priſcum mortalium bonum amicitia, *diſoit un grand homme à l'Empereur Trajan*, cujus in locum migraverant aſſentationes, blanditiæ, & pejor odio amoris ſimulatio.... tu hanc pulſam & errantem reduxiſti. Habes amicos, quia amicus es : neque enim, ut aliis ſubjectis, ita amor imperatur. *Paneg. Traj. p. 234.*

l'être fans peine, fans avoir befoin pour cela
de beaucoup de réflexions, & fans qu'il lui en
coûte pour fe retenir. Il le fera, fans affecter
de le paroître. Il ne montrera point, par un
air myftérieux, qu'il cache quelque chofe. Il
n'en laiffera point entrevoir une partie, en fe
contentant de fupprimer l'autre. Il n'approchera
jamais de ce qu'il doit taire, ni ne fouffrira
qu'on le conduife à ce dangereux voifinage par
des queftions. Il les arrêtera toutes dès le commencement, de peur que fes réponfes fur les
unes, & fon filence fur les autres, ne le découvrent ; & il accoutumera tout le monde,
même fes meilleurs amis, à ne lui jamais rien
demander fur tout ce qui peut regarder ou le
Prince, ou les chofes qu'il lui confie. Si cette
premiere qualité lui manquoit, ou fi elle n'é-
toit pas auffi parfaite que je viens de le dire,
toutes les autres ne le rendroient pas digne de
l'amitié du Prince, qui feroit obligé de prendre des précautions, de fe méfurer, de fe défier : ce qui eft abfolument incompatible avec
la confiance fans bornes, dont il s'agit.

II. Il aura une grande capacité pour les affaires, pour les conduire, pour les prévoir. Il
ne donnera que de fages confeils, & fera également éloigné de la lenteur & de la témerité.
Il faura fe précautionner contre les dangers,
& trouver des remedes aux inconvéniens. Il
ne s'étonnera pas dans les contretems, & ne
s'abandonnera pas à une douleur inutile. Il aura
de la tranquillité, mais par raifon & par lumiere, plutôt que par temperament ; & il
fera toujours en état de confoler le Prince par

le fond de sagesse & de ressources qui seront en lui.

III. Il ne desirera rien pour lui-même, & il sera universellement sans prétentions pour lui, pour sa famille, pour ses amis. Il sera toujours tel. La faveur ne le changera pas. La confiance du Prince le laissera dans la même situation où elle l'avoit trouvé ; & il ne tâchera pas de la conserver par d'autres voies, que celles qui la lui auront fait mériter.

IV. Son désintéressement sera fondé sur un éloignement sincere de toute charge & de tout emploi. Il les craindra, comme funestes ordinairement à la vertu, comme environnés de périls, comme des occasions de beaucoup de fautes. Ce ne sera point par une dissimulation étudiée, mais par conscience & par lumiere, qu'il les évitera. Ce ne sera point dans le dessein d'obtenir plus, qu'il refusera moins. Ce ne sera point un appas & une amorce que sa modestie, pour éblouir le Prince. Ce sera une vertu sincere, ennemie de l'artifice, & que le tems découvrira, sans la pouvoir affoiblir.

V. Il aura pour le Prince un attachement très-respectueux & très-tendre : mais il sera toujours prêt à se retirer, quand le Prince le voudra. Il ne songera point à se rendre nécessaire. Il ne formera point de liaisons secretes avec des personnes puissantes, pour s'affermir dans sa place. Il ne prendra aucune précaution pour l'avenir. Il demeurera par respect pour la Providence qui l'a appellé. Il se retirera par le même motif, quand elle lui rendra sa liberté. Il sera sans racines, & il aura toujours moins de peine à retourner dans la retraite, qu'il n'en avoit eu à la quitter.

VI. La confiance dont le Prince l'honore, ne servira qu'à le rendre plus humble. Il ne changera rien dans son premier état. Il conservera les mêmes déhors, la même simplicité, la même modestie, parce qu'il conservera les mêmes sentimens. Il ne tirera point avantage de ce que le Prince lui dira, pour exiger qu'il lui dise plus. Il remarquera seulement, s'il se retire & se refroidit ; mais il le remarquera, sans écouter de vaines défiances, & sans prendre de légeres inégalités pour des dispositions permanentes. Son unique attention sera à rendre le Prince meilleur & plus juste, s'il est possible, & à veiller sur soi-même, de peur qu'il ne s'affoiblisse en s'occupant d'un autre soin.

VII. A quelque degré que parvienne la confiance du Prince, & l'autorité qu'il lui donnera, jamais il ne promettra rien, qu'après l'avoir consulté. Jamais il ne montrera d'autre pouvoir que celui de son maître. Jamais il n'attribuera les graces à son propre crédit, à ses sollicitations, à sa dextérité à ménager le Prince. Jamais il ne se déchargera des refus, pour faire retomber ce qu'ils ont d'odieux & de dur, sur le Souverain. Il ne se montrera jamais au lieu de lui, & jamais plus juste & plus porté à faire plaisir que lui. Il ne le flattera pas ; mais il se taira. Il ne justifiera pas toujours sa conduite ; mais après avoir fait son devoir en secret, en parlant au Prince, il ne se vantera pas en public de l'avoir fait.

VIII. Rien ne sera plus opposé à son caractere que de vendre son crédit, ses recommandations, ses bons offices auprès du Prince. Il aura en horreur cette honteuse corruption; & il s'appliquera de toutes ses forces à la bannir de la Cour. Personne ne pourra se vanter de lui avoir fait accepter quoi que ce soit, ni de l'avoir rendu plus riche. Il aura sur les petites choses la même délicatesse que sur les grandes. Aucun présent, sous aucune forme, n'entrera dans sa maison. Ses domestiques seront aussi purs que lui. S'ils ne l'étoient pas, ils seront exclus, dès que leur conduite sera connue; & il employera des moyens sûrs pour en être averti. Le Prince seul aura droit de lui faire du bien : mais si celui dont je fais ici le caractere, est tel que je le desire, il obtiendra du Prince même qu'il lui soit permis de le refuser.

IX. Il se chargera avec plaisir des recommandations des pauvres, & des prieres des personnes qui sont sans protection. Il se rendra leur avocat, après s'être rendu Juge de leurs demandes. Il verra, s'il est nécessaire que le Prince en soit informé : car il ne lui portera pas inutilement ce qui peut être réglé par une autre voie. Il croira avoir obtenu pour lui-même, tout ce que les personnes qui sont sans crédit auront obtenu par son moyen; & il trouvera très-bon que le Prince lui impute comme des graces, toutes celles qu'il accordera aux pauvres en sa faveur.

X. Il ne connoîtra point d'autre bien que la perfection du Prince, & le bien public. Ces deux choses, qui font inféparables, lui tiendront lieu de tout. Il y rapportera tous fes foins, & toutes fes actions. Il ne fera content qu'à proportion de ce qu'il y aura contribué. Il ne fera affligé qu'à proportion de ce qu'il y trouvera des obftacles. Il ne fe confolera d'être forti de fa retraite, que par l'efpérance d'y rentrer, & s'il arrive qu'il y retourne, il fubftituera les defirs & les prieres auprès de Dieu, aux foins dont il fera déchargé.

XI. Le fondement de ces excellentes difpofitions, fera une folide piété : fans quoi elles ne feroient ni parfaites, ni conftantes. Il aura dans toutes fes actions un motif encore plus grand & plus élevé que fes actions. Il aura toujours devant les yeux, celui dont le Prince n'eft que le Miniftre. C'eft à lui qu'il defirera de plaire. C'eft de lui qu'il attendra tout ; & il ne confentira à n'avoir ici aucune récompenfe, que parce qu'il en efpérera une autre plus digne de fa vertu.

A R T I C L E   I I I.

Ufage que le Prince en doit faire.

I. Un Prince qui feroit affez heureux pour trouver un homme fi grand en toutes manieres, fe croiroit-il deshonoré, en le traitant comme un ami ? [1] que peut-il avoir dans l'é-

---

[1] Tunc maximè Imperator, cùm amicum ex Imperatore agit. Etenim cùm plurimis amicis fortuna Principum indigeat, præcipuum eft Principis opus amicos parare. *Paneg. Traj. p. 154.*

tendue de ses Etats qui lui soit comparable ? Et à qui accordera-t-il l'estime, l'affection, l'amitié, en un mot, la plus tendre, s'il ne l'en juge pas digne ?

II. A quel usage ne peut-on pas mettre un homme d'un mérite si universel ? [1] Avec qui déliberera-t-on plus sûrement? Dans le cœur de qui repandra-t-on le sien avec plus de liberté ; qui s'intéressera plus véritablement que lui à tout ce que l'on confiera à sa sagesse & à sa diligence ? Quelle conversation sera plus aimable que la sienne ; où trouvera-t-on une approbation plus sincere quand on l'aura méritée ? [2] Et si l'on a des défauts, où trouvera-t-on tant de lumiere avec tant de charité & de prudence, pour en avertir ?

III. [3] Dans une grande élévation, où l'on est exposé à mille frivoles admirateurs, qui ne savent en quoi consiste la véritable félicité, combien est-il nécessaire qu'un Prince ait auprès de lui un homme éclairé & fidele qui le soutienne contre le torrent des erreurs populaires : qui lui dise en secret, tout le contraire

---

1 Fidele consilium, assidua conversatio, sermo comis, & sine adulatione jucundus: aures, si deliberare velit, diligentes ; tutæ, si credere. *Senec. L. 6. de Benef.* C. 29.

2 Non censor odiosus, sed jucundus monitor. *Theophilact. P. 2. c. 16.*

3 Monstrabo tibi cujus rei inopiâ laborent magna fastigia : quid omnia possidentibus desit : scilicet ille, qui verum dicat, & hominem inter mentientes stupentem, ipsàque consuetudine pro rectis blanda audiendi ad ignorantiam veri perductum, vindicet à consensu, concentuque falsorum. *Senec. L. 6. de Benef.* C. 30.

de ce qu'il entend en public ; qui le fasse souvenir de ce qu'il est, de ce qu'est sa grandeur, de ce que sont tous les biens dont on le regarde comme le maître? Sans cet homme incorruptible, l'enchantement du mensonge prévaudroit enfin : car on s'accoutume à juger comme la multitude, quand on n'entend que la multitude; mais la vérité montrée de tems en tems & à propos, dissipe l'illusion qui commençoit à se former, & fait évanouir tous les nuages que les préjugés des hommes avoient déja repandus.

IV. [1] Il n'est presque pas possible de conserver dans une grande prosperité des sentimens équitables & moderés : & ce sont deux choses comme opposées, de paroître heureux ici, & de ne pas se persuader qu'on l'est en effet. L'inclination secrète du cœur, qui aime à se fixer ici & à y trouver son repos, affoiblit toutes les idées des biens plus réels & plus solides; mais dont les sens ne sauroient juger. [2] Le Prince alors a besoin d'un Avocat qui plaide pour la raison contre les sens, qui le rappelle à lui-même quand il commence à chanceler & à s'éblouir, & qui, n'étant pas exposé au même péril que lui, le connoisse mieux, & en soit plutôt allarmé.

V. Car il y a des dangers dont les suites sont très funestes, mais qui sont si couverts,

---

1 Quasi ista inter se contraria sint, bona fortuna & mens bona : ita melius in malis sapimus, secunda rectum auferunt. *Senec. Epist.* 94 *p.* 597.

2 Necesse est admoneri, & habere advocatum bonæ mentis. *Senec. Ibid.*

& si difficiles à discerner dans les commencemens, que c'est rarement celui qui est prêt à
y tomber qui s'en apperçoit. Il faut que ce soit
un autre qui l'avertisse ; parce que, pour découvrir le danger dans ces occasions, il faut
n'avoir point d'intérêt à se le dissimuler, &
que celui qui en est si près, ne s'est mis en
cet état, que par un secret affoiblissement qui
a déja fait impression sur son cœur.

VI. Il faut alors qu'un ami attentif & coura-
geux se mette entre le Prince & le danger ,
qu'il lui montre où il va se précipiter, qu'il l'ar-
rache avec quelque violence d'un si pernicieux
voisinage ; & qu'il aime mieux déplaire un moment à sa passion, que de lui déplaire à lui-
même pour toujours, en la laissant fortifier par
sa négligence. Mais qui sera cet ami ? Comment l'avoir au besoin ? Le trouvera-t-on parmi
des Courtisans dominés par leurs intérêts ? On
connoîtra pour-lors s'il méritoit d'être cherché,
& si c'étoit se dégrader, que de s'attacher par
une amitié sincere un homme capable d'une affection si désintéressée & si courageuse.

VII. Mais indépendamment de ce que je
viens de dire, comment un Prince se suffira-
t-il à lui-même pour toutes choses ? Et comment trouvera-t-il en lui-seul, tout ce que les
autres hommes cherchent dans leurs amis [1] ?
La Souveraineté éteint-elle la nature ? N'a-t-on

---

[1] Permittite illi , *disoit l'Empereur Antonin de Marc-
Aurele, qui pleuroit la mort de celui qui l'avoit élevé* ,
ut homo sit : neque enim vel Philosophia , vel imperium , tollit affectus. *Jul. Capitol. in vita Antonini
Pii pag.* 139.

plus de sentimens parce qu'on est Roi? N'a-t-on jamais besoin de consolation & de force quand on est sur le thrône? N'est-on jamais affligé, incertain, abattu? Ne trouve-t-on aucune douceur à repandre sa douleur dans le sein d'un autre? Ou est-il indifférent aux Rois de choisir pour cela un ami fidele, ou de prendre quiconque s'offre à eux, sans discernement.

VIII. Ils sont en effet quelquefois réduits à cela, & à quelque chose même de plus indidigne, pour avoir mis leur gloire à n'avoir besoin de personne. Comme ils sont hommes malgré leur fierté, & souvent très-foibles, & qu'ils succombent en secret à des sentimens qu'ils dissimulent en public; ils s'en déchargent ou à des femmes, peu capables de les soutenir, ou à des domestiques peu importans & peu dignes de leur confiance, & ils se privent de toute la consolation, & de toutes les ressources qu'ils trouveroient dans un ami du premier ordre.

IX. Quand il ne leur seroit pas nécessaire pour eux-mêmes, il le seroit certainement pour la conduite de leur Etat. Car son principal ministere est de les aider à discerner le mérite des personnes de tous les états, & à remplir par ce moyen dignement les places; de les avertir des abus importans, & de leur suggerer des remedes efficaces, pour les reprimer; de contribuer à leur faire observer les flatteurs & les personnes bassement intéressées, & à les éloigner. Nous avons vû dans les Chapitres précédens, que tout cela étoit essentiel, & que rien de cela ne pouvoit s'exécuter par des hom-

mes qui auroient d'autres intérêts que ceux du
Prince, & d'autres vûes que celle du bien public. Il a donc été démontré, que [1] fans des
amis femblables à celui dont j'ai fait le caractere, aucun Prince ne remplira dignement fes
devoirs, & qu'il ne fera jamais bien inftruit de
la vérité que par leur moyen.

X. Comment, par exemple, un Prince,
qui ne confultera que fes Miniftres ou fes Cour-
tifans, évitera-t-il les pieges qui lui font tendus par la confpiration d'un petit nombre de
perfonnes, qui occupent les premieres places
auprès de lui & les premiers emplois ; qui ont
intérêt à fe ménager les uns les autres, à lui
cacher une partie de ce qui devroit lui être
connu, & à s'accorder fur divers points, malgré leurs intérêts différens, leurs jaloufies, leurs
haines fecretes, pour fe rendre feuls les maîtres des affaires, pour borner à eux-feuls la
confiance du Prince ; & [2] pour le tenir comme
captif dans l'étroite enceinte dont ils l'ont environné?

XI. Un homme uniquement attaché au
Prince, fut-il feul, & fans aucun autre qui lui
reffemblât, feroit capable de diffiper & de rompre ce funefte complot contre la liberté de fon
maître : & s'il étoit foutenu par un fecond &
par un troifiéme d'une égale probité, quelle

---

1 Naturæ defectum fupplens amicos in ejufdem naturæ
communionem adfcifcit, vim quodammodo fuam mul-
tiplicans. Ita enim fiet, ut & omnium oculis videat, &
omnium auribus audiat, omniumque animis in unum
confentientibus confilium capiat. *Syn.ef. de Reg* o.1. 11.

2 Claudentes Principem fuum, & agentes ante omnia ne quid fciat. *Lamprid. in vit. Alexand.* pag. 223.

ligue

ligue & quel artifice pourroient, ou fe cacher,
ou fe maintenir contre des témoins fi éclairés
& fi incorruptibles ?

XII. Il eft donc ici queftion de tout, puifqu'il s'agit d'un point dont tout le refte dépend. Le Prince ne fauroit y être trop attentif, ni en péfer avec trop de maturité les conféquences. S'il eft affez heureux pour trouver
des hommes, tels que je les ai dépeints, il doit
en faire un extrême cas, & fe les attacher par
les feuls liens qui foient dignes d'eux, qui font
ceux de la confiance & de l'amitié : & s'il n'en
a point encore trouvé de tels ; il doit tout employer pour les découvrir, & ne s'arrêter dans
fes recherches, que lorfque fes foins auront
réuffi.

CHAPITRE XV.

Les perfonnes véritablement dignes de la con-
fiance du Prince font rares. On en peut
trouver, & comment. Moyens de les con-
ferver.

ARTICLE I.

Les perfonnes véritablement dignes de la con-
fiance du Prince font rares.

I. JE fuis perfuadé que lorfque je marquois [1]
les qualités de ceux que le Prince pouvoit honorer en toute fûreté de fa confiance,

1 *Dans le Chapitre précédent.*

& même de son amitié, l'on se disoit à soi-même, ou que de tels hommes ne se trouvoient point, ou qu'ils étoient extrêmement rares. Je conviens qu'ils sont rares : mais cela ne doit servir qu'à en augmenter le prix, & à faire voir, combien un Prince seroit injuste & malheureux, s'il mettoit sa grandeur à les négliger, en les confondant avec les autres hommes, ou même à les éloigner, en leur préférant ceux qui n'ont pas leur mérite.

II. C'est néanmoins ce qui arrive à la plupart des Souverains. [1] Ils ont tout, excepté des amis fideles, & ils ne sentent presque jamais qu'ils n'en ont aucun. L'abondance & l'éclat qui les environnent, leur cachent cette secrete indigence. Ils prennent pour amis, tous ceux qui le font de leur fortune ; & ils croient être l'objet de cette foule d'admirateurs, qui n'aiment qu'eux-mêmes, & qui sont très-capables d'adorer la grandeur, en méprisant celui qui l'a. Les particuliers pourroient être plus heureux, s'ils savoient profiter de l'avantage que leur donne leur condition, de discerner si c'est à eux ou à leurs biens qu'on est attaché, parce qu'ils ont infiniment moins de choses qui puis-sent satisfaire la cupidité de ceux qui paroissent leurs amis : [2] mais il faut avouer, qu'il y en a

---

[1] Neminem tam altè secunda posuerunt, ut non illi eo magis amicus deffit, quia nihil abfit. *Senec.* I. 6. *de Benef. C.* 29.

[2] Nescis quantum sit pretium amicitiæ, si non intelligis multum te ei daturum, cui dederis amicum, rem non domibus tantùm, sed seculis raram, quæ non alicubi magis deest, quàm ubi creditur abundare. *Senec. L. 6. de Benef. C.*

peu de sinceres dans tous les états ; qu'à peine
en trouve-t-on quelques exemples dans tout
un siécle ; & que les Princes par conséquent
qu'on a plus d'intérêt & de facilité de tromper
par les déhors d'un attachement équivoque,
vivent ordinairement sans amis, & qu'une extrême solitude regneroit dans leurs palais, si
l'on n'en permettoit l'entrée qu'à leurs fideles
serviteurs.

Article II.

On en peut trouver, & comment.

I. Il ne faut pas croire néanmoins que la
sincérité & l'amitié soient bannies de l'univers.
[1] On auroit des amis fideles, si on l'étoit soi-même : mais l'on est aimé, comme l'on aime.
On demeure renfermé dans son propre intérêt, & l'on mérite de n'avoir que ses propres
imitateurs. Si un Prince pouvoit s'élever au-dessus de cette bassesse, qui le tient courbé vers
lui-même, & qu'il eût de nobles sentimens
pour le bien public, & pour tous ceux qui seroient capables de l'aider dans ses grands desseins, je suis certain qu'il trouveroit des personnes dignes de son estime, & dignes même
de son cœur. [2] C'est plus par défaut d'amitié
que les Princes manquent d'amis, que parce
qu'on n'en sauroit trouver. Il y en a ; mais on
ne les connoît point. Il y en auroit même beau-

1 Habes amicos, quia amicus ipse es. *Plaut. Trin.*
2 Multos tibi dabo, qui non amico, sed amicitiæ
caruerunt. *Senec. Epist.*

coup, si quelqu'un d'entre eux accrédité s'appliquoit à les découvrir : mais les flatteurs obsedent les Princes, & les flatteurs n'ont garde de leur faire connoître des hommes si ennemis de la flatterie.

II. La preuve de ce que je dis est évidente par l'Histoire des grands Princes qui ont mérité des amis fideles, & qui en ont eu. Je ne citerai sur cela ni Charlemagne ni S. Louis, qui avoient su s'attacher les hommes de la plus grande probité : Je me contenterai de l'exemple de quelques Empereurs Romains, qui, tout infideles qu'ils étoient, avoient su faire un choix excellent de quelques amis ; parce qu'un tel exemple est plus capable d'animer un Prince, ou pour le moins de le couvrir de honte, s'il refuse de l'imiter.

III. [1] L'Empereur Antonin s'étoit attaché des amis si fideles & si désintéressés avant son élevation à l'Empire, que le changement de son état n'en fit aucun dans leur conduite. Ils furent toujours aussi ennemis de l'ambition & de l'avarice, aussi zélés pour lui, aussi jaloux de sa véritable gloire, aussi éloignés d'abuser de leur crédit & de la confiance dont il les honoroit.

IV. [2] Avant lui Tite n'avoit pas été moins heureux dans le choix de ses amis, parce qu'il

1 Amicis suis in Imperio suo non aliter usus est quam privatus : quia & ipsi nunquam de eo cum libertis suis per fumum aliquid vendiderunt. *Jul. Capit. in vit. Anton. Pii. pag.* 140.

2 Amicos elegit, quibus etiam post eum principes, ut & sibi, & Reipublicæ necessariis, acquieverunt. *Suet. in vit. Tiii. C.* 7.

ÿ avoit apporté le même discernement, & la même exactitude. [1] Et après lui Marc-Aurele fut assembler un si grand nombre d'honnêtes-gens, pleins de savoir & de mérite, que non-seulement il s'estimoit heureux de pouvoir prendre leurs avis sur toutes sortes d'affaires, mais qu'il se faisoit même un honneur de leur soumettre le sien.

V. [2] Alexandre Severe eut la même attention à chercher dans tout l'Empire, & à réunir auprès de lui des hommes dignes de sa confiance, quoiqu'il fût par lui-même très-éclairé, & qu'il trouvât dans les sages conseils de Mamée, sa mere, ce qui auroit pu lui manquer. « Ses amis, dit son Historien, furent justes, » integres, pleins d'honneur & de Religion, » sincerement attachés à leur Prince, qu'ils » respectoient les premiers, & à qui ils desi-» roient d'attirer le respect de tous les autres. » Ils ne mettoient ni leur faveur, ni quoi que » ce soit, à prix. Ils faisoient profession de » dire toujours la vérité, & de ne jamais » mentir. Ils répondoient aux desseins & à » l'attente du Prince, qui se fioit à eux, &

---

1 Æquius est, *disoit-il*, ut ego tot & talium amicorum consilium sequar, quàm ut tot & tales amici meam unius voluntatem sequantur. *Jul. Capitol. in vit. Marc. Antonini. pag.* 147.

2 Alexander & ipse optimus fuit, & optimæ matris consiliis usus est, & tamen amicos sanctos & venerabiles habuit continentes, religiosos, amantes Principis sui, & qui de illo nec ipsi riderent, nec risui esse vellent: qui nihil venderent, nihil mentirentur, nihil fingerent, nunquam deciperent existimationem Principis sui, sed amarent. *Lamprid. in vit. Alexand.* p. 223.

>> don ils méritoient la confiance par leur
>> sincere attachement pour lui.

VI. Seroit-il possible que de tels hommes
ne se trouvassent plus, & qu'ils ne fussent dé-
sormais qu'en idée, après avoir été sous tant
de Princes infideles ? Pour moi, je suis persuadé
que quand on voudra ressembler aux Empereurs qui ont eu de si sinceres amis, plusieurs
hommes ressembleront aux amis de ces Empereurs. Ce n'est pas le mérite qui manque dans
chaque nation, ni dans chaque siécle, mais
l'attention à le découvrir, la connoissance de
ce qu'il vaut, & le secret de l'employer. On
passe par-dessus, sans le voir : on ne sait à quoi
le mettre, après l'avoir vu, & l'on va même
jusqu'à le rejetter, comme n'étant qu'incom-
mode.

VII. Si le Prince lui-même n'a beaucoup de
mérite, il ne sait ce que c'est qu'un grand mérite. Il faut qu'il ait le premier les qualités qu'il
cherche dans les autres, & qu'il soit encore
plus parfait que les amis qu'il se veut associer,
pour les démêler dans la foule, & pour les attirer. Devant un homme de peu d'esprit, tout
est égal : & devant un homme médiocre, tout
est de même taille que lui. Le discernement
& le goût sont des qualités rares ; & le clinquant pour de certains yeux brille bien plus
que l'or.

VIII. Dès qu'on aura témoigné qu'on veut
& qu'on cherche certains hommes d'un caractere au-dessus du commun, ces hommes ne seront plus si rares. On ne trouvera peut-être
pas d'abord ce qui seroit le plus parfait ; mais

on y arrivera par degrés. Un homme de probité en connoît d'autres. Un homme désintéressé, par cette seule qualité est en état de chercher utilement un mérite plus parfait que le sien, & de le produire au Prince, sans en être jaloux. L'important est de commencer, quoique les commencemens soient foibles. Au moins faut-il le desirer & espérer de réussir ; car c'est un malheur sans comparaison plus grand de ne rien chercher, que de ne rien trouver.

IX. Quand un Prince a des intentions droites, & qu'il demande sincerement à Dieu un homme de sa main pour lui servir de conseil, Dieu écoute sa priere ; & c'est l'Ecriture qui nous en assure : mais elle suppose que la bonne vie soutiendra la priere, & qu'on aura une grande idée de la grace qu'on demande. C'est pour cela qu'elle commence par l'éloge d'un ami fidele, & qu'elle ajoute ensuite, que le moyen de l'obtenir, est de craindre Dieu, qui peut seul accorder un homme d'un tel mérite. « [1] Un ami fidele, dit le S. Esprit, est une » défense invincible. Qui l'a trouvé, a trouvé » un trésor. Rien ne lui peut être comparé. » L'or & l'argent ne sont rien au prix de sa fi- » délité. Un ami fidele est un remede pour » nous assurer la vie & l'immortalité ; & ceux » qui craignent Dieu le trouveront ». Voilà certainement le moyen le plus sûr ; mais dès-lors on doit comprendre ce que c'est pour un Prince qu'un tel ami ; & quel malheur ce seroit pour lui que Dieu le lui refusât.

[1] *Ecclesiast. C. VI. v. 14. 15. & 16.*

X. Un ami de ce caractere, & aussi parfait que
l'Ecriture nous le représente, peut tenir lieu de
beaucoup d'autres ; & le Sage nous avertit en effet de le bien distinguer de tous ceux qui auront une partie de ses bonnes qualités, sans
les avoir toutes.[1] « Accordez, dit-il, votre ami-
» tié à plusieurs personnes : mais choisissez pour
» Conseiller un entre mille. »

XI. Il semble que le Prince devroit se le ré-
server, sans l'attacher à aucun emploi qui le
séparât de lui. Les autres qui lui seroient inférieurs en lumieres ou en vertu, rempliroient
utilement des places moins exposées à la tentation : car l'entiere confiance du Prince est un
bien très-délicat, & l'on ne doit mettre un
tel dépôt que dans des mains infiniment sûres.

XII. Il faut néanmoins bien observer, que
cet homme que le Prince préfere aux autres,
ne se préferera lui-même à personne, s'il a
tout le mérite qu'on pense. Il servira de lien à
tous les autres amis. Il ne songera qu'à faire
valoir leurs bonnes qualités & leurs talens ; &
bien loin d'être jaloux de son autorité, il desirera que tout se fasse par conseil, que rien ne
se décide par faveur, & que le Prince soit seulement mis en état de bien juger, mais que
ce soit toujours lui qui juge. Il refusera dans
ce dessein toute charge & tout emploi, afin
qu'il n'ait que l'autorité que donne la sagesse,
& qu'il ne soit consideré qu'autant qu'il fera
bien.

---

[1] Multi pacifici sunt tibi, & Consiliarius sit tibi unus
de mille. *Eccl. C. II. ı. 6.*

Article III.

Moyens de les conserver.

I. La queſtion eſt de conſerver au Prince un tel homme, & le petit nombre de ceux qui lui reſſemblent & qui lui ſont unis. La choſe eſt bien plus difficile qu'on ne croit ; & l'expérience a toujours fait voir, que ſi un ami fidele eſt un bien fort rare, c'eſt une ſageſſe encore plus rare, que celle qui apprend à le conſerver.

II. Le Prince doit s'attendre à mille artifices qu'on employera contre ſon fidele ſerviteur. On mettra tout en uſage pour le détruire dans ſon eſprit, pour l'en dégoûter, pour le lui rendre odieux. On tâchera de lui faire comprendre, qu'il s'eſt mis en tutelle, en choiſiſſant un homme ſecretement ambitieux, qui s'applique à le connoître pour le gouverner, & qui abuſe de ſa confiance pour ſe rendre toujours néceſſaire. On s'efforcera de lui rendre ſon déſintéreſſement même ſuſpect, comme ne ſervant que de voile à ſes deſſeins pernicieux, qui éclateront quand il ne ſera plus au pouvoir du Prince d'en arrêter l'effet. On ſera attentif à toutes ſes paroles. On interprétera toutes ſes actions. On relevera ſes moindres fautes. On fera parler contre lui toutes ſortes de perſonnes en ſecret, & même en public. Les Grands, les Miniſtres, les perſonnes puiſſantes qui le craindront, & qui le regarderont comme leur ennemi, parce qu'il le ſera de toutes leurs passions, conspireront si souvent & si assidument contre lui, qu'enfin le Prince se laissera ébranler. Et comme il ne faudra qu'un mot pour congédier un homme sans établissement, il se résoudra avec moins de peine à le remercier de ses services. Il se privera ainsi lui-même du seul homme qui lui étoit sincerement attaché, & il le sacrifiera à la cabale & aux calomnies de ceux qui n'en étoient les implacables ennemis, que parce qu'ils l'étoient de la véritable gloire du Prince & du bien public.

III. Il faut dans ces occasions témoigner d'abord une fermeté qui tienne en respect tout le monde, & fermer d'un ton si severe la bouche aux premiers qui oseront parler, qu'aucun n'ait la témérité de suivre leur exemple. Si l'on continue, malgré ces précautions, à tendre quelques piéges au Prince pour le sonder & pour l'affoiblir, il doit déclarer hautement, que de tels artifices ne réussiront jamais, & qu'ils ne serviront qu'à lui donner une nouvelle estime pour celui qu'on attaque, & une défiance nouvelle de tous ses accusateurs. Une telle déclaration, soutenue par une conduite qui y réponde, arrêtera tous les discours ; mais si elle ne suffit pas, la disgrace de quelque Of-ficier subalterne qui se sera mêlé de parler, & dont on fera exprès un exemple, de petite conséquence pour la personne, & d'un grand effet pour l'éclat, fera rentrer tout le monde dans le devoir.

IV Après ce premier choc, ce que je crains le plus, est l'inégalité du Prince ; non celle qui ne vient que du temperament, quoique celle-là même soit importante, si elle est négligée, mais celle où il entre quelque affectation. Les Grands ne sont pas incapables de ce défaut, s'ils n'ont un solide mérite. Ils font trop valoir ordinairement l'honneur de leurs bonnes graces, & ils y mêlent a dessein tant d'inégalités, qu'on ne fait presque jamais comme on est dans leur esprit. Rien n'est plus aimable un jour que leur entretien, rien n'est plus caressant que leurs manieres ; & le lendemain a peine en est-on regardé. Le même homme à qui l'on disoit des choses si obligeantes, il y avoit peu de tems, est laissé dans la foule, sans qu'on tourne les yeux vers lui, pendant qu'on affecte d'adresser presque toujours la parole a des hommes de peu de mérite, comme pour lui apprendre, que quand on lui avoit parlé avec quelque bonté, on ne faisoit pas de lui plus d'état.

V. Un homme qui suit son intérêt en s'attachant au Prince, souffre ces inégalités, & il y devient peu sensible, parce qu'il a des vûes & des motifs qui le touchent de plus près que ces manieres, dont il n'est pas le maître, & qu'il se contente de condamner en secret : mais un homme qui ne peut être retenu que par le bon traitement, & qui s'estimeroit heureux de vivre en liberté, souffre avec beaucoup de peine que le Prince le punisse un jour des bontés qu'il lui a témoignées dans un autre : & après avoir observé avec soin la crainte qu'on a, qu'il ne se persuade qu'on fait grand cas de lui, il dé-

livre enfin le Prince de cette crainte en se re-
tirant.

VI. Les Princes qui n'ont pas ce défaut ,
qui certainement est très-indigne d'une ame
royale , [1] se souviennent quelquefois trop de
leur grandeur, & s'appliquent trop à en faire
souvenir les autres. Ils mesurent leurs pas &
leurs paroles. Ils ne quittent jamais l'air de
maître. Ils ne descendent jamais, ce semble ,
du thrône, & ils ne peuvent suspendre pour
des momens, l'idée de la distinction qui est
entre un Roi & un sujet.

VII. On fait alors commander : mais je ne
sai si on fait aimer ; & quand on n'aime point,
a-t-on des amis, mérite-t-on d'en avoir d'aussi
parfaits que celui dont il est question ? Un
Prince perd-il quelque chose de son élévation,
en la perdant de vûe pour un homme qui s'en
souvient toujours ? Ne peut-il pas s'en fier à
lui pour des instans ? Et faut-il toujours l'a-
vertir d'un devoir qu'il n'oublie jamais. [2] Ces
manieres hautes, concertées, gênantes, resserrent le cœur & étouffent les pensées. La
confiance se marque par la liberté, & quand
on tient toujours dans la contrainte un homme sage & désintéressé , celui-ci comprend

---

1 Est proprium superbiæ , magno æstimare introi-
tum , ac tactum sui luminis pro honore dare....Ami-
cum vocas cujus disponitur salutatio ? Aut potest hujus
tibi patere fides , qui per fores malignè apertas non
intrat , sed illabitur. *Senec. L. 6. de Benef. C. 34.*

2 Neque enim ut alia , subjectis ita amor imperatur:
neque est ullus affectus tam erectus & liber , nec qui
magis vices exigat. *Paneg. Traj.*

enfin qu'on le veut avoir pour valet, & non pour ami.

VIII. Ces deux conditions font très-différentes : mais les Princes y font rarement attentifs, & ils s'accommodent mieux pour l'ordinaire d'un homme qu'ils peuvent traiter comme il leur plaît, que d'un autre plus généreux & plus fenfible. Ils font même quelquefois bleffés de la délicateffe de ce dernier, comme fi elle étoit peu différente de l'orgueil ; & parce qu'ils mettent l'humilité à ramper devant eux, & à confentir à tout ce qu'ils veulent, ils font offenfés des difpofitions contraires, comme fi elles ne pouvoient naître de la vertu.

IX. Ainfi commence le dégoût du Prince pour un homme du premier ordre, qui l'importune par les ménagemens qui ne font pas exigés, mais qu'on voit bien être dûs. On paffe de là jufqu'à le craindre, comme trop éclairé, trop égal, trop uniforme. On prend fa conduite comme une cenfure. On s'imagine que le foin qu'il a d'éviter des fautes, ne fert qu'à le rendre attentif à celles qu'on commet devant lui. On fe repent de lui avoir trop parlé. On croit qu'il lit dans le cœur, ce qu'on ne lui dit plus. On fe trouve à l'aife quand il ne paroît pas, & gêné quand il eft préfent. Tout cela de part & d'autre eft fenti : mais ne l'eft pas long-tems : car la féparation y met fin.

X. Un bon Prince n'en vient point là. Il eft fidele à l'amitié, [1] & comme il examine bien à qui il veut l'accorder, il ne change point,

1 Amicitias neque facilè admifit, & conftantiffimè retinuit. *L'Emp. Augufte au rapport de Suetone C.* 66.

à moins qu'on ne soit changé. [1] Il place dans son cœur celui qu'il honore de son affection. Il le voit toujours avec un goût nouveau. Il est bien aise qu'il sache tout, & qu'il juge de tout. Il conserve de sa dignité avec lui, tout ce qui est nécessaire aux bienséances, & bannit le reste. Il couvre par le mérite ce qui manque à la naissance. Il ne croit point s'abaisser en conversant d'une manière douce & familière avec un homme supérieur en bien des choses, quoiqu'inégal par la condition ; & il entre dans les sentimens d'un grand Empereur [2] qui condamnoit avec indignation la mauvaise fierté des Grands, qui les prive du plus innocent plaisir de la vie, en leur ôtant celui d'un commerce doux & aimable avec des personnes de mérite, mais d'une condition très-inférieure.

XI. Avec de si heureuses dispositions un Prince peut regarder [3] la possession d'un ami comme un trésor, qu'il n'est point au pouvoir des autres de lui ravir. Mais je ne laisse pas d'être encore en inquiétude, & j'y serai toujours, jusqu'à ce que je sois assuré que le Prince ne donne entrée à aucune passion : car c'est

[1] In pectore amicus, non in atrio quæritur. Illo recipiendus est, illic retinendus, & in sensus recondendus. Senec. L. 6. de Benef. C. 34.

[2] In colloquiis etiam humillimorum civilissimus fuit, attollens eos, qui sibi hanc voluptatem humanitatis, quasi servantes fastigium principis, inviderent. L'Emp. Adrien au rapport de Spartien dans sa vie pag. 132.

[3] Tu amicos ex optimis lege : hos provehis & ostentas, quasi speculum & exemplar qua sit sectavita, quod hominum genus placeat. Panég. Plin. p. 130.

à cette seule condition, qu'un homme, tel que je le lui souhaite, peut demeurer auprès de lui. Il deviendra inutile, & ensuite odieux, si le Prince s'écarte de la vertu, & s'il refuse, dans les premiers momens, d'écouter les sages avis qu'il lui donnera. Les esprits deviendront alors aussi opposés que les chemins qu'on suivra. Il n'y aura plus, ni confiance, ni liberté. Les flatteurs entreront en foule, & se mettront entre le Prince & son fidele ami. Ils entretiendront avec soin une séparation si funeste, & ils rendront, autant qu'ils pourront, le mal sans remede.

XII. C'est pour cela que l'Ecriture, qui promet au Prince un ami fidele, s'il le demande à Dieu, & s'il a une sincere piété, l'avertit dans le même endroit, de conserver cet ami par les mêmes moyens qui le lui ont fait obtenir. [1] « Celui qui craint Dieu, trouvera un » ami sincere, & celui qui craint Dieu, con-» servera une amitié si précieuse, parce que » son ami sera tel que lui. »

XIII. Que le Prince se souvienne donc, s'il lui plaît, que c'est plus de lui-même qu'il doit se défier que d'aucun autre; qu'il perdra les secours & les conseils d'un ami fidele, quand il perdra le goût pour la vertu; & qu'il sera au contraire heureux toute sa vie, s'il sait se conserver, par l'innocence de ses mœurs & par sa docilité, un homme si propre à lui at-

---

[1] Qui metuunt Dominum invenient illum (amicum fidelem; qui timet Deum æque habebit amicum bonum; quia secundum illum erit amicus illius. Eccl. c. VI. v. 16 & 17.

tirer toutes les personnes de mérite. Je le conjure de bien comparer ces deux états, & je ne doute point qu'il ne convienne, « [1] que rien » ne seroit égal à son bonheur, s'il pouvoit assembler auprès de lui quelques personnes véritablement dignes de sa confiance ; qui sussent les gardiens aussi-bien que les témoins » de sa vertu ; à qui il pût faire part avec sûreté » de ses secrets & de ses desseins ; pour qui il » n'eût rien de réservé, & à qui il pût parler » comme à soi-même ; qui ne permissent pas » qu'il prît un mauvais parti ; qui l'arrêtassent » sur le penchant du précipice ; qui le reveillassent quand il tomberoit dans la langueur ; » dont la modestie fût une leçon contre l'orgueil, & la sage liberté un remede ; dont » le courage & la fermeté fussent capables d'en » inspirer ; dont la foi & la sainteté fussent » une puissante exhortation à tous les devoirs, » à toutes les vertus, à tout ce qui peut attirer » à un Prince l'estime & l'amour. »

2 Quid me beatius, quidve secuius, (*c'est ainsi que S. Bernard fait parler le Pape Eugene.*) cùm ejusmodi circa me vitæ meæ & custodes spectarem, simul & testes ? quibus omnia mea secreta securè committerem, communicarem consilia ; quibus me totum refunderem, tamquam alteri mihi. Qui, si vellem aliquatenus deviare, non sinerent, frænarent præcipitem, dormitantem excitarent. Quorum me reverentia & libertas extollentem reprimeret, excedentem corrigeret. Qnorum me constantia & fortitudo nutantem firmaret, erigeret diffidentem. Quorum me fides & sanctitas ad quæque sancta, ad quæque honesta, ad quæque pudica, ad quæque amabilia & bonæ famæ provocaret. *S. Bern. L. 4. de Considerat.*

CHAPITRE XVI.

Il importe infiniment au Prince de ne pas croire legérement les rapports ; de se déclarer ennemi des délateurs ; & de punir la calomnie.

ARTICLE I.

Il importe infiniment au Prince de ne pas croire legérement les rapports.

I. IL n'est pas possible que le Prince conserve auprès de lui une seule personne de mérite, ni qu'il refuse sa confiance à ceux qui en sont indignes, s'il reçoit sans précaution les impressions qu'on s'efforcera de lui donner, & s'il croit legérement ce qu'on lui aura dit en secret.

II. Ce défaut est néanmoins celui de tous les Grands : & l'on peut dire d'eux, dans chaque siécle, ce que S. Bernard disoit de tous ceux qu'il avoit connus dans le sien : [1] Qu'au-

---

1 Est vitium, cujus si te immunem sentis, inter omnes quos novi, qui cathedras ascenderunt, sedebis, me judice, solitarius ; quia veraciter singulariterque levasti te supra te, juxta prophetam. Facilitas credulitatis hæc est: cujus callidissimæ vulpeculæ, magnorum neminem comperi satis cavisse versutias. Inde eis pro nihilo iræ multæ, inde innocentium frequens addictio, inde præjudicia in absentes. *S. Bernard L. 2. de Consid. C. 13.*

cun n'étoit assez précautionné pour ne pas recevoir imprudemment les rapports qu'on lui
faisoit au désavantage des absens : qu'aucun ne
se donnoit le soin d'en approfondir la vérité ;
& qu'aucun ne comprenoit, combien il étoit
injuste de se prévenir contre des personnes très-
souvent innocentes, sur la simple accusation
de leurs envieux & de leurs ennemis.

III. Les suites de cette malheureuse crédulité sont infinies, & ce seul défaut, s'il est négligé, peut faire des maux incroyables à l'E-
tat, malgré les bonnes intentions de celui qui
le gouverne.

IV. Il ne faut donc pas se contenter d'en
avertir les Princes en général : il faut leur découvrir les sources secretes d'une si funeste facilité à croire le mal, leur donner des moyens
pour éviter les piéges tendus à leur crédulité,
& leur représenter vivement combien ils se
deshonorent, & de quels crimes ils se rendent
coupables, en voulant bien être les ministres
des passions de ceux qui les trompent, &
faire servir à la calomnie, l'autorité même
qu'ils n'avoient reçue que pour la punir.

A R T I C L E   I I.

D'où vient la crédulité excessive des Grands.

I. La bonté des Princes est quelquefois la
cause de leur crédulité. Ils jugent de la sincérité des autres par la leur : & plus ils sont généreux, moins ils se défient de la basse malignité de ceux qui leur donnent de faux avis.

C'est ce que disoit le Roi Assuerus, pour s'excuser de ce qu'il avoit cru trop légèrement les calomnies d'Aman contre les Juifs. [1] Les Princes, disoit-il, ont de la franchise & de la candeur. Ils jugent trop facilement que les autres leur ressemblent, & ils sont trompés ; parce qu'ils sont eux-mêmes incapables de vouloir tromper.

II. Mais une telle excuse ne décharge point un Prince, qui ne doit pas sacrifier une nation entière à l'accusation d'un seul homme ; qui est obligé d'examiner, puisqu'il est juge ; qui doit avoir plus de peine à croire le mal de plusieurs que d'un seul ; & qui, étant le protecteur de tous ceux qui lui sont soumis, ne peut, sans une extrême injustice, opprimer les uns, parce qu'il croit les autres sincères.

III. La pente que les Princes ont à croire le mal, vient plus ordinairement de leur défiance excessive, & de ce que leurs soupçons deviennent aisément des vérités certaines. Une vraisemblance éloignée les frappe, & se convertit en preuve. Comme ils connoissent peu de personnes dont ils voulussent répondre, & que l'expérience les a désabusés sur plusieurs, ils ne croient pas juger témérairement des autres, en les mettant au même rang, & ils pensent que la règle la plus sûre pour ne pas se tromper, est de donner à tout, le plus mauvais sens. Nous avons vû ailleurs combien cette

1 Aures principum simplices, & ex suâ naturâ alios æstimantes, callida fraude decipiuntur. *Esther. c. 16. v. 6.*

maxime eſt indigne d'un Prince ſage, qui ne regarde pas la vertu, comme n'étant qu'un nom ſans réalité, & qui étant vertueux lui-même, eſt perſuadé qu'il n'eſt pas le ſeul.

IV. A la défiance des Princes ſe joint leur pareſſe. Ils veulent décider, & ne veulent pas examiner. Le plus court donc eſt de croire, & de laiſſer là les diſcuſſions. La faute alors, à ce qu'ils s'imaginent, retombe ſur le délateur. C'eſt à lui à répondre de ce qu'il avance : pour eux, ils ſont bien d'arrêter le mal, ou véritable, ou apparent : & ils aiment mieux s'expoſer au danger d'aller trop vîte, qu'à celui d'agir trop lentement.

V. Pluſieurs ſont flattés par le plaiſir de donner des exemples d'autorité. Quiconque leur en fournit une nouvelle occaſion, les touche par un endroit ſenſible. Ils aiment à punir, à ſe faire craindre, à donner des preuves de leur puiſſance. Ils croient même par-là prouver leur vigilance & leur application au gouvernement ; & ces deux miſérables motifs tiennent leurs oreilles ouvertes à tout ce qu'il plaît à des hommes artificieux de feindre, & de leur dire.

VI. D'autres ne ſont crédules, que parce qu'ils ont peu d'eſprit & de diſcernement. Ils retiennent pendant toute leur vie quelque choſe de la foibleſſe de l'enfance, à qui tout paroît vrai, parce qu'elle ne ſait juger de rien. Le premier qui leur parle, remplit les bornes étroites de leur intelligence, & la place étant occupée, il n'y en a plus pour les réflexions.

VII Toutes ces ſources ſecretes d'une imprudente crédulité, font très-honteufes pour un Prince : mais celle qui eft la plus humiliante, & en même tems la plus terrible, eft [1] l'aveuglement dont Dieu punit quelquefois le mépris qu'on a fait de la vérité, & des perfonnes capables de la dire. On écoute alors tranquillement & avec plaifir le menfonge : on n'examine plus : on ne doute plus. On fuit fans remords tous les confeils violens d'un féducteur. On l'écoute feul, au mépris de la raifon & du genre humain ; & tout ce qui feroit capable de détromper, ne fert alors qu'à aigrir.

ARTICLE III.

Remede contre les délateurs : Les bien connoitre.

I. Pour prévenir un tel mal, & pour le guérir dans fa fource, un Prince doit s'appliquer à bien connoître un délateur, à difcerner fes artifices, à étudier fes deffeins & fon but ; & à fe comparer enfuite lui-même avec un tel homme, pour juger fi c'eft par cet impofteur qu'un Roi doit être gouverné, & fi c'eft pour exécuter les noirs deffeins de ce traître, qu'un Roi a reçu de Dieu fa puiffance.

I I. [2] Un délateur eft un accufateur fecret,

[1] Eò quod charitatem veritatis non receperunt, ideò mittet illis Deus operationem erroris, ut credant mendacio, 2. *Theffal. C. II. v.* 10.

Effufa eft contemptio fuper Principes, & errare fecit eos in invio, & non in viâ. *Pf. CVI. v.* 40.

[2] Clandeftinas & fufurratas delationes non recipias : magis detractiones cenfueris ; & hanc velim generalem

qui craint la lumiere & les preuves ; qui veut être cru sur sa parole, ou sur celle de ses complices ; qui desire fermer à l'innocence tout accès auprès du Prince, & lui ôter tout moyen de se justifier ; qui souhaite que l'accusé ignore toujours le crime qu'on lui impute ; qui conseille les voies les plus courtes & les plus abregées pour le punir ; qui élude, autant qu'il peut, les tribunaux ordinaires, où tout se passe dans les regles ; qui transporte à un seul homme, qu'il a pris soin de représenter au Prince comme le seul en qui il puisse prendre confiance, la discussion & l'exécution de tout ce qui regarde ceux qu'il veut lui rendre suspects : & qui s'applique uniquement à empêcher, que par des voies publiques ou secretes le Prince ne vienne à connoître qui est le coupable, ou des accusés, ou de l'accusateur.

III. Il n'y a rien de plus affreux, ni en même tems de plus exact que la peinture de ce

tibi constituas regulam, ut omnem, qui palam veretur dicere quod in aure locutus est, suspectum habeas. Quod si, te judicante dicendum coram, ille renuerit, delatorem judices, non accusatorem. *S. Bernard. L.* 4. *de Consid. C.* 9.

Delatores, genus hominum publico exitio repertum, & pœnis quidem nunquam satis coercitum. *Tacit. l.* 4. *Annal. p.* 118.

Specie obsequii regit. *Tacit. L.* 3. *Hist. p.* 381.

Egens, ignotus, inquies, dum occultis libellis sævitiæ principis adrepit. *C'est le portrait de l'un des premiers délateurs :* mox clarissimo cuique periculum facessit, potentiam apud unum, odium apud omnes adeptus, dedit exemplum quod secuti ex pauperibus divites, ex contemptis metuendi, perniciem aliis, ac postremùm sibi invenere. *Tacit. L.* 1. *Annal p.* 37.

n monstre ; & je supplie le Prince de s'en bien
souvenir, afin qu'il le reconnoisse à une telle
ressemblance, malgré les soins qu'il prendra
de se déguiser.

IV. L'artifice qui lui réussit le mieux, est
de se couvrir de l'apparence de zèle pour le
service & pour la gloire du Prince. Il fait pré-
céder les louanges, qui lui préparent le chemin. Il est dans l'admiration, pénétré de respect, plein de retenue & de modestie. Après
cela il découvre ses bonnes intentions. Un avis
important, mais secret, qui vient après, en
est la preuve. Il se retire en marquant son
étonnement qu'il y ait des gens capables d'a-
voir moins d'attachement que lui, pour un
Prince qui en est si digne. Il lui laisse ainsi l'ai-
guillon dans le cœur ; & selon le succès de ces
premieres accusations, il devient plus hardi
pour en proposer de nouvelles.

V. Ce n'est jamais pour lui, ni pour ses intérêts qu'il parle. C'est toujours le Prince qui
est son objet. C'est contre son inclination à servir tout le monde, qu'il est contraint de dire
ce qui peut nuire à quelqu'un : mais le mal est
pressant : le bien public demande qu'on y ap-
porte remede. Voyez ce que dit Aman à Assuerus. ¹ Les Juifs sont tous portés à la révolte, & répandus dans toutes vos Provinces.
Ils sont attachés à d'autres loix, & à une autre
Religion que celles de l'Etat. Il est de la bonne
politique de les prévenir avant qu'ils se fortifient. Sa haine contre Mardochée, & à cause
de lui, contre toute sa nation, ne paroît point.

_____
¹ *Esth. C. III. v. 8. & 9.*

L'intérêt seul du Prince & le bien public sont mis en évidence, & néanmoins c'étoit au ressentiment de cet ambitieux que le Prince & le bien public étoient sacrifiés.

VI. Il en est ainsi de tous ceux qui veulent que les Princes leur prêtent leur autorité pour réussir dans leurs desseins injustes. Ils paroissent officieux, empressés, attentifs à leurs devoirs ; mais c'est pour égorger plus sûrement l'innocent. David lui-même y fut trompé. [1] Il fuyoit devant Absalom, & manquoit de tout. Siba, serviteur de Miphiboseth, fils de Jonathas le plus sincere ami de David, & le plus désintéressé, vint lui offrir des rafraîchissemens, en apparence par un effet de zèle, mais dans la vérité pour perdre son maître, & pour obtenir ses biens par la calomnie, en l'accusant d'être demeuré à Jerusalem, dans l'espérance que Dieu lui rendroit le Royaume de son Pere. David, trop attentif au service de Siba & aux apparences de sa fidélité, ôta les biens à Miphiboseth pour les lui donner, & récompensa un traître de la dépouille du plus vertueux & du plus zélé de ses amis.

VII. Le délateur affecte une fausse douceur. Il a pitié de celui qu'il accuse, il le plaint: il ne veut pas pénétrer ses secretes intentions, qui peut-être sont moins criminelles que sa conduite. Il le ménage en ne disant pas tout : & par cette fausse modération, qui n'est qu'une pure malignité, il donne à la calomnie une vraisemblance & un crédit, dont le Prince se

____

[1] L. 2. Reg. C. XVI. v. 3. & 4.

laisse

laisse éblouir. [1] Le discours est insinuant comme l'huile, mais c'est pour rendre le trait plus
perçant.

VIII. Le délateur connoît la pente qu'ont
tous les hommes à croire le mal, & celle que
les Princes ont aux soupçons. Il sait que la calomnie, lors même qu'elle ne persuade pas,
laisse toujours une secrete impression dans l'esprit, & répand certains nuages sur la probité de
celui qu'on accuse, ce qui le rend suspect. Cela
lui suffit. Il en saura profiter dans le tems :
& quand il sera question d'une charge, d'une
récompense, de quelque distinction, l'on fera
souvenir le Prince qu'un tel est suspect ; qu'il
est plus sûr de faire choix d'un autre ; que la
justice demande qu'on lui préfere des personnes dont on n'a point parlé, & dont la vertu
n'est pas douteuse. Le Prince crédule trouve
de l'équité dans cette maxime, qui étant bien
ménagée, donnera l'exclusion de tout à ses
plus fidéles serviteurs, dont il suffira d'avoir
dit sans preuve quelque chose de désavanta-
geux, pour les rendre suspects : & elle remplira toutes les places & tous les emplois des
personnes les plus indignes de la confiance du
Prince, & les plus asservies aux délateurs,
parce qu'elles seront les seules qu'ils auront
épargnées.

IX. C'est une maxime parmi eux, qu'une
fausseté a toujours quelque effet à la Cour ; que
rarement on l'approfondit ; qu'il suffit qu'elle
parvienne jusqu'au Prince, & qu'elle l'engage

____

1 Molliti sunt sermones ejus super oleum, & ipsi
sunt jacula. *Psal. LIV. v. 22.*

Tome I.   H

à se déclarer ; que le premier pas est presque toujours sans retour , parce que les Princes n'aiment point à avouer qu'ils se soient trompés, & qu'ils pardonnent plus aisément à ceux qui les ont fait agir contre la justice, qu'à ceux qui entreprennent de le leur faire remarquer.

X. Ils ont même cet indigne artifice , de couvrir le défaut de preuves, par la prétendue adresse de ceux qu'ils accusent de cacher leurs desseins. Plus ils ont d'esprit, disent-ils, plus ils sont profonds & secrets. Ils savent éviter tout ce qui serviroit à les découvrir, & ils ne paroissent innocens que parce qu'ils sont criminels avec plus d'art & de précaution.

XI. Mais quelle est l'innocence, quelle est même la sainteté , qui ne devienne coupable, si c'est par le défaut même de preuves que son crime est prouvé ? Pourroit-on croire qu'une si grossiere imposture fût capable de séduire les Princes ? Et néanmoins la chose est certaine. Une telle imposture les trompe tous les jours. Le calomniateur se trahit, en avouant qu'il parle sans preuves. On n'auroit qu'à l'écouter attentivement pour le reconnoître : mais une seconde calomnie sert à couvrir la premiére ; & le Prince croit sur la parole d'un traître , que la vertu est hypocrisie, parce qu'elle paroît vertu, & que là perfidie est un zele sincere , parce qu'elle n'a pas même de quoi cacher qu'elle n'est qu'une perfidie.

ARTICLE IV.

Quel est le but & le dessein des Délateurs:

I. Mais le dessein qu'ont les délateurs, en tâchant de séduire le Prince par de [1] secretes calomnies contre les gens de bien, est encore plus détestable que la calomnie : car ils ont pour but d'ôter au Prince tous ceux qui lui sont fideles, & qui sont incapables d'entrer dans aucun engagement contraire à son service ; qui ne veulent dépendre que de lui, & ne rien devoir qu'à sa bonté ; qui auroient assez de courage pour lui dire la vérité dans les occasions, & lui faire connoître ceux qui le trompent ; qui sont ennemis des voies lâches, des intrigues clandestines pour vendre le Prince & l'Etat, des concussions, des rapines, des passions honteuses qui cherchent les tenebres, & qui craignent la lumiere.

II. Ils ont pour but d'exterminer la vertu, en la rendant odieuse au Prince, de laisser le mérite dans le mépris & dans l'indigence, de rendre toutes les grandes qualités infructueuses & inutiles à tout ; de ne laisser d'autre voie pour les charges & les emplois, que la brigue, la corruption, les bassesses ; de détourner à eux-mêmes toute l'autorité du Prince ; de lui laisser la seule apparence de la Royauté, parce que c'est lui qui paroît donner tout ; mais de regner véritablement au lieu de lui,

---

1 Ut sagittent in obscuro rectos corde. *Psal. X.*

H ij

parce que ce n'eſt que ſur leurs recommandations que tout eſt donné, & que quand ils re-
fuſent, le Prince n'accorde jamais.

III. Ils font ſervir ainſi à leur vanité, la bonté
& la confiance des Rois, qu'ils payent d'ingratitude, & dont ils ſont les ſecrets ennemis;
ne penſant qu'à opprimer leurs ſujets, & à leur
ôter par de lâches calomnies, ceux qui les ſervent avec fidélité, & qui ne méritent que des
louanges. C'eſt ainſi que parle le Roi Aſſue-
rus [1] après l'avoir éprouvé; & le S. Eſprit a
voulu avertir tous les Princes du pernicieux
deſſein des délateurs, en conſervant dans les
Ecritures ces mémorables paroles. Voilà quel
eſt le délateur, quels ſont ſes artifices, &
quel eſt ſon but. Il eſt queſtion maintenant
d'oppoſer à un ſi grand mal de ſalutaires précautions & d'efficaces remedes.

[1] Multi bonitate principum & honore abuſi ſunt in
ſuperbiam. Et non ſolum ſubjectos Regibus nituntur
opprimere, ſed datam ſibi gloriam non ferentes, in
Ipſos, qui dederunt, moliuntur inſidias, nec contenti
ſunt gratias non agere beneficiis, ſed Dei quoque
cuncta cernentis arbitrantur ſe poſſe fugere ſenten-
tiam. Et in tantum veſaniæ proruperunt, ut eos, qui
credita ſibi officia diligenter obſervant, & ita cuncta
agunt, ut omnium laude digni ſint, mendaciorum
cuniculis conentur ſubvertere, dum aures principum
ſimplices, & ex ſuâ naturâ alios æſtimantes, callidâ
fraude decipiunt. *Eſther. C. XVI. v. 2. & ſeq.*

Article V.

Par quelles précautions & par quels moyens le Prince doit écarter les Délateurs.

I. On ne peut pas dire à un Prince : N'écoutez rien : ne recevez jamais d'avis secrets : confrontez toujours le dénonciateur avec celui qu'il accuse : rendez publiques les accusations. De tels conseils seroient très-imprudens , & souvent très-pernicieux pour le Prince & pour l'Etat ; & nous venons de voir d'un autre côté, de quelle conséquence il est de ne pas croire legérement,& de ne donner ni accès, ni croyance aux délateurs.

II. Mais entre les deux extrémités de n'écouter rien , & de croire tout, il y a un sage milieu, qui est d'écouter, mais de ne croire que ce qui est prouvé. Et pour cela le premier soin doit être, de compter pour rien tout ce qui n'est que discours : de n'être attentif qu'aux preuves : de mettre à part les louanges , les insinuations, l'éloquence : de se défier même de tous les préambules qui marquent plus l'artifice que la sincérité : de faire peu de cas des conjectures , des soupçons , des vraisemblances, qui n'établissent rien de précis , & que l'imagination grossit : mais qui sont toujours suspectes à un esprit équitable & solide.

III. Il faut ensuite approfondir ce qu'on a écouté : mais si l'auteur de l'avis n'est bien connu, ce n'est pas de lui dont il faut se servir ; & lors même qu'on est convaincu qu'il est homme droit & sincere, il faut charger quelque autre que lui de l'enquête : mais de sorte que l'un soit inconnu à l'autre ; & que, si l'on donne la même commission à plusieurs, ils ignorent tous qu'on leur ait donné des adjoints.

IV. Le Prince, dans ces occasions, doit faire usage de la connoissance des hommes: comparer les personnes accusées avec l'accusateur : pénétrer les intérêts cachés qui peuvent le faire agir : découvrir ses liaisons : examiner qui l'envoie, qui l'a instruit, qui peut profiter du succès de l'accusation : juger de son génie, de son caractere , du degré de lumiere qu'il a.

V. Mais sur tout, il faut se mettre à la place de celui à qui l'on a rendu de mauvais offices, pour savoir quelle justice lui est due : car il n'est pas permis de le traiter autrement qu'on ne voudroit soi-même être traité. Le Roi le plus puissant doit cela au moindre de ses sujets. Il a écouté ce qu'on a dit : mais s'il est destitué de preuves, il ne doit point y suppléer par ses soupçons : il ne doit y rien ajouter ; & l'accusé a droit, après une telle accusation , à tout ce qu'il méritoit avant d'être accusé. Ainsi on lui feroit injustice , si l'on le regardoit autrement que comme innocent. Le Prince voudroit qu'on en usât ainsi à son égard, s'il étoit particulier ; & c'est cette volonté qui fait sa régle.

VI. Il y a des occasions où l'on peut, sans rien risquer, faire avertir l'accusé ; & alors on le doit. Il est juste de l'écouter, puisqu'il s'agit de lui & qu'on manque de preuves. Souvent une parole détruit la calomnie, & dissipe

les foupçons qu'elle avoit formés ; & pour n'aller pas à la fource, on perd du tems à faire
d'inutiles recherches, & l'on laiffe fortifier les
préjugés.

VII. Lorfqu'on a découvert l'innocence
& prouvé la calomnie, il en faut punir l'auteur, & d'une maniere qui intimide tous ceux
qui feroient capables de la même témérité
que lui. Il n'y a que ce remede d'efficace ,
mais il fuffit. [1] On ne ment point à un Prince, à qui l'on ne le peut faire impunément
& qui fait venger fur le délateur, l'injure qu'il
lui a faite, en effayant de le tromper & de le
rendre le miniftre de fa perfidie. Cet outra-
ge eft le plus grand de tous ; & un Prince
qui le diffimule, eft peu touché de fa véritable gloire, & du mépris qu'on a fait en même-tems, & de fon difcernement & de fon
équité.

VIII. C'eft au Prince à juger de la peine
[2] du calomniateur. Selon les regles , [3] elle
devroit être la même que celle que le crime
eût mérité s'il eût été prouvé : & il y a dés
occafions importantes où cette févérité eft néceffaire : [4] mais il fuffit dans les autres ,

---

[1] Fifcales calumnias magnî calumniantium pœnâ
repreffit , ferebaturque vox ejus : Princeps qui delatores non caftigat , irritat. *Sueton. in v.t. Domitiani.
C. 9.*

[2] *Alexandre Severe puniffoit de mort la calomnie. Lamprid. p. 218.*

[3] *Trajan exila tous ceux qui par leurs calomnies avoient
fait exiler les autres. Il les fit mettre dans des barques ,
pour être portés où il plaîroit aux vents. Traj. p. 105.*

[4] Remove à te os pravum , detrahentia labia fint
procul à te. *Prov. C. IV. v. 24.*

d'exclurre pour toujours de la préfence du
Prince le calomniateur, de parler de lui ou-
vertement comme il le mérite ; de le bannir ;
de lui faire perdre fa charge, s'il en a ; de
témoigner publiquement la haine d'un fi honteux & fi lâche artifice ; & de fe déclarer l'ennemi irréconciliable de quiconque oferoit
l'employer à l'avenir.

IX. C'eft ce que faifoit David. Il ne fe
contentoit pas de rejetter avec indignation la
calomnie, & toutes ces accufations clandefti-
nes qui ne manquent jamais aux délateurs :
mais il pourfuivoit le délateur même, comme fon ennemi capital, & il ne lui laiffoit
aucun azile, ni aucune retraite dans fon
Royaume, « J'étois dans ma maifon, dit-il
» de lui-même, avec un cœur fimple ; je ne
» me propofois point de mauvais deffeins ».
Voilà d'où venoit fa haine contre la calomnie.
» Je haïffois les efprits artificieux [1] & cachés :
» le cœur malin ne trouvoit point d'accès au-
» près de moi. Il me fuyoit, & je n'avois
» aucun commerce avec lui. J'étois l'enne-
» mi [2] déclaré de quiconque médifoit en
» fecret contre fon prochain. Je ne pouvois
» [3] fouffrir le fuperbe & le hautain. Mes
» yeux étoient attentifs fur les perfonnes fin-
» ceres, pour les faire demeurer avec moi.
» Celui qui vivoit dans l'innocence & la fim-
» plicité, étoit feul admis à mon fervice. Le
» trompeur & le menteur ne m'ont jamais

---

1 *Ainfi dans l'Hebreu.*
2 *Dans l'Hebreu j'exterminois.*
3 *Ainfi dans l'Hebreu.*

>> plu. Dès le matin je m'appliquois à exter-
>> miner les impies, & je ne pouvois fouffrir
>> les méchans dans la cité de mon Dieu. >>

X. Voilà le modele des bons Princes : mais
un modele peu imité ; & néanmoins qu'y auroit-il de plus glorieux pour un Roi, que de
faire choix de gens de bien, pour en remplir fon Palais & fa Cour, que d'écarter les
médifans & les calomniateurs, de fe déclarer
l'ennemi de l'artifice & du menfonge, & de
les bannir de fon Royaume par quelques
exemples de févérité contre ceux qui en feroient convaincus ?

XI. Qu'y a-t-il au contraire de plus honteux & de plus miférable, que la fituation
d'un Roi, qui écoute le menfonge, & fe ferme à la vérité ; & qui, par cette conduite,
fe rend digne de n'avoir auprès de lui que
des injuftes ? C'eft le S. Efprit qui nous l'apprend. >> [1] Le Prince qui prend plaifir à
>> écouter les menfonges, n'a que des mé-
>> chans & des impies pour fes miniftres. Il
>> fe croit honoré, & il eft le mépris de ceux
>> qui le vendent. Il fe croit en fûreté, [2] &
>> il eft au milieu de gens pires que des vo-
>> leurs, >> qui lui dérobent par leurs artifi-
ces la connoiffance de la vérité, le plus précieux de tous les tréfors, & qui le mettent
par cette méchanceté, non feulement dans
l'impuiffance de rendre juftice, de faire au-

---

[1] Princeps qui libenter audit verba mendacii, omnes miniftros habet impios. *Prov. C. XXIX. v.* 12.

[2] Potior fur, quàm affiduitas viri mendacis. *Eccl.*
C. XX. v. 27.

H v

cun bon choix, de remplir aucun de ſes devoirs comme il faut ; mais dans la néceſſité
de livrer ſon Etat en proie aux délateurs ,
c'eſt-à-dire aux plus corrompus & aux plus
lâches de tous les hommes ; de devenir le
miniſtre de toutes leurs injuſtices ; d'opprimer tout le mérite qui leur déplaît ; d'étouffer toutes les vertus qui les bleſſent ; d'élever
toutes les perſonnes indignes qu'ils lui pro-
duiſent ; de n'être puiſſant que contre ſes plus
fideles ſerviteurs ; & d'aſſujettir, & ſoi-même,
& ſon Etat , à autant de maîtres qu'il y a
d'impoſteurs qui abuſent de ſa crédulité.

CHAPITRE XVII.

Le Prince doit prendre conſeil : ſavoir diſ-
cerner le meilleur & le ſuivre. Qualités
néceſſaires pour cela.

ARTICLE I.

Le Prince doit prendre conſeil.

I. TOut ce qui a été dit juſqu'ici , a eu
pour but de mettre le Prince en état
de diſcerner ceux qui ſeroient capables de
l'aider par leurs conſeils , de lui donner des
moyens pour ſe les attacher , & de le rendre
précautionné contre ceux qui s'efforceroient
de leur ôter ſa confiance.

II. Mais tous les avis qui lui ont été don-

nés feroient inutiles , s'il n'aimoit à prendre
conseil , & s'il refusoit d'écouter ce que lui
dit l'Ecriture. « [1] Ne soyez point sage à vos
» propres yeux , & selon votre idée , & ne
» vous appuyez pas sur votre prudence. » Il
ne faudroit , pour le perdre , qu'une vaine
confiance en ses lumieres , & elle seroit déja
une preuve qu'il se seroit égaré , si elle l'avoit
persuadé qu'il n'a pas besoin de la sagesse des
autres : car [2] on reconnoît l'insensé à la sa-
tisfaction qu'il a de lui-même , & à la persua-
sion où il est , qu'il ne sauroit rien faire que de
bien ; au lieu que le sage le paroît principalement , par le soin qu'il a de prendre conseil.

III. C'est le plus sage des Rois qui parle
ainsi , & qui pouvoit avec plus de raison
qu'aucun autre , se contenter de ses propres
lumieres. Une telle modestie est le fruit d'u-
ne sagesse éminente : car il en faut avoir
beaucoup , pour sentir que ce qu'on en a , ne
suffit pas. Un Prince qui n'a qu'une lumiere
médiocre , est tout plein de ses pensées ; &
plus il est borné , moins il est docile. Il croit
toujours qu'on usurpe son autorité , quand on
veut lui decouvrir ce qu'il n'apperçoit pas. [3]
Il lui semble qu'en voulant lui donner conseil , on lui reproche de manquer de lumiere :
& il s'offense , comme d'une injure , de ce
qu'on ne paroît pas persuadé , qu'étant le

---

[1] Ne sis sapiens apud temetipsum : ne innitaris prudentiæ tuæ. *Prov. c III v. 7. & 8.*

[2] Via stulti recta in oculis ejus. Qui autem sapiens
est, audit consilia *Prov. C. XII. v. 15.*

[3] Ne alienæ sententiæ indigens videretur, in diversa
ac deteriora transibat. *Tacit. L. 15. Annal.*

H vj

maître , il eſt auſſi le plus clairvoyant.

IV. Un Prince d'un génie ſupérieur penſe
bien autrement. Il ſait qu'un mot dit par un
autre, donne quelquefois une grande ouverture : qu'un ſeul homme ne peut tout envi-
ſager , ni tout réunir : qu'on s'éblouit par ſes
propres penſées , & qu'on eſt très-ſouvent ſé-
duit par l'apparence de la vérité. Il eſt toujours prêt à tout écouter : à faire cas de ce
qu'on lui dit : à le comparer avec ce qu'il a
penſé : car c'eſt en cela que conſiſte [1] ce
cœur docile , que Salomon demandoit à Dieu
pour régner avec juſtice & avec ſageſſe : un
cœur qui écoute & qui conſulte : un cœur
qui cherche la vérité , & qui ne préſume pas
de l'avoir trouvée : un cœur que l'orgueil
n'enfle point, que l'opiniâtreté ne rend point
infléxible , que les préventions ne rendent
point intraitable ; un cœur , en un mot ,
qui ſe laiſſe inſtruire , & qui croit avoir beſoin de conſeil. Quiconque a reçu de Dieu
un tel cœur, ſait régner : mais quiconque ſe
croit ſage, ne l'a pas reçu, & dès lors eſt incapable du gouvernement.

V. C'eſt la Sageſſe elle-même qui nous
apprend , que le moyen de la trouver , eſt
de la chercher dans l'aſſemblée des perſonnes qu'elle a inſtruites. « [2] J'établis ma de-
» meure, dit-elle, dans le conſeil, & je me
» trouve au milieu des délibérations ſen-

---

[1] Dabis ſervo tuo cor docile , ut populum tuum judicare poſſit. 3. *Reg. C. III. v. 9.*
[2] Ego ſapientia habito in conſilio , & eruditis inter-ſum cogitationibus. *Prov. C. VIII. v. 22.*

» fées. » C'eſt donc la fuir, que d'éviter les délibérations & le conſeil : & c'eſt au moins une témérité, que d'eſpérer d'arriver juſqu'à elle, en négligeant le moyen le plus ſûr qu'elle nous a marqué pour la trouver.

Article II.

Savoir diſcerner le meilleur.

I. Mais tout ne conſiſte pas à demander conſeil ; le plus difficile eſt de diſcerner entre pluſieurs avis, quel eſt le meilleur ; de s'y fixer, & de le ſuivre. Il y a des Princes qui ſont plus ſuſceptibles d'un mauvais conſeil, & plus frappés des mauvaiſes raiſons qui l'appuyent, que d'un autre qui ſeroit ſalutaire, s'il étoit ſuivi. Le diſcernement leur manque ; & ils choiſiſſent mal.

II. Il y en a qui demeurent irréſolus & indécis entre pluſieurs avis oppoſés, ou entre les inconvéniens & les avantages d'un avis unique. La réſolution leur manque ; & ils n'oſent choiſir.

III. Il y en a qui ſont pouſſés ſucceſſivement vers les partis contraires ; qui ſe déterminent, & ſe repentent, & qui demeurent ainſi expoſés à de continuelles variations. La fermeté leur manque ; & ils abandonnent ce qu'ils ont choiſi.

IV. Il y en a qui ſont toujours menés, qui ne marchent qu'autant qu'on les conduit, & qui ne voyent rien que par les yeux des perſonnes qui ont toute leur confiance, & qui

favent les tourner comme il leur plaît. L'efprit leur manque ; & d'autres choifiſſent pour
eux.

V. Il y en a qui fe bornent à certaines
perſonnes pour leur demaṅder conſeil, & qui
feroient plus en état de juger, ſi elles ſe fai-
ſoient inſtruire par d'autres plus déſintéreſſées
& moins ſuſpectes. La prudence leur manque ; & leur choix eſt précipité.

VI. Enfin il y en a qui ſont aſſez heureux
pour éviter tous ces défauts ; & il importe
infiniment a un Prince de bien étudier comment on peut avoir le même ſuccès.

ARTICLE III.

Qualités néceſſaires pour cela.

I. Il dépend beaucoup des qualités de l'efprit, qui doit être excellent, pour ſe conduire en tout avec ſageſſe. Mais c'eſt Dieu
ſeul qui le donne. Aucune inſtruction n'en
peut tenir lieu : aucune reſſource humaine
n'en peut couvrir le défaut. On peut ſeulement travailler a perfectionner le fond, à
cultiver un heureux génie, a l'élever, à l'é-
tendre : & c'eſt ce que je me propoſe dans
tout cet ouvrage, & en particulier dans ce
Chapitre.

II. La premiere qualité de l'eſprit, néceſſaire a un Prince pour diſcerner les meilleurs conſeils, & pour les ſuivre, eſt la juf-
teſſe. Elle conſiſte a ſéparer le vraiſemblable
du vrai : à aller droit au but : à voir dans cha-

que affaire ce qu'il y a d'effentiel : à ne s'arrêter point a des circonftances qui ne touchent point le fond : a féparer d'une queftion, tout ce qui la charge & l'obfcurcit : à
bien examiner fi chaque raifon eft concluan-
te ; fi les moyens propofés conduifent fûre-
ment à la fin ; fi les confeils ne fe partagent
point , parce qu'on perd de vûe le but qui
doit tout réunir.

I I I. La feconde qualité de l'efprit , eft
d'être folide : c'eft-a-dire , ennemi des fauffes fubtilités, des foibles moyens , des vaines
reffources, des remedes qui ne ferviroient
qu'a pallier le mal , des maximes qui n'ont
qu'un effet paffager, & qui ne conviennent,
ni à la dignité du Prince , ni aux véritables
intérêts de l'Etat.

I V. Quand les perfonnes qui déliberent
ont un efprit fuperficiel , ou quand les affaires font dans une fi mauvaife fituation , qu'on
fe croit obligé d'aller au plus preffé, on tombe très-fouvent dans les inconvéniens que je
viens de marquer. Il faut alors qu'un Prince
foit attentif à ne fe pas contenter de frivoles
expédiens , de rufes , de fineffes , de vaines
promeffes , dont on amufe le peuple. Il doit
craindre de tomber peu de jours aprés dans
les mêmes perpléxités , & de ne tirer d'autre
fruit des premiers confeils, que celui d'avoir
perdu fon crédit , en manquant de parole.

V. La troifiéme qualité de l'efprit eft d'être
étendu : qui compare tout, qui voit enfemble,
& tout à la fois, les chofes dont il doit juger ; qui met en parallele les inconvéniens &

les avantages, & balance les uns par les autres : qui ne se limite & ne se fixe pas par
une seule pensée, par des préjugés, par quelque passion, par un engagement pris avec
peu de maturité, par un attachement secret
à ses propres lumieres.

VI. Il y a des hommes qui ont naturellement l'esprit borné, & qu'une seule pensée
remplit de telle sorte, qu'une seconde n'y
peut entrer, que lorsque la premiere en est
sortie. Leurs idées se suivent à la file, & ne
se rangent jamais de front. Chacune a son
effet, parce qu'elle est seule, & que ce qui
pouvoit en suspendre ou en diminuer l'impression, n'est pas présent ; mais l'effet de
chacune ne dure qu'autant que la pensée qui
l'a produit. Une autre qui lui succede, ap-
porte une nouvelle vûe & de nouvelles réflexions : & l'esprit est ainsi toujours dominé
par ce qui s'offre à lui, sans être jamais suf-
fisamment éclairé.

VII. Il est très-difficile de remédier à ce
défaut naturel, & je ne sai si l'on y peut
réussir : mais les Princes y tombent souvent,
sans qu'il leur soit naturel. [1] Ils se prévien-
nent & se bornent à ce qu'ils ont vu. Leur
volonté les détermine plutôt que leur esprit.
Ils le resserrent & le rendent étroit par le refus de la lumiere. Et ils se jettent par-là dans
de très-grands périls : sans compter qu'il est
toujours honteux de faire un mauvais usage

---

1 Consilii, quamvis egregii, quod non ipse affer-
ret, inimicus, & adversus peritos, pervicax. *Tacit*
L. 1. Hist. p. 316.

de sa raison , & de ne pas examiner avec soin tout ce qui serviroit à l'éclairer.

VIII. La quatriéme qualité de l'esprit ; est d'être ferme : qui ne se laisse pas ébranler par des raisons déja examinées , ni par des inconvéniens qu'on a jugé moins importans que ceux qu'on veut éviter ; [1] qui ne délibere plus quand il est question d'agir ; qui ne s'étonne point d'un péril prévu ; qui ne cede point aux derniers qui parlent ; qui n'est pas successivement poussé vers des côtés opposés , par des réflexions contraires.

IX. Cette qualité dépend de celles qui ont précédé , de la justesse , de la solidité , de l'étendue. Elle n'est une vertu que par l'union qu'elle conserve avec elles. Autrement elle ne seroit qu'une opiniâtreté déraisonnable : mais si elle est le fruit de la lumiere , rien n'est plus nécessaire à un Prince , dont les résolutions doivent être constantes , fermes , durables , parce qu'elles doivent être prises avec tant de connoissance & de maturité , qu'il ne puisse rien arriver qui n'ait été prévu , & qui n'ait son remede.

X. La cinquiéme qualité de l'esprit , surtout dans un Prince , est d'être supérieur & décisif : qui ne soit pas poussé par des ressorts étrangers ; qui ne soit pas déterminé précisément parce qu'on le détermine ; qui ait senti le poids des raisons qu'on lui a dites , & qui en ait connu la valeur ; qui soit entré par lui-même dans les difficultés , & qui se soit fait

---

1 Dies rerum verbis terens. *Tacit. L. 4. Hist.*

expliquer tous les motifs des conseils qu'on
lui a donnés ; qui soit capable par lui-même
de prendre un parti , lorsque les avis sont di-
visés ; qui consulte plutôt par sagesse & par
précaution, que par foiblesse ; qui ait souvent
découvert par lui-même , ce qu'il veut apprendre des autres ; qui veuille être aidé par
leurs lumieres , mais qui voie souvent plus
qu'on ne lui montre.

XI. Sans cette qualité , à qui il appartient plus qu'à aucune autre de mettre le scep-
tre dans la main des Rois , un Prince est
presque toujours gouverné. On le mene & on
le tourne , parce qu'il n'est pas capable de
se conduire lui-même ; & par un second malheur , c'est ordinairement un mauvais guide
qui lui donne la main. C'est quelque homme
adroit qui a su le prendre par son foible , &
s'emparer de son esprit. [1] C'est un serviteur
ambitieux , qui régne au lieu de lui ; ce que
le *Sage* regarde comme un désordre qui trouble tout l'Etat. C'est un homme qui se joue
de la foiblesse du Prince , & qui ne travaille
qu'à l'entretenir.

XII. Un jeune Prince ne doit pas, dans
les commencemens , faire usage de cet esprit
supérieur & décisif dont je parle : mais il doit
en avoir le fond & le mérite ; & il ne doit
écouter les conseils qu'on lui donne , que
pour apprendre lui-même à en donner de
bons. Il faut qu'en se rendant aux lumieres

[1] Per tria movetur terra , per servum cum regnave-
rit , &c. *Prov. C. XXX. v. 21. & 22.*

des autres, il sente que c'est parce qu'elles l'ont persuadé. On lui montre, mais il regarde. On lui fait voir le chemin, mais il l'examine. On lui dit ce qu'il faut faire, mais il en veut savoir les raisons, & en juger. Par-là il devient bientôt aussi sage que ceux qui l'instruisent, & quelquefois il les passe, par le soin même qu'il a pris de les consulter, & de faire croître par ce moyen une lumiere naturelle plus étendue & plus pénétrante que la leur.

XIII. La sixiéme qualité de l'esprit, est d'être humble & modeste, qui écoute tout, & qui sait profiter de tout : qui reçoit avec bonté tout ce qu'on lui dit : qui non seulement laisse la liberté de lui parler, mais qui se l'attire par des manieres obligeantes : qui préfere un bon conseil à tous les autres services : qui estime la fidélité & l'application de ceux qui l'aident de leurs lumieres : qui respecte dans les vieillards la sagesse & la prudence : [1] qui est persuadé qu'il y aura toujours beaucoup à apprendre pour lui en les écoutant, & qui conserve jusqu'aux cheveux blancs le desir de croître en sagesse, & par conséquent d'être instruit.

XIV. Enfin la derniere qualité de l'esprit, tel qu'un Prince doit l'avoir, est d'être prudent & précautionné : d'examiner de qui il prend conseil : si c'est d'une personne instruite : si c'est dans une affaire où elle ait quel-

---

[1] Fili, à juventute tuâ excipe doctrinam, & usque ad canos invenies sapientiam. *Eccl. C. VI. v.* 18.

que intérêt : si sa fidélité est aussi prouvée que
sa capacité : de ne pas se déterminer dans
une chose importante par le seul avis de celui qui en a la principale intendance ; de consulter sur les Finances , un autre que celui
qui en a la direction : ainsi de la Guerre :
ainsi du Commerce : ainsi des affaires ecclésiastiques : faire cas des avis de ceux qui en
ont le principal soin , mais ne s'en pas contenter : d'être persuadé que c'est un moyen
sûr d'être toujours trompé, que de se borner
sur chaque chose aux lumieres de celui qui
en est chargé ; que c'en est un au contraire
d'avoir des Ministres éclairés & fidéles, & de
consulter les uns sur le ministere des autres.

X V. J'ai déja dit que ces qualités ne peuvent être parfaites dans un jeune Prince :
mais qu'elles y doivent être dans un certain
degré. Autrement tous les avis sur cette matiere seroient inutiles : &, contre la défense
du Sage , [1] ce seroit parler à un homme en-
dormi , qui ne comprendroit rien , & qui
demanderoit en s'éveillant , qui est celui qui
m'entretient , & sur quel sujet ?

XVI. La plus grande marque qu'un Prince a reçu de Dieu un esprit tel que je viens
de le dépeindre, est le desir d'en avoir un de
ce caractere. Il ne s'agit alors que de le perfectionner , puisqu'il sait déja ce que c'est :
on n'a qu'à l'avertir , il entendra tout ; & il
saisira avec ardeur tout ce qu'on lui dira de

[1] Cum dormiente loquitur , qui enarrat stulto sapientiam ; & in fine narrationis dicit : quis est hic? Eccl.
c. XXII. v. 9.

raifonnable , felon cette parole de l'Ecriture :
« [1] Donnez lieu au Sage de faire réflexion,
» & il en deviendra plus fage. Enfeignez un
» efprit droit & jufte, & il fe hâtera de re-
» cevoir la lumiere. »

CHAPITRE XVIII.

Le Prince doit intéreffer tout le monde à fa Grandeur, en montrant qu'il s'intéreffe au bonheur de tous : Etre bienfaifant & li-béral. Moyen de l'être toujours.

ARTICLE I.

Le Prince doit intéreffer tout le monde à fa Grandeur.

I. C'Eſt une connoiffance bien impor-tante à un Prince, que celle du cœur de l'homme, & le fecret de s'en rendre maî-tre. On peut fe faire aimer de tous , en ne perdant rien de fa Grandeur : & l'on peut au contraire s'en attirer la haine, & tomber mê-me dans le mépris , en ne penfant qu'à être grand. Il faut favoir prendre les hommes par où ils font fenfibles , & être attentif à dif-cerner leurs intérêts pour les conduire , par-ce que c'eſt l'intérêt qui les conduit.

---

2 Da fapienti occafionem , & addetur ei fapientia : Doce juftum , & feftinabit accipere. *Prov. C. IX. v. 9.*

II. Ils ont tous à-peu-près les mêmes sentimens pour la Grandeur. Ils la desirent pour eux-mêmes, la craignent dans les autres, lui portent envie, & nourrissent contre elle un secret dépit.

III. Mais ils s'y soumettent, parce qu'ils en ont besoin, qu'ils esperent d'en être protegés, & qu'ils comprennent que ce seroit un plus grand mal de n'avoir point de chef, ou d'en avoir plusieurs.

IV. Le Prince qui connoît toutes ces dispositions, ne montre sa Grandeur que par le côté qui la fait paroitre utile & avantageuse. Il y rend tous les hommes attentifs, & il détourne leur esprit de la vûe de tout ce qui les blesse dans un état qu'ils souhaitent tous, mais qu'ils ne sauroient tous avoir.

V. Il s'étudie à leur faire moins sentir sa grandeur, que sa protection & sa bonté ; à leur cacher ce que son élévation a pour lui de particulier, en leur en communiquant tout le fruit ; & à éteindre tous les autres sentimens, par celui de la reconnoissance & de l'amour.

VI. [1] Alors tout le monde s'intéresse à une puissance qu'on ne connoît que par le bien qu'on en reçoit. Tout le monde croit y avoir part, & y être associé. Tout le monde aime mieux qu'elle soit dans des mains si généreuses & si bienfaisantes, que dans d'autres, & souhaite qu'elle y soit toujours. Tout le monde

[1] Illius Principis magnitudo stabilis fundataque, quam omnes tam supra se esse quam pro se sciant. *Senec. ad Polybium.*

est préparé à sacrifier toutes choses , & même
sa vie , pour la défendre. Tous les intérêts
sont alors réunis dans celui du Prince. C'est
son bien propre , c'est son bonheur qu'on aime en lui ; & on lui est autant de fois attaché, & par des liens aussi étroits, qu'il y a
de choses qu'on aime & qu'on reçoit de lui.

VII. Le peuple ne sent alors dans la
grandeur du Prince que sa ¹ nécessité. Il seroit affligé si le Prince étoit moins puissant
& moins élevé , parce qu'il seroit moins en
état de ² répandre par tout ses influences. Il
le voit avec joie au-dessus de sa tête, & l'y
voudroit placer , s'il n'y étoit pas ; comme
nous voyons avec joie le Soleil au-dessus de
nous , parce qu'il n'y est que pour nous éclairer , & pour rendre la terre féconde ; comme nous voyons les nuées suspendues en l'air,
parce qu'elles n'y sont élevées que pour répandre par tout une pluie salutaire. La majesté du Prince n'a plus rien qui n'attire le
respect & l'amour. L'envie est changée en
admiration, la crainte en confiance , la disposition au murmure en action de graces ,
le secret désir de l'indépendance , en un sincere désir d'obéir toujours.

VIII. Tout le monde alors place le Prince dans son cœur, & lui éleve un thrône bien

---

1 Nec magis sine te nos esse felices , quàm tu sine
nobis potes. *Panæg. Traj.* n. 72.

2 Regis signum notamque penes beneficentiam con-
stituimus. Eâ re nihilo magis defatigabitur , quàm sol
suos in stirpes atque animantia radios effundens ; nec
enim lucere ei laboriosum est. *Synes. de Reg.* p. 29.

plus digne de lui, que l'extérieur dont les autres Rois se contentent. On pense de lui
tout ce qu'on en dit, & plus qu'on n'en dit.
[1] C'est pour lui que l'on craint, & non pas
lui. [2] C'est dans le secret de sa conscience
qu'on le loue, & qu'on fait des vœux pour
lui. C'est dans chaque famille que les peres
en parlent à leurs enfans, comme d'un Pere
commun. C'est dans les entretiens libres,
qu'on se félicite mutuellement d'avoir un
Prince si digne d'être le maître des autres
hommes, par son attention à ne l'être que
pour leur bien.

IX. Quelle différence entre un Prince de
ce caractere, qui veut que tous les autres
soient heureux aussi bien que lui, qu'ils le
soient par lui, qu'ils le soient plus que lui ; &
un Prince qui veut être heureux tout seul,
& qui veut l'être aux dépens des autres ? Combien ce dernier a-t-il d'ennemis secrets ? Combien manque-t-il de choses à son bonheur ?
Combien affoiblit-il sa puissance, en ne ré-
gnant ni sur l'esprit, ni sur le cœur de ses
sujets ? De quoi se contente-t-il, en se contentant du dehors ? A quoi borne-t-il sa grandeur, s'il consent à n'être point aimé ? Et
que lui auroit-il coûté pour mériter de l'être,
que de savoir faire usage de sa grandeur ?

X. Il ne falloit pour cela qu'y joindre la

2 Quis securior quàm Rex ille, quem non metuunt,
sed cui metuunt subditi. *Synes. de Reg. l. 13.*

1 Eadem de illo homines secretò loquuntur, quæ
palam. . . . . Hic princeps, suo beneficio tutus, nihil
præsidiis eget : arma ornamenti causâ habet. *Senec.
L. 1. de Clement. C. 13.*

bonté

bonté, c'est-à-dire, le plaisir [1] d'être heureux en bonne compagnie. Il ne falloit qu'avoir un goût plus exquis de la Royauté, & ne pas se contenter de celle qui peut convenir aux mauvais Princes, & qui, n'étant qu'extérieure, ne remplit pas la noble ambition d'un Roi qui veut l'être en tout sens, & plus encore par l'amour & par le mérite, que par la puissance.

XI. Il ne falloit que savoir profiter des dispositions favorables qui sont dans tous les hommes, & se les assujettir par la voie qu'ils offrent eux-mêmes, en entrant dans leur cœur par la porte qu'ils tiennent ouverte. C'est aux bienfaits qu'elle est ouverte, & non à la force. C'est la fermer que d'employer la force au lieu des bienfaits : c'est vouloir regner sur les hommes malgré eux : c'est ne savoir plus ce que sont les hommes, & ce que doit être celui qui les gouverne.

Article II.

Etre bienfaisant & libéral.

I. Quelques Princes, parmi ceux qu'ont eu les Romains, ont mieux entendu que les autres en quoi consiste cet art de regner dont je parle; & ils ont mieux senti combien on pouvoit accroître & augmenter la grandeur, en y intéressant tous ceux qui lui sont soumis.

1 Felix abundè sibi visus, si fortunam suam publicaverit. *Senec. L. 1. de Clement. C. 13.*

II. L'un de ces [1] Princes avoit pour maxime, [2] de ne renvoyer personne mécontent, d'obliger tout le monde, ou par des effets, ou par des manieres qui en tinssent lieu; de donner, quand il le pouvoit; de promettre, quand il ne pouvoit que cela. L'Histoire ne nous a conservé rien de plus précieux que cette parole qu'il dit un jour, en [3] faisant réflexion vers le soir, qu'il n'avoit fait plaisir à personne : « Mes amis, j'ai perdu cette journée ». Comme s'il eût dit : Je ne dois vivre que pour les autres, & aujourd'hui j'ai eu le malheur de ne vivre que pour moi. Je suis demeuré dans la condition d'un simple particulier ; & je n'ai rien fait qui soit digne de ma place & de mon élévation.

III. Un autre [4] Prince s'étoit prescrit les mêmes regles : il ne s'estimoit heureux, & ne croyoit régner, qu'autant qu'il étoit bienfaisant. Il marquoit tous les jours par quelque grace nouvelle ; [5] & il n'en passoit aucun, sans donner quelque témoignage de clémence, de bonté, d'humanité, de compassion, de

---

1 *L'Empereur Tite.*

2 Admonentibus domesticis, quasi plura polliceretur, quàm præstare posset ; non oportere, ait, quemquam à sermone principis tristem discedere. *Suet. in vit. Titi. C.* 8.

3 Recordatus quondam super cœnam quod nihil cuiquam toto die præstitisset, memorabilem illam, meritóque laudatam vocem edidit : Amici, diem perdidi. *Ibid. C* 8.

4 *Alexandre Severe.*

5 Dies denique nunquam transiit, quin aliquid mansuetum, civile, pium faceret : sed ita ut ærarium non everteret. *Lamprid. in vita Alex. p.* 211.

libéralité, mais sans épuiser l'épargne, & sans charger le public.

IV. Il n'est pas question d'examiner ici à quoi se terminoient de si grandes qualités, & quelle en étoit la fin. Les ténebres d'une fausse Religion avoient caché a ces Princes les véritables motifs des vertus, & la fin qui en doit faire le prix; mais au milieu de leurs ténébres ils avoient vu combien on est grand, quand on ne le veut être que pour les autres; & combien on devient supérieur à tous les hommes, quand on les intéresse tous à sa propre élévation.

Article III.

Moyens de l'être toujours.

I. Il ne faut craindre alors que d'être séduit par le plaisir de se les attacher par des bienfaits, & d'en tarir la source par une profusion indiscrete. Il est doux de regner par la libéralité : mais on ne regne ainsi qu'autant que la libéralité dure, & c'est un grand secret que de n'en épuiser jamais le fonds.

II. Un Prince sage ne tombe jamais dans le vice d'être populaire. Il conserve en tout de l'ordre & de la dignité. [1] Il ne prodigue pas les graces. Il les distribue. [2] Il ne les ré-

---

1 Habebit sinum facilem, non perforatum, ex quo multa exeant, nihil excidat. *Senec. L. de Beat. vit.* **C.** 23.

2 Donabit cùm summo consilio, dignissimos eligens: ut qui meminerit, tam expensorum, quàm acceptorum rationem esse reddendam. *Ibid.*

pand pas fans choix. Il les fait eftimer le premier, & veut enfuite qu'on les eftime. Son
deffein n'eft pas de confondre les conditions,
les fervices, & le mérite : mais de les difcerner. Il ne veut pas affliger des perfonnes de
diftinction, en leur égalant celles qui n'en
méritent aucune. [1] Il veut que fes libéralités
foient des récompenfes, & non de pures fa-
veurs. Il aide la vertu, & n'entretient pas la
molle oifiveté du vice, & il regarde un bienfait mal placé, non feulement comme une
perte : mais comme une faute qui retombe
fur le Prince, & qui marque fon peu de difcernement.

I I I. Comme il defire aider & récompenfer le mérite, & non le corrompre & le pervertir, il mefure fes libéralités fur ce qui fuffit à la vertu. Il ne veut point répandre fur un
feul homme, ce qui ferviroit aux befoins de
plufieurs. Il ne met pas la magnificence à élever un particulier, quoique homme de bien,
à une haute fortune : mais à relever de la
pouffiere plufieurs perfonnes qui font fans
protection, quoiqu'elles en foient dignes. Il
penfe à mettre en honneur la probité, & non
à lui attirer l'envie ; & fon deffein eft, de
multiplier les gens de mérite, par l'attention
à leur faire du bien, & non de les tenter &
de les féduire, en les mettant dans l'opu-
lence.

I V. Il fait que la vertu, quand elle eft
fincere, eft modefte, contente de peu, de-

____

1 Donabit ex rectâ & probabili caufâ ; nam inter tur-
pes jacturas malum munus eft. *Ibid.*

intéressée. Il ne craint point de l'affliger, en se bornant à son égard au seul nécessaire. Il connoît ses sentimens & sa retenue ; il commence à se défier avec raison , lorsqu'il découvre dans quelqu'un plus d'avidité , ou moins de modération qu'il n'avoit pensé. Il diminue alors ses bienfaits , pour faire souvenir à quelle condition il les accorde ; & si cette premiere leçon est inutile , il les supprime absolument.

V. Avant tout , le Prince examine ce qu'il peut , & il ne souffre pas que ses libéralités épuisent ses revenus. Il modere sa bonté par sa justice ; & [1] il aime mieux donner moins aux uns , pour exiger moins des autres. Il sait que ses richesses ont des bornes , & que ses bienfaits par conséquent en doivent avoir. Il ne veut pas que le public gémisse de ce qu'on le sacrifie à des particuliers ; & il croiroit deshonorer ses largesses , si elles coûtoient des larmes aux pauvres.

V I. [2] Il ne met point sa gloire dans une fausse magnificence. Il pense moins à paroître libéral, qu'à l'être en effet : & il renonce sans peine à la réputation de bienfaisant, quand il ne peut pas la soutenir par des voies légitimes. Il sait qu'on lui donne, [3] avant qu'il puisse

1 Congiarium das de tuo , alimenta de tuo. . . Sciunt dari sibi quod nemini est ereptum *Paneg. Traj. p.* 87.

2 Reges gentium dominantur eorum , & qui potestatem habent super eos, benefici vocantur : vos autem non sic. *Luc. C. XXII. v.* 25.

3 Plurimùm ista res habet difficultatis , si modò consilio tribuitur , non casu & impetu spargitur. *Senec. de beat. vit. c.* 24.

donner. [1] Il compare les sources de ses revenus avec l'usage qu'il en fait, & il craint avec
raison, que le desir d'obliger plusieurs, ne le
rende moins attentif à un devoir plus pressant
& plus indispensable, qui est de se contenter du nécessaire, & de le conserver à tout le
monde.

VII. Mais quand le Prince a une véritable inclination à donner, [1] il trouve mille
moyens de la satisfaire, en se refusant à lui-
même beaucoup de choses, que les autres regardent comme nécessaires à la Grandeur. Il a peu
de besoins, quand il est vivement touché de
ceux des autres. Il achete peu de choses, quand
il sait donner; & il en reserve peu d'inutiles,
quand il est bien instruit de l'usage qu'on en
peut faire.

VIII. Les Palais des Princes sont remplis
de plusieurs choses de grand prix, qui demeurent cachées dans des cabinets, mais qui pourroient avoir des usages plus sérieux & plus
importans. Le luxe & la curiosité sont des abîmes sans fond : tout y entre, & tout s'y perd :
on ne trouve rien qui les satisfasse, & tout le
superflu paroît nécessaire ; & comme on ne peut
se résoudre à être libéral, qu'après avoir tout
accordé à des passions qui demandent des dépenses infinies, tout ce qu'on appelle bienfaits, retombe sur le public : ainsi [2] l'Etat,

---

1 Tantas vires habet frugalitas Principis, ut tot im-
pendiis, tot erogationibus sola sufficiat. *Paneg. Traj.*
f. 120.

2 Ærarium si ambitione exhauriamus, per scelera
supplendum ; *disoit Tibere. Tacit. L. 2. Annal.* 56.

qui fuffifoit à peine à ce qui regardoit le Prince, fuccombe fous fes libéralités, qui viennent apres le fuperflu, & qui l'augmentent.

IX. La liberalité, dont la bonté n'eft pas la fource, eft une profufion qui conduit à l'avarice, & qui ne peut fubfifter que par elle : mais quand elle naît de la bonté, elle en conferve toujours le caractere, & elle ne connoît point de voies légitimes pour fournir à fes defirs qu'une fage économie, & une fevere exactitude à fupprimer toute dépenfe inutile. Mais cette matiere, qui eft très-importante, fera encore traitée dans un autre lieu. Les principes viennent d'en être établis, ailleurs on en verra l'application.

CHAPITRE XIX.

Du courage, de l'élévation, & de la grandeur d'ame, ou magnanimité qui conviennent à un Prince. De l'étendue & de l'ufage de ces qualités.

ARTICLE I.

Du courage qui convient à un Prince.

I. CE que nous avons dit jufqu'ici, & principalement dans le dernier Chapitre, a dû nous faire comprendre, que les fentimens d'un Prince doivent être grands, nobles, élevés, supérieurs à tout intérêt particulier, conftans & fermes dans le bien, & incapables d'être arrêtés par aucun obftacle, ou pervertis par aucune paffion : mais il faut examiner de près, ce que nous n'avons fait qu'entrevoir ; & montrer au Prince, qu'il ne peut être véritablement grand, ni réuffir à intéreffer le peuple dans fa Grandeur, que par un courage, une élévation, & une magnanimité, dignes du fublime rang qu'il occupe. On confond fouvent les vertus, quoique leurs objets foient différens. Je les diftinguerai, mais toujours par rapport au Prince, que je ne dois point perdre de vue.

I I. Le courage qui lui convient, & dont je veux parler, ne fe borne pas à celui qu'on montre à la guerre. Ce dernier en fait partie ; mais il n'en remplit pas toute l'étendue : & l'on peut même témoigner beaucoup d'intrépidité dans un jour de bataille, & n'avoir pas le courage, qui fait les grands Princes.

I I I. La valeur hors de l'occafion eft de peu d'ufage, & elle laiffe fouvent des hommes, que des victoires ont rendu célébres, très-foibles & très-médiocres dans d'autres tems, & par rapport à d'autres objets. On eft étonné quand on les voit feuls & fans armées, combien il y a de diftance entre un Général & un grand homme : combien ils confervent de petiteffes, de vaines craintes, de bas fentimens : combien ils font dominés par la jaloufie, & gouvernés par l'intérêt : combien ils s'aviliffent & deviennent rampans, pour fe faire conferver l'autorité qu'ils craignent de perdre,

IV. On a raison alors de demander qu'eſt devenu leur courage, & de ſoupçonner même s'il a jamais été bien ſincere, & ſi l'exemple, la honte, l'attention à ſe cacher le danger, l'eſpérance de l'éviter, l'ambition & la gloire, n'en ont pas corrompu la ſource.

V. Le véritable courage en a une plus pure, & il n'eſt point altéré par le mélange de motifs indignes de lui. C'eſt une diſpoſition, prête à ſacrifier toutes les craintes, à celle de manquer à ſon devoir; une fermeté que le danger préſent, même imprévu, anime & réveille, & qui eſt invincible à toute autre choſe qu'à la juſtice & à la raiſon : ou plutôt, qui ne combat que pour elles à la guerre ou dans la paix, en public ou en ſecret : dans les dangers extrêmes, auſſi-bien que dans les autres, un tel courage eſt égal. Il eſt la force de l'ame. C'eſt lui qui la ſoutient contre toutes les injuſtes craintes capables de l'ébranler ; & l'on ne peut compter ſur la probité ni ſur le mérite de perſonne, qu'à proportion de ſon courage.

VI. Il eſt donc évident, que le Prince conſentiroit à n'avoir rien de grand, ou à l'abandonner à la premiere occaſion, s'il n'avoit un courage digne de ſa vertu, & capable de la défendre : mais quel prodige ſeroit-ce que le Chef d'une nation pleine d'honneur & de mérite, dont la plus noble fonction eſt de chercher, d'eſtimer, & de récompenſer le courage, qui doit l'inſpirer aux autres, & l'animer, quand il s'affoiblit, fût lui-même ſans force, déconcerté & troublé par une crainte indigne de lui?

VII. C'est sur lui que porte tout l'Etat. S'il chancelle lui-même, & s'il succombe sous ce poids, que deviendra son Royaume ? Il en est l'épée & le bouclier. Il doit s'exposer pour lui, & en être en même tems le protecteur & l'exemple. C'est donc dans le cœur du Prince que doit résider le courage le plus ferme. C'est dans son intrépidité que consiste la principale ressource de l'Etat. C'est à lui, lorsque la timidité est universelle, à résister à cet affoiblissement général, & à ne céder qu'à l'impuissance.

VIII. C'est au Prince à proposer & à entreprendre tout ce qu'il juge nécessaire au bien public. C'est à lui à reformer les abus. C'est à lui à réprimer l'injustice. C'est à lui à faire rentrer dans l'ordre tout ce qui s'en écarte, & à humilier sous son autorité la désobéissance & l'orgueil. Mais que peut un Prince timide, toujours incertain & tremblant, toujours attentif à justifier sa molesse par des maximes de prudence ? S'il entreprend quelque chose, comment le soutiendra-t-il ? Quels obstacles sera-t-il capable de surmonter ? Et quel sera le succès de ses efforts imparfaits, qui dureront moins que la résistance ? Car aucun bien solide ne peut s'établir que par une persévérance & un courage qui soient à toute épreuve. Il est aisé d'entreprendre ; mais très-difficile d'exécuter. Le mal trouve presque toujours de la protection, & le bien a toujours de puissans ennemis. Il faut donc qu'un Prince soit le tranquille spectateur du mal, & qu'il n'ait pour le bien que d'inutiles desirs ; ou qu'il surmonte par son courage tout ce qui s'oppose à son zéle.

IX. Il arrive quelquefois dans le Royaume des mouvemens imprévus qui demandent un prompt remede, & où la vigueur & le courage sont nécessaires. Le moindre signe de peur seroit alors d'une terrible conséquence ; & j'ajoute, que la peur elle-même, quoique dissimulée au dehors, ne seroit capable que de suggérer de foibles conseils. Il faut dans ces occasions, que la tranquillité du Prince tienne dans le devoir & le respect tout ce qui est auprès de lui ; qu'il demande conseil avec dignité, & qu'il en juge ; qu'il apprenne par son exemple à ceux qu'il consulte, à délibérer avec maturité, & sans prendre conseil de la peur, parce qu'elle n'est capable que de faux raisonnemens, & qu'elle ne discerne que ce qui l'occupe & la trouble.

X. Cela est encore plus nécessaire dans de grandes guerres, dont il est juste de desirer la fin : mais dont on ne doit l'espérer que par le courage & la fermeté. Si un Prince se lasse avant le tems, & s'il paroît découragé, ces foibles dispositions passent aussitôt dans l'ame de tous ceux qui l'environnent. Ils ne voient plus que ce que voit le Prince. Ils ne pensent, comme lui, qu'à terminer par la voie la plus prompte une guerre qui a surmonté sa patience & son courage ; & par une imprudence, qui est l'effet ordinaire de la crainte, ils apprennent aux ennemis à devenir plus fiers & plus intraitables, en leur découvrant sa consternation propre & sa foiblesse.

XI. Au lieu de cette lâche disposition, qui

ne fert qu'à limiter l'efprit , à précipiter les réfolutions, à ôter la vûe des falutaires confeils, à prévenir le mal, au lieu de l'éviter, il faut rappeller tout fon courage , & par lui, toute fa raifon. Il faut confidérer avec attention tous les moyens qu'offrent la prudence & la valeur , regarder comme impoffible tout ce qui feroit lâche & deshonorant, & mériter la paix, en forçant les ennemis à l'accorder. Autrement on fe deshonore fans fruit, & femblable à ceux qui , étant expofés dans un lieu élevé, s'éblouiffent & fe précipitent eux-memes par la peur de tomber, on fe jette aveuglément dans le dernier malheur par la crainte d'y être réduit.

XII. Le tems de faire des réflexions fur le danger , n'eft pas celui où le danger eft préfent. Il falloit délibérer avant que de s'y expofer : mais quand on y eft , on ne délibére plus. La préfomption change cet ordre : [1] elle ne veut rien écouter avant le péril; & quand elle y eft , elle écoute tout. Tout eft facile quand elle entreprend : tout eft impoffible , quan . elle eft engagée. Le véritable courage fait autrement. Il examine tout avec loifir, avant que de s'expofer. Il veut tout voir. Il veut qu'on lui aide à découvrir ce qui lui pourroit échapper. Il fe groffit à lui-même tout ce qu'il aura à combattre , au lieu de fe le diffimuler, ou d'en rabbattre. Il ajoute à tout ce que la prudence peut difcerner, mille accidens cachés dans l'avenir , qu'elle ne fauroit prévoir ; &

____

[1] Ignaviffimus quifque & in periculo non aufurus ; nimii verbis, linguæ feroces. *Tacit. L. I. Hift. 318.*

ensuite il suppute ses forces. Il compare les moyens. Il examine la justice & la nécessité d'une guerre, [1] qu'il ne craint pas, mais dont il ne veut pas être le premier auteur. Il se défie de la passion secrete qui pourroit se mêler dans ses délibérations, & il exige de ceux qu'il consulte, qu'ils ne soient attentifs qu'à la justice, & aux moyens légitimes de se la faire rendre ; & [2] après que tout est conclu, il ne précipite rien, quoiqu'il ne perde aucuns momens ; & il se met ainsi en état de trouver dans l'exécution beaucoup moins de difficultés, qu'il n'en avoit vu quand il délibéroit.

XIII. [3] Le véritable courage est ainsi très-opposé à la témérité, qui n'examine rien, ou qui le fait très-légerement ; & l'on a dû voir par tout ce qui a été dit, qu'un Prince dont l'esprit est borné, & dont les vues sont courtes, ne sauroit être capable d'un grand courage. Il se mesure & se consulte sur ce qu'il voit ; & comme il voit peu de choses, il n'en est pas intimidé. On a beau lui dire qu'il y a des dangers très-réels ; il les traite comme de vains objets d'une imagination allarmée, parce qu'il ne les découvre pas : mais quand il s'est avancé au delà de l'espace étroit qui lui étoit connu, & qu'il voit ce qu'il n'avoit pas attendu, sa fausse confiance se convertit en peur, & il est tout d'un coup aussi effrayé,

---

1 Non times bella, non provocas. *Panég. Traj. p.* 65.

2 Fortissimus in ipso discrimine, qui ante discrimen quietissimus. *Tacit. L. I. Hist. p.* 334.

3 Cui cauta potiùs consilia cum ratione, quàm prospera ex casu placent. *Tacit. L. 2. Hist. p.* 344.

qu'un moment auparavant il étoit préſomp-
tueux.

XIV. J'aimerois mieux, ſans comparai-
ſon, qu'un Prince fût ſans courage, que d'en
avoir un de cette ſorte. Car un Prince timide,
mais ſage, écarteroit par ſa prudence les dangers, au lieu que celui-ci les cherche & les
multiplie, & n'en évite aucun ; parce qu'il
ne profite d'aucune expérience, & que, lorſque les occaſions changent, il eſt toujours expoſé à voir moins qu'il ne faut, & à ſe promettre de lui-même plus qu'il ne peut : car
il y a peu de qualités moins dépendantes de
l'éducation & de l'inſtruction, qu'un eſprit borné, & un cœur foible.

XV. Auſſi dans tout ce que je viens de
dire, & dans ce qui ſuivra, je ſuppoſe que le
Prince ait reçu de Dieu un génie excellent, &
un cœur plein de courage qu'il ne faille que
perfectionner, & dont le fond ſoit très-heureux.

XVI. On peut ajouter à la fermeté naturelle, par les conſeils & par les réflexions,
mais beaucoup plus par l'expérience ; & cette
expérience doit commencer de bonne heure.
Il faut qu'un Prince s'accoutume dès les premieres années à n'être ému d'aucune choſe
ſubite & imprévue, d'aucun contre-tems, d'aucun mal dont la prudence puiſſe fournir le
remede. Ses premiers ſoins doivent tourner
de ce côté-là ; & au lieu de ſe répandre en
plaintes inutiles, & de ſe laiſſer pénétrer par
une douleur ou par une crainte qui ne changent rien dans les événemens, il faut qu'il

s'applique à y trouver des remedes, ou que, s'il n'y en peut avoir, il s'affermisse par la patience, & qu'il ait le courage de souffrir ce qui ne dépend ni de sa volonté ni de sa raison.

XVII. Sans la patience, le courage ne va pas loin : mais la patience elle-même est d'un foible secours, si elle a besoin de témoins, & si elle ne peut être constante, quoique se-crete. Il y a mille occasions, où un grand homme doit porter seul sa peine & son dé-plaisir. Il seroit toujours foible, s'il avoit tou-jours besoin d'une force étrangere ; & ce seroit plutôt le courage d'un autre, que le sien propre qui le soutiendroit.

XVIII. Mais la patience qui n'est qu'hu-maine, est bien peu de chose ; & si le cœur n'est consolé que par elle, il est bien foible & bien malheureux. Il faut, pour souffrir avec courage, souffrir avec lumiere, & savoir tirer avantage des maux, en connoissant leur véri-table cause, leur usage, & leur fin. Il faut souffrir avec religion, en s'humiliant sous la main de Dieu, & être en paix par la piété. Il faut souffrir avec un aveu sincere de sa foibles-se, & en reconnoissant que la patience & le courage viennent de Dieu : car tout ce qui vient de l'orgueil, n'est qu'un effort inutile & un nouveau trouble, au lieu de rendre à l'ame la tranquillité & la paix.

ARTICLE II.

De l'élévation qui convient à un Prince.

I. Par le courage, qui furmonte toutes les craintes injuftes ou inutiles, le Prince eft préparé à une difpofition plus fublime, que j'appelle élévation, parce que je n'ai point de terme plus précis, pour expliquer fon double effet fur l'efprit & fur le cœur, à qui elle donne de grandes vues, & à qui elle infpire de nobles fentimens.

II. Le S. Efprit a marqué cette difpofition, comme faifant le caractere d'un Prince digne de l'être : car, après avoir promis, que [1] l'imprudent & l'infenfé ne monteroit plus fur le thrône, il ajoute, que le Roi qu'il donnera dans fa miféricorde, aura des penfées & des fentimens dignes d'un Prince. Par ce peu de paroles il met une différence infinie entre un Prince qui n'a d'autre élévation que celle de fa place, & celui qui en a une perfonnelle, digne de fon rang ; & il réduit toute la différence qui eft entre eux, à celle de leurs vues & de leurs deffeins. L'un penfe baffement, & l'autre noblement. L'un n'a que des idées foibles & bornées, femblables à celles d'un particulier, de petits intérêts, des fentimens communs, des inclinations vulgaires ; l'autre n'a rien que de grand, d'élevé, de propre & de

---

1 Non vocabitur ultrà, is qui infipiens eft, princeps : princeps ea quæ digna funt principe cogitabit. *Ifai. C. XXXII. v.* 5. *& 8.*

particulier à un Prince qui l'eſt en tout, & qui ne l'oublie jamais.

III. Ce caractere petit & reſſerré, oppoſé à l'élévation dont je parle, eſt bien plus commun qu'on ne penſe, ou par la mauvaiſe éducation, ou par un penchant naturel, ou par la difficulté de ſe ſoutenir long-tems, ſans avoir d'exemple ni de modele : car même avec de bonnes intentions, on ne va pas loin, quand on eſt ſeul, ou qu'on ne voit autour de ſoi rien que de médiocre & de foible.

IV. Ce naturel ne ſe corrige gueres, mais quand on a reçu de Dieu un eſprit élevé & un cœur noble, on peut s'empêcher de tomber dans les petiteſſes & les mauvais goûts qui deshonorent beaucoup de Princes ; & rien n'eſt plus capable d'en garantir, que la connoiſſance exacte de ce que c'eſt qu'un petit eſprit, & qu'un cœur réduit comme en ſervitude par des ſentimens limités, & de combien de fautes contre le bon gouvernement un tel caractere eſt la ſource.

V. Un Prince ſans élévation ne fera jamais rien de grand : on ne le ſoutiendra pas. Il n'aura que des ſaillies d'un moment, à meſure qu'il ſera pouſſé, & il retombera dans ſon naturel, dès que l'impreſſion étrangere ſera paſſée. Sa vie ſera pleine d'inégalités & de viciſſitudes, & l'on y remarquera perpetuellement les traces de ſes véritables inclinations, & de celles qu'on tâchera de lui inſpirer.

VI. Ses bonnes intentions, s'il en a, ſe termineront à des choſes de nulle importance. Il donnera ſes premiers ſoins à des devoirs qui regarderont plus le particulier que le Prince. Il voudra tout faire par lui-même, & se jettera dans des détails, dont il auroit dû se décharger sur d'autres. Il paroîtra toujours au dessous des affaires, toujours sans liberté, pour être aux autres & à soi, & ne fera que se lasser par un travail inutile.

VII. Il fera un mauvais choix des personnes dignes de sa confiance. Il craindra le mérite, & s'en défiera. Il aura toujours peur d'être gouverné, & le sera toujours. Il sera délicat jusqu'à l'excès sur son autorité, & la laissera usurper à des hommes qui lui en abandonneront l'apparence, & en auront la réalité. Il sera toujours en garde contre ceux qui pourroient lui donner d'utiles conseils, & il se livrera sans précaution à des hommes artificieux, qui auront connu son foible & qui en abuseront.

VIII. Plus il manquera de lumiere, moins il se connoîtra ; & plus il sera borné dans ses vues, plus il sera content de soi. Il sera plein de son mérite, s'applaudira en secret, & sera toujours ouvert à la flatterie. Il cherchera ainsi des approbateurs parmi ceux qui lui ressembleront, & il en trouvera, qui, sans lui ressembler, l'entretiendront dans son erreur.

IX. Il se piquera d'exceller dans des choses qui ne servent de rien à un Roi. Il aura cent qualités de particulier & de sujet, & n'en aura pas une de Prince. Il peindra, gravera, aimera la Musique, jouera de quelques instrumens. Il s'occupera de recherches curieuses, d'observations & de calculs astronomiques, de sciences abstraites & de nul usage. Il s'enfermera avec

des hommes obſcurs, pour les écouter ſur des
ſecrets de chymie, ou vains, ou pernicieux.
Il ne ſe trouvera en liberté, qu'avec des perſonnes qui n'auront ni dignité, ni naiſſance,
ni grand mérite, & il refuſera à des affaires
preſſantes un tems qu'il prodiguera a d'inutiles
amuſemens.

X. Si avec cela il eſt porté à la ſuperſtition,
& ſuſceptible d'une illuſion traveſtie en piété,
il ſera le jouet de ceux qui feront ſervir a leurs
fins ſecretes, & à leur ambition, ſa crédulité;
& qui, manquant eux-mêmes de conſcience,
entretiendront dans la ſienne de vains ſcrupu-
les, dont ils ſauront faire uſage dans le tems
contre ſes propres intérêts, & contre ceux de
ſon Etat. Voilà une partie des triſtes ſuites
d'un caractere ſans élévation; & il ſuffit, ce me
ſemble, de les avoir montrées rapidement à un
Prince intelligent & ſenſible, pour le tenir bien
averti.

XI. Mais la baſſeſſe n'eſt pas le ſeul danger qu'il doive craindre : la fauſſe élévation
eſt une autre extrémité, qu'il eſt encore plus
difficile d'éviter quand on ſe ſent né pour de
grandes choſes. Tout ce qui paroît grand, ne
l'eſt pas; & néanmoins tout ce qui paroît grand,
invite & attire. Les hommes ont attaché la
gloire à beaucoup de choſes qui ne la méritent
pas : mais la véritable eſt ſouvent moins connue & moins recherchée que la fauſſe. L'enflure
imite la grandeur; & il y faut apporter une
grande attention pour les diſtinguer.

XII. ¹ Un eſprit élevé, mais inquiet &

____

1 Sublime & erectum ingenium pulchritudinem ac

ardent, peut s'y méprendre. Il peut être trompé par un vain fantôme, & courir au précipice, en le suivant ; & il peut sacrifier son repos, & son état même, à une vaine espérance de grandeur & de gloire, qui le plonge dans la bassesse, au lieu de l'en tirer. Car outre qu'il est honteux de faire de grands efforts pour une chose frivole, l'amour de la fausse gloire marque toujours de l'ignorance dans l'esprit, & de la corruption dans le cœur.

XIII. La vraie élévation ne consiste pas à desirer, ou à faire, ce qu'une imagination déréglée, ou une erreur populaire, représentent comme grand & magnifique. Elle ne consiste pas à tenter des choses difficiles, par l'attrait même de la difficulté. Elle ne se sent pas excitée [1] par l'idée du merveilleux, & par le plaisir de surmonter l'impossible, comme l'Histoire l'a remarqué de Néron, à qui tout ce qui étoit sans apparence, se montroit sous l'idée de grandeur.

XIV. Elle ne s'attache qu'à ce qui est possible, utile au public, d'une longue durée, & qui étant comparé avec la dépense, la surpasse infiniment par le fruit.

XV. Son objet n'eût point été, ou les Pyramides d'Egypte, si souvent & si imprudemment vantées, ou les obélisques [2], taillés

---

speciem excelsæ magnæque gloriæ vehementiùs quàm cautè appetebat : mox mitigavit ratio & ætas. *Tacit. vita Agricol.* 453.

1 Incredibilium cupitor. *Tacit. L.* 15. *Annal. p.* 270.

2 *Pline rapporte avec quelle dépense ils étoient taillés dans les carrieres d'Egypte.*

avec tant de dépenſe & de travail dans des carrieres de marbre, pour n'être enſuite d'aucun uſage pour le public. Un tombeau d'une énorme ſtructure, tels que le ſont les Pyramides, & une pierre d'une hauteur extraordinaire, qui ne ſert à rien, tels que ſont les obéliſques, n'ont rien de grand pour un eſprit élevé; & il ne trouve que de la baſſeſſe dans tous les ouvrages, dont le faſte & l'inutilité ſont la fin.

XVI. Un homme qui connoiſſoit le goût d'Alexandre, porté à tout ce qu'il y avoit d'incroyable : lui promit, [1] s'il en vouloit faire la dépenſe, de tailler le mont Athos en Coloſſe, & de lui donner la figure d'un géant, qui porteroit ſur l'une de ſes mains une ville d'une grande étendue. Le Prince n'accepta pas cette offre, parce que la ville eût manqué d'eau : mais ſans cet inconvénient, il y eût conſenti, & il eût regardé la dépenſe de donner au mont Athos une figure humaine, comme bien employée, au lieu qu'à un eſprit ſage, & qui n'eût pas été infecté du mauvais goût pour la fauſſe gloire, elle eût paru folle & inſenſée.

XVII. Les Princes ſont rarement aſſez puiſſans pour entreprendre des choſes auſſi ſurprenantes & auſſi infructueuſes, que celles que leur imagination leur ſuggére : mais il y en a peu qui ſachent diſcerner la fauſſe gloire de la vraie, & qui ne mettent une partie de leur grandeur à forcer inutilement la nature :

[1] *Plutarch. in vit. Alexandri.*

à détourner des rivieres pour leur feul plaifirs;
à conduire de l'eau dans une feule maifon par
de longs aqueducs ; à faire applanir des col-
lines, pour fe donner un peu plus de vue, fans
que le public y ait d'autre part que d'y avoir
contribué par des fommes immenfes, que la
terre couvre, mais dont l'ufage fera un jour
redemandé par le juge des Princes.

XVIII. Un Roi qui, felon l'Ecriture [1],
a des fentimens dignes du rang où Dieu l'a
mis, ne partage pas fa gloire avec des Archi-
tectes & des Artifans. Il n'affecte pas une
grande dépenfe pour être grand. Il ne difpute
pas de la vanité avec des perfonnes vaines. Il
ne penfe point à fe diftinguer par des chofes,
où les bons Princes lui céderont fans peine,
& où les mauvais le furpafferont. Il a dans
l'efprit une forte de grandeur, qui ne peut
être imitée par l'orgueil, ni égalée par le fafte.
Elle réfide dans le fond de fes qualités perfon-
nelles : elle fubfifte dans la nobleffe de fes fentimens ; & au lieu de dépendre d'un appui
étranger, c'eft elle qui met tout en œuvre, &
& qui donne tout.

XIX. Un Prince d'un efprit fupérieur &
d'un grand cœur, ne penfe qu'à rendre fon
état heureux & floriffant ; à découvrir le mérite, & à l'employer ; à protéger les Lettres &
les Savans ; à rendre la juftice prompte & ai-
fée ; à proportionner les tributs avec les forces
des Provinces & des particuliers ; à réparer les
ruines des anciennes villes, & à leur rendre

---

1 Ifai. C. XXXII.

leur premiere gloire & leur premiere fplendeur ; à faire fleurir le commerce par la bonne foi envers les étrangers , & par les facilités accordées à fes fujets ; à fuivre, non
des idées vaines & chimériques, mais des deffeins fages & férieux ; à ne pas laiffer avorter
des projets raifonnables, faute de perfévérance
& de courage ; a faire refpecter & à rendre
aimable fa conduite aux nations voifines ; &
à mériter l'eftime & la confiance des autres
Princes , dont il excite l'admiration par fa vertu , mais dont il éteint la jaloufie par fon équité
& fa modération.

XX. Voila les principaux traits de la véritable élévation, qu'un Prince doit avoir jufqu'à un
certain degré , & vers laquelle il doit tendre
toute fa vie. Plus il en approchera , & plus il
apprendra par fon expérience ce que c'eft que
la grandeur d'ame , qui eft une difpofition encore plus parfaite & plus royale.

ARTICLE III.

De la grandeur d'ame , ou de la magnanimité ,
qui convient à un Prince.

I. Elle ne fe contente pas d'affermir le Prince
contre les vaines craintes, & de lui donner de
grandes vues & de nobles fentimens : elle
l'éleve au deffus des paffions ; & en les affer-
viffant toutes fous fes pieds , elle lui met le
fceptre à la main, & la couronne fur la tête :
car c'eft elle, à proprement parler, qui le fait
Roi, & qui le place fur le thrône, d'où il com-

mence à defcendre, dès qu'il ne retient pas l'autorité qu'elle lui avoit donnée.

I I. Le premier ennemi qu'elle lui foumet,
eft le defir de ce qui n'eft pas à lui; & elle va
ainfi à la fource de tout ce qui feroit capable
de l'affoiblir, de troubler fa paix, de le porter
à l'injuftice, de pervertir ce qu'il a de bon,
& de lui faire perdre ce qu'il a de grand.
Voyez, lui dit-elle, avec la même tranquillité ce qu'ont les autres que ce que vous avez.
Ne defirez point ce que vous ne devez point
avoir. Demeurez toujours au deſſus de la jaloufie, & comprenez que vous vous degrade-
riez par une baſſe cupidité, qui ne vous inf-
pireroit que des fentimens injuftes & indignes
de vous.

I I I. Le fecond ennemi qu'elle foumet au
Prince, eft le defir de la louange ; & par-là
elle établit dans fon cœur le principe fécond
& fincere des grandes actions. Allez au vrai,
lui dit-elle, & ne vous occupez point de l'apparence. Songez à bien faire, & non à paroître avoir bien fait. Oubliez fi vous avez des
témoins, ou fi vous êtes feul. Refpectez votre
devoir & votre confcience, & ne partagez
point votre attention entre vous & vos fpec-
tateurs. Si vous n'êtes homme de bien qu'autant qu'on le faura, vous ne le ferez jamais
comme il faut, & votre mérite ne fera que
l'ombre de la vertu. Confentez avec joie qu'on
ne s'empreſſe point à vous louer : on reconnoît
un Prince excellent au filence des flatteurs :
¹ & il eft véritablement grand, dès qu'il eft

1 Cùm jam pridem novitas omnis adulatione con-
permis

permis de se taire sur son sujet. Laissez à la postérité le soin de vous rendre justice. Ne prevenez [1] point, par une vaine inquiétude, la diligence des Historiens. Ils seront fideles, à proportion de ce que vous aurez été modeste ; & le moyen de les faire croire, est de ne vous point mêler de ce qu'ils écriront.

IV. Après l'amour des louanges vient la crainte de l'improbation, & l'excessive sensibilité à l'égard de la censure & du blame. Cet ennemi est encore plus redoutable & plus difficile à vaincre que les deux premiers ; parce qu'il est plus aisé de surmonter l'ambition & l'amour des louanges, que de souffrir sans émotion la censure d'une vie innocente, & l'ingratitude après des bienfaits : mais la magnanimité triomphe de cet ennemi, & le réduit sous les pieds du Prince. Espérez-vous, lui dit-elle, que vous réussirez à contenter tout le monde ? La vertu n'a-t-elle point d'ennemis ? Pouvez-vous plaire à ceux à qui elle déplaît ? & l'aimez-vous sincerement, si vous n'êtes capable de souffrir qu'on vous traite comme elle ? Y a-t-il une autre preuve que c'est elle, & non la gloire, qui l'accompagne ordinairement, que vous cherchez, que de lui demeurer fidele, quoiqu'elle vous attire quelque mépris ? Le tems & la patience dissiperont

sumpta sit, non alius erga te novus honor superest, quàm si aliquando de te tacere audeamus. *Paneg. Traj.* p. 162.

1 Contemptor ambitionis, & infinitæ potestatis domitor, ac frænator animus, ipsâ vetustate florescit ; nec ab ullis magis laudatur, quàm quibus minimè necesse est. *Paneg. Traj.* p. 164.

Tome I.   K

ces nuages légers qui obscurcissent votre gloire. Tout le monde vous admirera, si vous ne vous détournez jamais du droit chemin, pour les discours qui ne changent rien dans les choses, & qui ne doivent rien changer dans votre cœur : & l'on vous respectera non seulement comme un grand Prince, mais [1] comme un Ange, élevé au dessus des foiblesses humaines, si les louanges ne vous amolissent point ; & si le blâme ne rallentit, ni vos bonnes intentions, ni votre zéle.

V. Prenez garde sur-tout, continue-t-elle, à vous défendre d'une certaine curiosité, qui porte les Princes à s'informer de tout ce qu'on pense d'eux, & de ce qu'on en dit, non pour en profiter, & en devenir meilleurs, mais pour rechercher les auteurs de ces discours, quelquefois trop libres, & peu respectueux, & pour les punir. C'est le moyen de les multiplier à l'infini, & de leur donner de l'activité, que d'y être attentif. [2] Une ame véritablement grande les méprise, & les éteint par le mépris. Dès qu'on n'y est pas sensible, ils tombent & s'évanouissent ; & dès qu'on ne les mérite pas, on n'y est pas sensible. Les mauvais Princes se rendent justice en secret, & soupçonnent avec fondement, qu'on dit d'eux ce qu'ils en pensent eux-mêmes. De-là

[1] Sicut Angelus Dei, sic est Dominus meus Rex, ut nec benedictione, nec maledictione moveatur. *L. 2. Reg. C. XIV. v.* 17.

[2] Ipse Julius, ipse Augustus, & tulêre ista, & reliquêre. Haud facilè dixerim, moderatione magis, an sapientiâ. Namque spreta exolescunt. *Tacit. L.* 4. *Annal. p.* 120.

viennent leurs inquiétudes & leurs recherches : ¹ mais les Princes bienfaisans & magnanimes ne soupçonnent & ne cherchent rien. Et ² c'est une chose singuliee, que quiconque n'est ni estimé, ni aimé, s'informe de tout ce qui se dit contre lui à la Ville & à la Cour; & qu'un Prince digne de l'estime & de l'amour de tout le monde, n'a aucune curiosité pour savoir tout le bien qu'on dit de lui, & à plus forte raison ce qui peut échapper à quelques imprudens contre sa conduite.

VI. ³ Il y a une bassesse dans la haine, que la grandeur d'ame ne peut souffrir. Le Prince doit punir quelquefois, quand il y est forcé : mais il punit, comme les loix, sans aigreur, sans malignité, sans se livrer au plaisir de la vengeance. Il n'a d'autres intérêts que ceux du public, & il ne laisse point entrer dans son cœur une aversion secrete, qui en trouble la tranquillité, & qui en altere la bonté & la candeur. 4 Ce sentiment obscur & profond d'aversion & de haine, couvre une lâcheté indigne d'un grand Prince, & marque une foiblesse qui ne peut avoir d'autre cause qu'une timidité impuissante, ou une ame basse, qui se nourrit de venin & de poison.

---

1 De nullo minùs Principe queruntur homines, quàm de quo maximè licet. *Paneg. Traj. n.* 45.

2 [...]eri libet, quod in secreta nostra non inquirant [...]es, nisi quos odimus. *Paneg. Traj. n.* 68.

3 Nec unquam persuadeatur humile esse Principi, nisi odisse. *Paneg. Traj. n.* 85.

4 Ex iracundiâ nihil supererat secretum, & si [...] ejus non timeres : honestius putabat offendere quàm odisse. *Tacit. vit. Agricol. p.* 459.

VII. Un Prince supérieur à la haine , &
ennemi du cruel plaisir de la vengeance , [1] n'a
point de joie plus pure, que celle de pardon-
ner ; & c'est principalement à cette joie qu'on
reconnoît sa magnanimité. [2] Il sacrifie sans
peine , & la mémoire , & le sentiment de
l'injure. Il ne dispute point dans son cœur
contre ces impressions basses & malignes qui
retiennent les autres hommes, & qui les empêchent de s'élever à la véritable grandeur.
Il voit une beauté & une gloire dans la clémence qui fait évanouir tout ce qui seroit capable de l'obscurcir ; & il a le courage de faire
ce que tout le monde admirera quand il l'aura fait ; mais que peu de personnes peuvent
imiter : la bonté & la générosité, qui font le
prix de la clémence , ont des charmes pour
les yeux de tous , même des Princes les plus
inhumains , qui ne sauroient s'empêcher de
les admirer. Et la différence entre un homme
aussi cruel que Tibere , ou aussi sanguinaire
que Dioclétien , & un Prince aussi plein de
bonté que Tite, ne consiste point dans l'idée
de la clémence & de la solide grandeur qui
l'accompagne , mais dans l'exécution : car [3]

---

1 Hæc divina potentia est , gregatim ac publicè serva-
re. *Senec. L.* 1. *de Clem. C.* 26.

2. Non quantùm in cives suos liceat experiendo tentare , sed hebetare aciem Imperii sui. *Senec.* ██ *de
Clem. C.* 11

3 Quò magis mirum habebatur (*il parle de*)
gnarum meliorum, & quæ fama clementiam sequeretur,
tristiora malle. .... Nec occultum est , quando ex veritate , quando adumbratâ lætitiâ facta Imperatorum cele-
brentur. *Tacit. L.* 4. *Annal. p.* 119.

Tibere & ¹ Dioclétien en jugent auſſi ſainement que Tite, & regardent la clémence comme la premiere qualité d'un grand Prince, quoiqu'ils ſe contentent de l'avouer.

VIII. Dans la clémence d'un Prince magnanime, tout eſt ſincere & ſans retour. Il punit quelquefois à demi, & a regret : mais il pardonne pleinement ; ſur-tout quand il s'agit de fautes qui ont été promptement expiées par le repentir, & qui ne laiſſent aucunes ſuites. Il ſait que le moyen le plus propre pour rendre le peuple ſoumis, eſt d'oublier qu'il ait manqué. Une ville long-tems diſgraciée pour une faute paſſagere, eſt contrainte de ſe ſouvenir qu'elle a deplu, & qu'on ne l'aime pas ; & c'eſt la tenter contre ſon devoir, que de l'entretenir dans ce ſouvenir. Un Prince capable de tout oublier, ne laiſſe aucun veſtige de la déſobéïſſance, & le peuple lui eſt d'autant plus fidele, qu'il penſe l'avoir toujours été.

IX. Ce n'eſt pas d'ailleurs ſur le mérite, ou ſur la reconnoiſſance du peuple, qu'un Prince véritablement grand meſure ſes ſoins & ſa bonté. Il agit par des vues plus déſintéreſſées & plus nobles, & il veut être la regle de ſes ſujets, & non dépendre de leur exemple. Son deſſein eſt de les rendre généreux, & non de ceſſer de l'être, parce qu'il ne peut

---

1 *Dioclétien diſoit, que l'Empereur Aurélien n'auroit dû être que Général, & jamais Empereur : parcequ'il manquoit de clémence, la premiere qualité d'un Prince, & la plus néceſſaire.* Aureliano clementia, Imperatorum dos prima, defuit. Magis dux eſſe debuit quàm Princeps. *Vopiſc. Aurel. p. 282.*

en être imité. Il continue d'être grand, &
s'efforce même de le devenir davantage, par
la compaſſion qu'il a de l'enfance & de la pe-
titeſſe de la plupart des hommes, qui rampent
à terre, faute de nobleſſe & de cœur; &
il penſe que c'eſt à la bonté à ſurmonter l'ingratitude, & non à l'ingratitude à étouffer la
bonté.

X. Il aime, pour cette raiſon, à faire valoir les ſervices qu'on lui rend, à les récompenſer, à s'en ſouvenir; afin de mettre en
honneur la reconnoiſſance, & d'apprendre à
tous, qu'il y a autant de géncroſité à confeſſer
qu'on eſt obligé, qu'il y en a dans l'obligation
même. [1] Les Princes, dont l'ame eſt retrecie
& bornée par la jalouſie, croiroient ſe deshonorer, en avouant qu'on les a bien ſervis:
[2] & quand les ſervices qu'on leur a rendus
ſont au deſſus des récompenſes, ils s'en af-
fligent après les premiers momens, & ils paſſent quelquefois juſqu'à la haine, pour ſe délivrer de l'obligation d'eſtimer & de louer un
grand homme qui leur a été néceſſaire. Un
Prince magnanime leur eſt oppoſé en tout.
Il met ſa grandeur à être ſincere & reconnoiſ-
ſant; à eſtimer un bienfait ſelon ſon véritable
prix; à déclarer qu'il a reçu la couronne des
mains d'un grand Général, ſi la choſe eſt vraie;
& à ſuppléer, par les témoignages d'eſtime
& d'amitié, ce qui manque néceſſairement

___

1 In Principe rarum eſt ut ſe putet obligatum, ſaut ſi
putet, amet. *Paneg. Traj. p.* 178.
2 Beneficia eò uſque læta ſunt, dum videntur exſolvi
poſſe. *Tacit. L.* 4. *Annal. p.* 114.

à toute récompense d'un autre genre.

XI. Par ce noble aveu, le Prince est conduit à un autre plus difficile, & qui est la marque la plus certaine d'une véritable grandeur d'ame ; c'est l'aveu de ses fautes, quand il lui arrive d'en faire. Il ne cherche, ni prétextes, ni excuses pour les couvrir. Il rend hommage à la vérité, quoiqu'elle le condamne. Il est bien aise qu'on la lui montre, s'il ne la voyoit pas. Il compte comme un grand service, l'attention qu'on a eue sur sa conduite, & le zéle qu'on a témoigné pour sa perfection ; & il laisse à des Princes faussement délicats sur la Grandeur, la honte d'être toujours pleins de défauts, & de n'en jamais convenir.

XII. Pour lui, qui ne connoît rien de plus bas que le mensonge, ni de plus indigne que l'hypocrisie, il met toute sa gloire dans la connoissance & l'amour de la vérité ; & il se fait un devoir essentiel de n'employer jamais, ni déguisement, ni artifice, & de porter en tout le grand caractere d'un Prince sincere, fidele dant ses paroles, religieux à l'égard du serment, ennemi de la dissimulation, simple & naturel dans sa conduite ; mais jamais au préjudice de la prudence & du secret : mais ces derniers traits demandent une nouvelle attention, & il est juste de les considérer en détail dans le Chapitre suivant.

CHAPITRE XX.

Le Prince doit être sincere & fidele dans ses paroles, religieux observateur du serment, ennemi de la dissimulation ; mais prudent & secret, & très-éloigné de toute affectation dans sa conduite, où il ne doit paroître qu'une auguste simplicité.

ARTICLE I.

Le Prince doit être sincere & fidele dans ses paroles.

I. CE seroit en vain qu'un Prince se piqueroit de courage, d'élévation & de grandeur d'ame, s'il ne regardoit pas la sincerité, comme une vertu inséparable de ces grandes qualités : car il n'y a rien de plus lâche, de plus bas, ni de plus petit que le mensonge, & que l'indigne usage qu'en fait l'artifice.

I I. Il seroit inutile même d'instruire un Prince, & d'espérer le former pour les grandes choses, s'il n'aimoit pas la vérité, & s'il se croyoit habile, à proportion de ce qu'il la sacrifieroit à des intérêts qui le toucheroient plus sensiblement. Tout ce qui a été dit jusqu'ici, seroit anéanti par cette lâche disposition : & il ne faudroit à un Prince de ce caractere que des leçons de perfidie, & des Miniftres fans confcience & fans honneur.

III. Mais celui qui verra peut-être ce que j'écris, eft un Prince, à qui Dieu a donné un amour fincere de la vérité, & que la Providence deftine à un grand Royaume, pour en être l'exemple par fa vertu. Il eft fortement perfuadé, que le Prince eft le chef, le lien, & le centre de la fociété : [1] que le fondement unique de la fociété eft la vérité & la bonne foi ; que c'eft défunir tous les hommes & les rendre mutuellement fufpects & défians, que d'ébranler ce fondement ; que c'eft par conféquent au Prince à être le protecteur de la bonne foi, comme il l'eft de la fociété publique ; qu'il va directement contre le plus effentiel de fes intérêts & de fes devoirs, s'il préfére à la fincerité le déguifement & l'artifice, & qu'il renonce à la plus augufte fonction des Rois, en donnant au menfonge la protection qu'il devoit à la vérité.

IV. Il a déja lu dans l'Ecriture, « [2] que » les levres juftes font les délices des Rois ; » & que celui [3] qui parle fincerement, en » fera aimé. » Il fait que le S. Efprit a en horreur un cœur double, une langue artificieufe, une fauffe politique établie fur le menfonge. [4] Il ne veut auprès de lui, à l'exemple

----

1 Fides eft fundamentum focietatis humanæ, perfidia verò ejufdem peftis. *Plato I. 5. de legibus.*

2 Voluntas Regum labia jufta : qui recta loquitur, diligitur. *Prov. C. XVI. v. 13.*

3 In corde & corde locuti funt. *Pfalm. XI.*

4 Oculi mei ad fideles terræ ; ambulans in viâ immaculatâ hic mihi miniftrabat. *Pfalm. C.* Difperdat Domi-

de David, que des hommes sinceres & fideles.
Il tâche de les surpasser dans ces qualités, bien
loin de les affoiblir : & il regarderoit comme
une honteuse lâcheté, de s'exclure lui - même [1] de la sainte montagne, où le Prophéte
n'admet que des hommes pleins d'amour pour
la vérité, & ennemis de l'artifice.

V. Il a peine sans doute à comprendre,
comment un Roi ne craint point de se deshonorer, en manquant de parole, en montrant
à dessein le contraire de ce qu'il pense, en
tâchant de parvenir à son but par le déguisement : comment il ne rougit point devant le
juge intérieur de ses sentimens, qui est sa
conscience : comment il méprise lui - même
ce qu'il y a dans lui de plus auguste & de plus
sacré, qui est son propre cœur : comment il
peut se résoudre à être devant ses yeux, &
selon son propre jugement, un perfide, indigne de toute créance.

VI. Quand les hommes ne connoîtroient
jamais sa duplicité, & qu'il réussiroit à la couvrir de toutes les apparences de la bonne foi,
comment pourroit-il se cacher à lui-même?
Et s'il consentoit à se regarder lui - même
comme étant sans probité, que pourroit-on
attendre d'un homme si lâche & si insensible
à la honte? Que voudroit-il après cela, que
les hommes respectassent en lui? Son éclat ex-

nus labia dolosa. *Psalm. XI.*

1 Domine, quis habitabit in tabernaculo tuo, aut
quis requiescet in monte sancto tuo ? .... Qui loquitur
veritatem in corde suo, qui non egit dolum in linguâ
suâ. *Psalm. XIV.*

térieur, son autorité, ses richesses ? Mais tout cela est hors de lui , & il en abuse. Son esprit , son cœur , ses sentimens ? Mais c'est cela même qu'il a livré au mensonge, & dont il ne fait lui-même aucun état.

VII. Quel droit auroit-il d'exiger la vérité des autres, ne l'aimant point, & la trahissant ? Et qui se mettroit en peine de la lui dire, connoissant son degoût pour elle ? Quelle confiance mériteroit-il, n'en ayant pour personne ? Et comment l'établiroit - il par rapport à lui, ou dans ses Etats , ou chez ses voisins , ayant inspiré la défiance à tous , & leur servant d'exemple & de maître pour la duplicité ?

VIII. Y a-t-il quelque bien qu'un Roi puisse acheter à un prix si honteux ? Un Prince n'est-il pas plus grand, sans comparaison, que tout ce qui est au dessous de l'homme, & qui n'est qu'une portion de terre ? Un simple particulier ne doit-il pas se regarder comme supérieur à tout ce qui n'est que temporel ? Et n'est-ce pas ce qui rend inexcusables tous les hommes, même les plus indigens, quand ils s'écartent de la vérité & de la justice, pour se conserver , ou pour acquérir quelques biens inférieurs à la vertu ?

IX. Que le Prince examine donc ce qu'il met en parallele avec la probité , & ce qu'il lui préfére. Qu'il compare ce qu'il sacrifie, à ce qu'il desire. Qu'il se demande à lui-même ce qu'il est , & ce que sont les frivoles biens qu'il met au dessus de sa réputation , de sa conscience, de ses intérêts éternels ?

X. Mais, sans entrer dans cette comparai-

son, que le Prince considere seulement, quelle
bassesse il y a dans l'artifice, & quelle preuve
c'est d'un petit esprit & d'un cœur lâche que
la duplicité. Peut-il disconvenir qu'il n'a recours
à ces indignes moyens, que parce que d'autres
plus justes & plus nobles lui manquent, &
qu'ils sont par conséquent une preuve de son
ignorance & de sa foiblesse ? Peut-il désavouer,
que c'est parce qu'il desire ce qui ne lui est
pas dû & qu'il ne sauroit prétendre par de
bonnes voies, qu'il en emploie de détournées ?
Et dès lors peut-il nier qu'il ne soit injuste ,
& dans la fin, & dans les moyens ?

X I. Si ses intentions sont droites , pourquoi les deshonore-t-il par des moyens qui ne
sont capables que d'en faire douter ? Et si elles
sont contraires à l'équité, qu'espere-t-il de l'injustice , qu'espere-t-il de la fraude qui vient
à son secours ? Ne seroit-il pas plus heureux,
s'il réprimoit d'injustes desirs , que de se tour-
menter pour les faire réussir par l'artifice ? Ne
sait-il pas que [1] la source de la véritable grandeur d'ame consiste à ne desirer rien de ce qui
est à autrui, & qu'on ne peut, ni sur le thrône , ni dans aucune autre condition, conserver, ni courage, ni honneur, si on se laisse
séduire par des desirs que la justice condamne, & qu'on ne peut faire réussir que par des
voies obscures, artificieuses, & ennemies de
la lumiere ?

X I I. Mais le succès même qu'on en attend,
est-il bien certain ? Et un Prince arrive-t-il

----

1 *Voyez le Chap. précédent , dans l'Article de la magnanimité , nomb.* 2.

toujours à ſes fins, quand il quitte les voies
d'honneur pour ſe ſervir du déguiſement? Il
peut réuſſir dans les premiers momens, &
tromper avec ſuccès quand on l'en croyoit incapable; mais quand la défiance eſt une fois
établie, l'artifice ne trouve dans les autres que
de l'artifice. Il y trouve pour le moins un
ſoupçon général, qui le déconcerte & le rend
inutile : car il le devient, dès qu'il eſt découvert; & rien n'eſt plus aiſé que de le découvrir, parce qu'il ne faut que comparer les pro-
meſſes & les engagemens avec l'exécution qui
n'y a pas répondu.

XIII. On ne ſe contente pas même ſouvent de l'avoir découvert, & d'en arrêter les
ſuites. On veut encore le prévenir : & les
Etats voiſins, qu'un intérêt commun ne manque point d'unir contre un Prince artificieux,
ſe fortifient quelquefois contre lui par une ſi
puiſſante ligue, qu'ils le réduiſent à un extrême péril, & lui apprennent, mais trop tard,
que les voies les plus ſimples ſont les plus
ſures, & que, ſelon les regles de la véritable
Sageſſe, il faut éviter l'artifice, non ſeulement
comme injuſte, mais encore comme inutile,
& comme malheureux. « [1] Quiconque mar-
» che ſimplement, dit l'Ecriture, marche en
» aſſurance : celui qui pervertit ſes voies, ſera
» découvert, & [2] tombera dans de tels em-

[1] Qui ambulat ſimpliciter, ambulat confidenter.
Qui autem depravat vias ſuas, manifeſtus erit. *Prov. C.*
X. v. 9.

[2] Qui ambulat ſimpliciter, ſalvus erit : qui per-
verſis graditur viis, concidet ſemel. *Prov. C. XXVIII.*
v. 18.

» barras, qu'il y périra, au lieu que l'homme
» droit & simple sera délivré. »

XIV. Ces embarras, où se jette un Prince
ennemi de la sincerité, & d'où il ne peut quelquefois sortir, viennent & du dedans & du
dehors; de la défiance de ses propres sujets,
aussi-bien que de celle des Etats voisins. Le
Prince alors, & le peuple, se regardent comme ayant des intérêts différens. L'un donne
des paroles : l'autre s'en défie. L'un promet,
& l'autre craint. Le lien mutuel qui les unis-
soit, est rompu, & quoique le respect pour
l'autorité royale subsiste toujours, la confiance
est perdue. L'inclination à offrir son bien pour
l'Etat, est refroidie. On a vu tant de promesses
vaines de rendre, de payer, de décharger le
public, qu'on n'y compte plus. Le Prince &
ses Ministres n'ont plus de crédit; & quelquefois une telle disposition se trouve jointe à
une grande guerre, dont le succès devient plus
difficile par le découragement où la défiance a
mis le peuple, & par la connoissance qu'en ont
les ennemis.

XV. Il n'y a donc rien de plus salutaire,
même pour le gouvernement temporel, que
le soin d'affermir la confiance mutuelle du
Prince & du peuple, par une exacte fidélité
du Prince à tenir toutes ses paroles ; & d'éviter de les rendre douteuses pour toujours, par
des manquemens passagers. Le souvenir en
dure long-tems, & il vaut mieux, sans comparaison, n'y donner jamais d'atteinte, que
d'être obligé d'y chercher des remedes.

XVI. Avant que le Prince promette, soit

à ſes ſujets, ſoit à des étrangers, il doit connoître toute l'étendue de l'engagement qu'il veut prendre, toutes les difficultés qui s'y oppoſeront, tous les moyens de le remplir. Ce n'eſt plus le tems d'examiner, quand l'engagement eſt pris, à moins qu'il ne ſoit injuſte : car ce ſeroit alors une nouvelle faute de le tenir, parce que c'en étoit une d'y être entré. Mais excepté l'injuſtice, qui rend nul tout ce qu'on promet, il n'y a rien qui diſpenſe un Prince de ſa parole. Il a dû prévoir les ſuites. Il a dû les peſer dans ſon Conſeil. Il ne doit plus, après cela, être ſenſible à d'autre intérêt, qu'a celui de ſa gloire & de ſa réputation. Toute autre conſidération eſt indigne de lui. S'il s'eſt trompé, en ſe hâtant un peu trop, c'eſt à lui à porter la peine de ſa précipitation, & non à s'en décharger ſur les autres, au préjudice de la ſincerité. Il gagnera plus qu'il ne perd, ſi cette premiere expérience lui ſert à devenir plus prudent : & il doit être perſuadé, que quelque perte qu'il faſſe, elle lui portera moins de préjudice, que ne feroit un manque de parole ; & qu'elle lui ſera même utile, en prouvant à tout le monde, qu'aucun intérêt ne lui eſt auſſi cher que celui de l'honneur & de la probité.

XVII. Il ne faut point qu'un Prince écoute alors des hommes nés pour le menſonge, & fertiles en équivoques, en ſoupleſſes & en ſubtilités pour éluder les plus ſérieux engagemens ; qui ſe croient habiles, parce qu'ils ſont ſans conſcience, & qui penſent ſervir utilement le Prince en le deshonorant. Il doit au-contraire repouſſer avec indignation les hommes lâches, qui le croient ſemblable à eux, leur montrer quelle diſtance il y a entre un Prince digne de commander , & des conſeils injurieux à ſa gloire ; & leur apprendre, que [1] ſi la vérité & la probité étoient bannies du reſte de la terre, elles devroient trouver un aſyle dans le cœur d'un Roi , qui eſt établi ſur le thrône par elles , & qui doit à ſon tour leur préparer un thrône dans ſon cœur.

XVIII. C'eſt le Roi qui , dans un Etat , eſt la ſource de la nobleſſe. C'eſt lui ſeul qui la donne, & c'eſt à lui à la rétablir, ſi elle vient à périr. Comment donc pourroit‑il ſe réſoudre à ſe deshonorer par le plus honteux de tous les reproches, qui eſt celui du menſonge & plus encore de la perfidie ? Et comment ſe chargeroit‑il d'une ignominie qu'aucun homme de cœur ne voudroit s'attirer, & dont il prendroit le ſoupçon ſeul pour un affront? La nobleſſe & la vérité vont enſemble : & il faut que le Prince ſoit autant au deſſus de tous les Grands de ſon Etat par ſa ſincérité, qu'il l'eſt par ſa couronne. C'eſt à lui à mettre entre ſes ſujets une noble émulation pour la vérité & la candeur , comme c'eſt à lui à faire naître entre eux une noble ardeur pour la gloire ; & il en doit bannir également la lâcheté contraire à la bonne foi, & la lâcheté contraire au courage.

<hr>

1 *Iean , Roi de France , ſollicité de violer un Traité , répondit en ces termes , dignes d'une éternelle mémoire :* " *Si* „ *la bonne foi étoit perie par toute la terre, elle devroit ſe re* „ *trouver dans le cœur & la bouche des Rois* „.

Article II.

Le Prince doit être religieux observateur du serment.

I. Un Prince plein de ces maximes, n'a pas besoin qu'on prenne la précaution d'ajouter le serment à sa parole, pour être certain de sa sincérité. Il sait que Dieu est toujours le témoin de son cœur, & qu'il le juge. C'est toujours devant lui qu'il pense & qu'il parle : & il est bien instruit qu'on ne peut lui rendre le culte qui lui est dû, comme à la souveraine vérité, que par la disposition d'un cœur droit & simple, à qui la vérité tient lieu de tout.

II. Mais les hommes qui traitent avec lui, ne connoissent pas ce riche fonds de probité qu'il porte en secret ; & quand ils le connoîtroient, ils ont des raisons pour l'avenir, pour ses successeurs, pour d'autres Princes compris dans l'alliance, de la rendre irrévocable par la sainteté du serment.

III. Avec quelle religion alors un Prince, si fidele aux hommes & si exact dans les paroles, qu'il leur donne, prend-il Dieu à témoin de sa sincerité? Avec quel respect invoque-t-il son nom puissant, & le prie-t-il d'intervenir à ses promesses ? Avec quelle sainte frayeur l'appelle-t-il en garand contre soi-même, s'il venoit à y manquer? Avec quel tremblement soumet-il sa tête à l'anathême, dont il se juge digne, s'il n'exécute tout ce qu'il promet ? Avec quel soin examine-t-il, avant cette redoutable action, toutes les conditions & toutes les clauses du traité, pour n'en omettre aucune, quand il s'y sera soumis ? Combien est-il éloigné de se préparer alors, par d'indignes restrictions & par des reserves cachées dans son cœur, un retour contre son serment ? Et combien croiroit-il deshonorer la religion, & armer contre elle la langue des impies, s'il pensoit à éluder, par des voies obliques, un engagement contracté sous les yeux de Dieu, & dont l'acte doit demeurer en dépôt dans ses mains?

IV. [1] Le serment est une derniere ressource pour finir les contestations, pour s'assurer du cœur des hommes & de leurs intentions, pour fixer tous les doutes que l'inconstance ou la mauvaise foi peuvent faire naître, pour soumettre les Rois au Juge suprême, qui seul peut les juger, & pour tenir dans le devoir toute majesté humaine, en la faisant comparoître devant celle de Dieu, à l'égard de qui elle n'est rien. Ce seroit donc éterniser les défiances & les guerres, ôter tout moyen de parvenir à la paix par des traités sérieux, laisser une porte toujours ouverte aux surprises, rendre la situation des Royaumes flottante & incertaine, abuser de ce que la religion a de plus sacré & de plus formidable, & tomber dans une manifeste impiété, en méprisant tout à la fois la présence, la vérité, la justice, &

---

1 Homines per majorem sui jurant : & omnis controversiæ eorum finis ad confirmationem, est juramentum. *Heb. C. 6. v. 16.*

la puissance de Dieu, que de donner atteinte
à un traité scellé par le serment.

V. Il faut être, je ne dis pas bien hardi,
mais bien aveugle & bien corrompu, pour
oser conseiller à un Prince, de se rendre digne de la colere éternelle de Dieu, & d'attirer sa vengeance sur sa propre tête, & sur
celle de tout le peuple, en convertissant le
serment en parjure, & en méprisant [1] la me-
nace irrévocable, attachée à la défense d'un si
grand crime.

VI. Et néanmoins il y a des hommes, qui
pensent qu'on ne peut regner, si l'on ne préfére quelquefois les considérations d'Etat à l'observation exacte des traités solemnellement
jurés; qui passent légerement sur tout ce qu'un
Prince a promis à ses sujets dans l'auguste cérémonie de son Sacre, ou de son Couronne-
ment, quoique le nom de Dieu & les saints
mysteres y soient intervenus; qui regardent
peu sérieusement plusieurs articles d'un traité de
paix, d'une alliance, d'une capitulation, ou
particuliere à une ville, ou commune à une
province.

VII. Ces hommes*, qui ne méprisent la
présence de Dieu & sa justice, que parce que
les sens ne le découvrent pas, & que sa patience est grande, savent-ils que c'est Dieu
seul qui fait les Rois, & qu'ils n'ont d'autre
autorité que celle qu'il leur confie? Croient-ils
que ce soit un moyen bien sûr pour la con-

1 Non usurpabis nomen Domini tui frustra : quia
non erit impunitus, qui super re vanâ nomen ejus assum-
pserit: *Deuter. C. V. v. 11.*

ferver, que de manquer de religion , & que de fe révolter contre celui qui les a mis fur le thrône? Penfent-ils que l'établiffement des Royaumes foit jufte, s'ils ne peuvent fe maintenir que par l'injuftice? La Providence divine a-t-elle, felon eux, befoin du crime des Rois, pour les protéger? Ou eft-elle forcée à y confentir, ou pour le moins à l'excufer, parce que les moyens légitimes feroient infuffifans? Seroit-ce un bien que d'être Roi, fi l'on ne pouvoit l'être long-tems fans perfidie & fans parjure? Ne vaudroit-il pas mieux , fans comparaifon, defcendre du thrône, que de s'y maintenir par l'infraction des traités & du ferment? Un homme de bien voudroit-il à ce prix faire la conquête du monde, & fe croiroit-il dédommagé de la perte de fon ame par une telle compenfation?

VIII. Eft-ce même un moyen d'attirer aux Rois les refpects du peuple, que de leur apprendre à ne plus craindre Dieu? Quand cette crainte fera effacée dans les fujets, comme dans le Prince , où fera la fidélité & l'obéiffance, & fur quel appui le thrône fera-t-il fondé? On en fappe le fondement par l'impiété ; & c'eft enfeigner publiquement l'impiété, que d'enfeigner le parjure, de quelques prétextes qu'on le colore. Le Prince a plus d'intérêts qu'un autre, à réprimer le cours de cette pernicieufe doctrine, qui a paffé des politiques du fiecle à des hommes qui fe difent religieux, & qui ont ébranlé les plus fermes appuis de la fociété & de la Religion , en ôtant aux paroles leur jufte valeur, & aux fermens leur inviolable fainteté.

Article III.

Le Prince doit être ennemi de la diffimulation ;
mais prudent & fecret.

I. Mais fi le Prince parle toujours fincerement & fans artifice, fi fes promeffes font prefque des fermens, & fi les fermens font à fon égard des engagemens irrévocables ; que deviendra la maxime, qu'un Prince qui ne fait pas diffimuler, ne fait pas regner? La diffimulation étant bannie, le cœur du Prince n'eft-il pas expofé à nud devant les hommes capables d'abufer de fa candeur? Et comment fe garantira-t-il des artifices de ceux qui s'appliqueront à lui tendre des piéges, s'il ne fe défend par les mêmes armes, & s'il ne leur oppofe que la fimplicité? De telles maximes, dit-on, auroient lieu, fi tous les hommes avoient de la franchife, & fi plufieurs ne cachoient pas de mauvais defleins fous des apparences trompeufes : mais dans un fiecle corrompu, c'eft livrer l'innocence à la perfidie, que de ne lui pas donner une garde fure, en l'environnant de tout ce qu'une profonde diffimulation fait inventer & mettre en œuvre.

II. Il faut, pour répondre à ces raifonnemens, expliquer ce qu'on entend par diffimulation. Ce n'eft point la prudence ni le fecret : bientôt nous verrons que ces qualités font effentielles au gouvernement. Ce n'eft point une fage conduite , qui montre à l'extérieur une chofe vraie , pour en cacher une autre qui doit demeurer inconnue : fans cette attention la prudence n'iroit pas loin. Ce n'eft point un vifage ouvert & des manieres aifées , qui couvrent des deffeins férieux & profonds. Il eft du devoir du Prince d'avoir un vifage & des manieres qui conviennent à tous ; mais de ne laiffer pénétrer fes fentimens que lorfqu'il le veut.

I I I. La diffimulation , dont le Prince doit toujours être ennemi , eft l'apparence d'une chofe fauffe , contraire à fa penfée & à fes deffeins. C'eft une conduite extérieure , démentie par fes véritables fentimens. C'eft une application à perfuader les autres du contraire de ce qu'il veut faire. Une telle diffimulation eft un crime dans tous les hommes , & elle eft encore plus inexcufable dans un Prince , qui, étant libre & le maître , eft moins expofé que les particuliers à cette honteufe lâcheté.

I V. S'il eft digne de fa place, jamais il ne commandera à fes Ambaffadeurs de donner des paroles qu'il ne voudra pas tenir : jamais il ne fera promettre à un criminel d'Etat le pardon de fa faute, au cas qu'il l'avoüe, dans le deffein d'employer contre lui fon propre aveu : jamais il ne fe fervira de manieres careffantes , empreffées , étudiées avec art , pour infpirer la confiance à une perfonne qu'il aura réfolu de perdre; jamais il ne fera d'alliance avec un Prince, dans le deffein de l'endormir, & de profiter de fa fécurité : jamais il ne fera de doubles traités avec des Princes, dans la vue de sacrifier le plus foible au plus fort, & de tirer une meilleure composition de l'un, en abandonnant l'autre; jamais il ne travaillera à semer de secretes divisions dans les Etats qui seront en paix avec lui; & il ne pensera point à se fortifier & à s'aggrandir, en répandant, par des pratiques secretes, le mécontentement & la révolte parmi ses voisins. Toutes ces perfidies lui seront toujours en horreur, & il aimeroit mieux cesser d'être Roi, & même de vivre, que de souiller jamais sa gloire par des taches si honteuses.

V. Mais son attachement inviolable à la bonne foi & à la vérité n'empêchera pas qu'il ne soit très-prudent & très-précautionné contre l'artifice. Il aura de la candeur; mais avec une grande sagesse. Il n'employera pas la dissimulation; mais il saura la découvrir & la rendre inutile. Il n'aura que des manieres grandes & nobles; mais il ne pensera pas qu'on ne puisse en avoir que de telles. Il ne fera rien que de juste; mais il sera en garde contre tout ce que l'injustice la plus adroite peut inventer. Il verra tout; & sans devenir semblable aux perfides, il rendra vains tous leurs conseils.

VI. La prudence, quand elle est parfaite, connoît l'artifice, & n'en est pas connue. Sa lumiere s'éleve au dessus de tout ce que la fraude médite dans les ténébres, & elle découvre de loin le nuage, où la dissimulation se cache tellement que, de peur d'être vue,

elle ne voit presque rien. Un Prince sage &
fidele, trouve des Princes qui le sont aussi.
Il trouve au moins des amis sinceres en tout
pays. Il est averti à propos de tout ce qui se prépare contre lui & contre son service : & comme il
est lui-même très-vigilant & très-appliqué, il ne
se passe rien d'important dans ses Etats &
dans les Cours étrangeres, dont il n'ait connoissance, & dont il ne fasse usage. Il a d'ailleurs des Ministres éclairés & attentifs, qui
veillent avec lui. Il a des forces toujours prê-
tes, & des troupes entretenues, pour les opposer à toutes les entreprises subites ; & pendant qu'on s'efforce de lui nuire par des conseils clandestins, il médite, dans un profond
secret, des moyens également sûrs & légitimes
pour les faire avorter.

V I I. Car le secret de ses délibérations est
si sévérement gardé, que tout s'exécute avant
que le public en sache rien. Ceux qu'il honore de sa confiance, ont été mis sur ce
point à des épreuves réitérées. Ils sont tous
aussi impénétrables que leur maître. Ils sont
aussi muets que lui, aussi précautionnés pour
ne rien dire qui puisse faire conjecturer ce
qu'ils ne disent pas, aussi attentifs à cacher
des résolutions importantes sous des dehors
simples & naturels.

V I I I. Quel besoin auroit un tel Prince
d'une dissimulation contraire à la vérité ? Et
en quoi est-il moins grand, moins vaillant,
moins sage, moins heureux, moins respecté,
pour ne savoir ni feindre, ni tromper ? Il n'y
a que le crime qui ait besoin du crime. Il n'y

a que des desseins injustes qui ne se puissent
exécuter que par la fraude qui en couvre la
noirceur, & qui l'augmente en la couvrant.

IX. Il faut laisser a des Princes semblables
à [1] Tibere, la dissimulation, sa chere vertu.
Elle étoit digne de sa conscience, & il avoit
raison d'en couvrir le fond de son cœur, où
tout étoit honteux & criminel. Elle convenoit
à [2] Neron, porté à la perfidie par son mauvais naturel, & qui en avoit fait une sérieuse
étude, pour cacher plus surement sa haine
sous les témoignages de la plus tendre amitié. Elle étoit digne de [3] Caius Caligula, qui
avoit intérêt de cacher une ame également
basse & cruelle, sous le masque d'une fausse
douceur. Elle étoit nécessaire a [4] Domitien,
ennemi de Vespasien son pere, & de Tite
son frere, pour couvrir une détestable ambition, sous les dehors d'une vie tranquille &
privée. On laisse à ces malheureux Princes,
qui ne sont montés sur le thrône que pour le
deshonorer par mille crimes, l'usage de la
dissimulation, & la gloire de la proposer à
leurs imitateurs comme une vertu ; mais plus
ils l'ont aimée, plus ils apprennent aux bons

1 Nullam æquè Tiberius, ut rebatur, ex virtutibus
suis, quàm dissimulationem diligebat. *Tacit. l. 4. Annal. p. 137.*

2 Adjecit (Nero) complexum & oscula ; factus naturâ, & consuetudine exercitus, velare odium fallacibus
blanditiis. *Tacit. l. 4. Annal. p. 259.*

3 Caius Cæsar immanem animum subdolâ modestiâ
tegens. *Tacit. l. 6. Annal. p. 152.*

4 Simplicitatis ac modestiæ imagine in altitudinem
conditus (Domitianus) studium litterarum simulans,
quo velaret animum. *Tacit. L. 4. Hist. p. 423.*

Tome I. L

Princes à les détester, & à lui préferer une conduite simple & sans affectation, où tout est grand, parce que tout est vrai.

ARTICLE IV.

Le Prince doit être très-éloigné de toute affectation dans sa conduite, où il ne doit paroître qu'une auguste simplicité.

I. Il n'y a rien de plus opposé à la grandeur, que l'affectation d'être grand ; parce qu'il n'y a rien de plus opposé à la vérité, que l'art qui veut l'imiter, & qui dès lors ne l'est pas.

II. Mais d'un autre côté, rien n'est plus difficile que d'être grand sans affectation ; parce qu'il n'y a rien de plus difficile que de l'être en effet.

III. Il faudroit pour cela l'être en toutes choses, & ne point songer à le paroître. Il faudroit conserver dans le secret, la même vertu qu'on montre en public. Il faudroit donner une attention constante & uniforme à tous ses devoirs. Il faudroit, en un mot, être toujours le même, & se soutenir dans tous les tems par les mêmes principes, & les mêmes vues.

IV. L'esprit humain n'est pas capable d'une telle égalité, s'il n'a une force extraordinaire. Il peut faire de grandes choses, & s'élever bien haut ; mais il se lasse & retombe. ¹ Il s'anime

1 Malis bonisque artibus mixtus ; nimiæ voluptates, cùm vacaret : quoties expedierat, magnæ virtutes. Palam

quand il se donne en spectacle, & se néglige quand il n'a plus de témoins. Il a des vertus par saillies, & s'en dégoûte par foiblesse. Le même homme, en des tems différens, est un héros & un enfant. Tout est digne du Prince en certains jours, & rien n'en soutient la majesté dans d'autres.

V. On observe alors dans sa conduite de grands traits, dont on est frappé, parce que la bassesse du reste de ses actions sert à les faire remarquer : mais si tout étoit grand, on ne pourroit presque pas démêler ce qui le seroit, parce que toutes les grandeurs seroient au niveau, & presque égales ; & bien des gens alors y pourroient être trompés, qui admireroient moins le tout, parce que toutes les parties mériteroient de l'admiration.

VI. C'est cette ¹ égalité de grandeur & de mérite qui fait l'auguste simplicité, dont je souhaite que le Prince ait un sincere desir. Rien ne s'y dément ; mais rien aussi ne sert à relever une vertu par l'absence d'une autre. Tout se soutient & tout se cache mutuellement. La vérité rend tout regulier & tout parfait, comme dans un beau visage, aucun trait ne domine, & ne se fait remarquer au préjudice des autres.

VII. Pour connoître le prix de cette simplicité, si riche dans le fond, & si modeste

laudares, secreta malè audiebant. *Ce caractere de Licinius Mucianus convient à beaucoup de Princes. Tacit. L. 1. Hist. p. 310.*

1 Sincera & per se ornata simplicitas , nihil obtendens moribus suis. *Senec. L. de tranquillitate animi. C. 15.*

dans l'apparence, il faut tâcher d'y atteindre ;
& l'on découvre bientôt, que ce qui sembloit
si facile & si naturel, est le fruit d'une grande vertu que l'art & l'étude ne peuvent remplacer.

VIII. [1] Il échappe toujours quelque chose
à l'imitation, qui la trahit, & qui la démas-
que. La peur même d'être découverte & de
tomber en défaut, sert à la découvrir ; & plus
elle est inquiete pour réussir, plus elle avertit
que tout est affecté. L'amour sincere du bien,
s'agite moins, & fait mieux. Il est moins
empressé, mais effectif & réel. Il ne se met
pas hors d'haleine ; mais il va toujours. Il ne
s'élance pas ; mais il ne tombe point. Il ne
cherche pas le merveilleux, mais il le trouve.

IX. Qu'on examine de près la conduite
d'un Prince qui est plein de cet amour ; tout
y est vrai & sincere. Tout y part d'une même source. Tout y tend au même but. Les
actions secretes & les publiques ont les mêmes
motifs. Les devoirs que le monde considere
peu, & ceux qu'il admire, sont remplis
avec la même exactitude. [2] Il n'y a rien dans
une telle vie qui ne soit digne d'être montré.

---

1 Et solicitudinum non mediocris materia, si te
anxiè componas : qualis multorum vita est, ficta, &
ostentationi parata. Torquet enim assidua observatio
sui, & deprehendi aliter, quàm solet, metuit. Nam
& multa incidunt quæ invitos denudent ; & ut
benè cedat tanta sui diligentia, non tamen jucunda
vita, aut secura est, semper sub personâ viventium.
Senec. ibid.

2 Tibi nihil accommodatius fuerit quàm penitus ins-
pici. *Paneg. Traj. p. 226.*

[1] On n'eſt obligé de rien diſſimuler, ni de rien excuſer. Tout l'intérieur du Palais du Prince eſt ouvert. Les yeux les plus défians peuvent le ſuivre par tout. La malignité & l'envie ſont contraintes d'admirer une innocence qui ne veut point de témoins, & qui ne doit jamais les craindre ; & l'orgueil eſt forcé à reconnoître, qu'une [2] telle ſimplicité eſt infiniment au deſſus de tous les efforts qu'il fait pour paroître grand. Voilà le fruit de l'amour de la vérité : tout lui applaudit enfin & tout le révere, quoiqu'il n'ait deſiré ni applaudiſſement, ni reſpect ; au lieu que l'affectation ne peut long-tems conſerver l'eſtime, quoiqu'elle ne travaille que pour elle.

[1] Non alia major gloria tua quàm quod nihil velandum eſt, nihil omittendum eſt. *Ibid. p.* 165.

[2] Multùm intereſt ſi ſimpliciter vivas, an negligenter. *Senec. loc. citat.*

CHAPITRE XXI.

Le Prince ne doit négliger aucune des qualités qui peuvent lui attirer l'amour & le respect de ses sujets. Il doit être parfaitement instruit des bienséances, pour savoir user des avantages qu'il a : être accessible, affable, humain avec dignité : être égal & tranquille, ou le paroître toujours.

ARTICLE I.

Le Prince ne doit négliger aucune des qualités extérieures qui peuvent lui attirer l'amour & le respect de ses sujets.

I. IL y a des Princes qui ont des qualités très-essentielles, qui néanmoins ne savent pas se faire aimer. Ils perdent à n'être pas connus, & ils rendent souvent inutile un fonds très - heureux, en le couvrant sous des dehors qui n'invitent & n'attachent personne. Il y en a d'autres, au contraire, qui, avec un mérite superficiel, enlevent tout le monde, & qui répandent sur ce qu'ils disent, & sur ce qu'ils font, tant d'agrémens, qu'on n'examine presque pas, si la bonté de leur esprit & de leur cœur répond aux manieres dont on est charmé.

II. Il faut qu'un Prince joigne ces deux avantages, un fonds excellent, digne d'être approfondi , & des graces extérieures , dont tout le monde sente l'impression , & que peu de personnes puissent imiter. Il ne doit pas laisser ses bonnes intentions incertaines & inconnues, ni attendre qu'on devine ce qu'il pense, sans se découvrir lui - même, & sans faire les premiers pas. Un cœur grand & noble ne veut laisser personne en inquiétude sur ses sentimens ; & il s'explique lui-même, de peur qu'on ne l'explique mal.

III. Le langage des manieres obligeantes est entendu de tout le monde : celui du mérite n'est pas si universel. Il faut en avoir, pour le connoître & le discerner : mais il ne faut qu'être homme , pour être sensible ; & c'est à la sensibilité à juger des manieres.

IV. Il n'est pas possible qu'un Prince répande ses bienfaits sur tous : il s'épuiseroit s'il donnoit toujours ; mais ses manieres nobles & caressantes sont des bienfaits perpetuels, généraux, dont la source ne tarit jamais, & dont personne n'est exclus.

V. Souvent le Prince n'est montré qu'une fois en sa vie en certaines villes, & à certaines provinces ; & encore d'une maniere prompte & rapide. Il faut que, dès les premiers momens , il y donne un haute opinion de lui, & une vive impression de sa bonté. On s'y souviendra toujours de ce qu'on n'aura vu qu'une fois : l'idée qu'on retiendra , sera conforme aux apparences ; & si elles n'avoient pas été avantageuses, elles auroient obscurci pour toujours des qualités éminentes, mais inconnues.

ARTICLE II.

Il doit être parfaitement instruit des bienséances, pour savoir user des avantages qu'il a.

I. C'est différer trop tard à se faire estimer, & à se rendre maître des cœurs, que de passer dans un lieu sans l'avoir fait. Un Prince accompli doit regner sur les hommes dès qu'il se montre. Il ne faut pas qu'il céde à personne son privilége, d'être le premier en politesse, en bonté, en adresse pour s'insinuer dans les esprits, en autorité pour les enlever.

II. Il doit avoir dans un heureux naturel, que les réflexions ont perfectionné, [1] une fécondité & une varieté inépuisable d'attraits & de graces, pour toutes sortes d'hommes, de toute condition, & de tout caractere. Il doit savoir les employer, les mêler, les diversifier, afin que chacun y trouve quelque chose qui lui soit propre, & il doit avoir étudié avec tant de succès ce qui convient à tous en général, & ce qui est particulier à chaque genre d'esprits, que tous se sentent émus pour lui, & qu'aucun ne demeure indifférent.

III. [2] Une mine haute, & digne de l'Empire, suffit quelquefois pour jetter des semences

---

1 Apud subjectos, apud proximos, apud collegas variis illecebris potens. *Tacite parlant de Mucien, Gouverneur de Syrie, & le principal appui du parti de Vespasien.* L. 1. *Hist. p.* 310.

2 Aderant juveni, (il parle de Néron fils de Germanicus) modestia ac forma, Principe viro digna. *Tacit. L.* 4. *Annal. p.* 112.

d'eſtime & de reſpect dans les ſpectateurs, & pour ſe les attacher; mais une telle impreſſion n'eſt point l'effet d'une figure effeminée, dont le Prince paroiſſe occupé, & dont il veuille que s'occupent les autres. Une telle baſſeſſe offenſe toutes les perſonnes qui ont de l'élévation & du courage, & elle n'eſt propre qu'à leur perſuader, que le Prince eſt bien peu de choſe, puiſqu'il fait tant de cas de la figure, & qu'il conſent à être principalement eſtimé pour un ſi frivole avantage.

IV. [1] Le viſage du Prince doit être l'image de ſon ame, & annoncer ce qu'il eſt. Son grand cœur doit y être peint, ſa nobleſſe, ſa bonté, ſa douceur. Ces grandes qualités qui s'uniſſent dans ſon ame, quoiqu'elles paroiſſent oppoſées, & qui ſe donnent mutuellement un nouvel éclat par cette union, ſe tracent ſur le front & dans les yeux du Prince, [2] avec cet heureux mélange, qui adoucit la majeſté, & qui releve la douceur.

V. On juge à ſa ſeule vue, qu'il eſt un grand homme; & l'on juge auſſi ſurement qu'il eſt plein de bonté. [3] Le courage & la ſincerité qui brillent au dehors, répondent de la vérité des autres ſentimens dont le viſage

---

1 Titi ingenium quantæcunque fortunæ capax, decor oris cum quadam majeſtate. *Tacit. L. 4. Hiſt. p. 337.*

2 Forma egregia & cui non minus auctoritatis ineſſet quàm gratiæ. *Suetone parlant du même Prince dans ſa vie.*

3 Nihil metûs in vultu, gratia oris ſupererat: bonum virum facilè crederes, magnum libenter. *Tacit. vit. Agricol. p. 466.*

porte des veſtiges ; & l'on s'aſſure de la douceur , par l'éclat même de la majeſté , qui
écarte tout ſoupçon d'affectation & d'artifice.

VI. Quand ce premier avantage ſe trouve
joint à celui d'en ſavoir faire uſage , & qu'une
grande ame , déja repréſentée par les traits du
dehors , acheve ſon portrait en conduiſant les
yeux , le ton de la voix , les paroles , & fait
tout ſervir à ſes intentions pleines de candeur,
il eſt incroyable combien elle ſe rend alors
viſible , & combien elle s'ouvre le cœur des
autres , en montrant toute la nobleſſe du ſien.

VII. Peu de perſonnes connoiſſent ce que
peut un mot obligeant , un regard de diſtinction , un air de bonté ; & peu connoiſſent auſſi
les effets de quelques ſignes légers de diſtrac-
tion , d'indifférence , de ſechereſſe : mais un
Prince habile connoît la valeur de tout , & il
ne ſe méprend jamais dans l'uſage qu'il en
veut faire.

VIII. Il donne au peuple des marques
communes d'affection & de bonté , [1] en mettant ſur ſon viſage un air aimable , égal pour
tous , & qui , par une eſpece d'éloquence
muette , mais publique , les gagne & les char-
me tous.

IX. Mais outre ce langage commun , le
Prince en a un particulier , qu'il ſait proportionner à la naiſſance , aux emplois , aux ſervices , au mérite. Il ne jette pas au haſard
des airs careſſans , qui tombent ſur tout le
monde. Il ne prodigue pas ce qui doit être

1 Vultu qui maximè populos demeretur , amabilis.
Senec. l. 1. de Clem. C. 13.

une récompenfe ; & il n'avilit pas ce qui doit être une diftinction.

X. Il referve pour certaines perfonnes, & pour certaines occafions des témoignages privilégiés, qu'il faut mériter ; mais qu'il accorde avec joie a quiconque les mérite ; & il les diftribue avec tant de fageffe, que, felon l'expreffion de l'Ecriture, [1] la lumiere de fon vifage, c'eft-a-dire fes regards pleins d'attention & de bonté, ne tombe jamais fur des indignes, & n'eft jamais reçue avec indifférence.

ARTICLE III.

Le Prince doit être acceffible, affable, humain avec dignité.

I. Il feroit inutile au Prince d'avoir ces heureufes qualités, qui font toutes pour le public, s'il n'étoit d'un facile accès, & s'il ne prenoit plaifir a fe communiquer : mais je fais [2] qu'il y a des peuples dont les inclinations font différentes : que les uns aiment dans le Prince [3] la retenue & la referve, comme néceffaires à fon autorité ; & que les autres font plus touchés de fes manieres ouvertes qui témoignent de la franchife & de la bonté, & qu'ils refpectent la majefté du Prince, à pro-

1 Si quando ridebam ad eos, non credebant ; & lux vultûs mei non cadebat in terram. *Job. C. XXXIX. v. 24.*

2 Prompti aditus, obvia comitas, ignotæ Parthis virtutes. *Tacit. L. 2. Annal.*

3 Majeftate falvâ, cui major ex longinquo reverentia. *Tacit. in vit. Agricol.*

portion de ce qu'elle eſt moins fiere. Il faut étudier ces différentes inclinations, & les uſages qui les ont ſuivi : car la premiere regle en ces ſortes de choſes eſt d'obſerver les bienſéances , & de ne pas bleſſer le goût général d'une nation, en le meſurant ſur celui d'une autre.

II. Mais indépendemment de ce que la coutume a pu établir pour rendre la perſonne du Prince plus auguſte ; il eſt certain qu'il y a des tems, & des lieux, où il eſt permis de s'adreſſer à lui , & [1] qu'il doit être bien aiſe qu'on le faſſe alors avec liberté.

III. Il importe même infiniment au Prince , de n'être pas dans l'erreur du peuple, lors même qu'il en ſuit les préjugés, & de ne pas penſer comme lui ſur les moyens de conſerver à la ſouveraineté le reſpect qui lui eſt dû. Il y a des choſes qui ne ſont fondées que ſur l'imagination & l'uſage , & il y en a d'autres qui ſont fondées ſur la vérité & la nature. Les premieres ne durent qu'autant que les préjugés qui ont ſervi à les établir, & les ſecondes ont des racines perpetuelles dans l'eſprit & le cœur des hommes.

IV. Lés précautions que prennent les Princes , pour ſe conſerver de la dignité & de l'autorité, en ſe montrant rarement en public , & en ne ſe communiquant qu'à peu de perſonnes, ſont des moyens étrangers à la gran-

---

1 Tantâ comitate, (*c'eſt Auguſte*) adeuntium deſideria excipiens , ut quemdam joco corripuerit , quòd ſic ſibi libellum porrigere dubitaret, quaſi Elephanto ſtipem. *Sueton. in vit. Auguſt. C.* 53.

deur, qui n'ont rien de naturel, ni de vrai, & qui ne subsistent que par un usage fondé sur l'erreur. Mais les perfections d'un Prince, né pour le bien public, digne d'être montré à tous ses sujets, capable de leur inspirer également la vénération & l'amour, accessible, affable, humain, sont des perfections, qui, par le droit naturel, appartiennent à tous, & qu'on ne peut tenir enfermées dans le palais, sans faire injure au Prince qui les a, & au peuple qui en doit jouir.

V. Je consens donc que, dans les commencemens, on accorde quelque chose aux préjugés d'une nation, plus touchée d'une gravité majestueuse, & d'une reserve étudiée, que d'une bonté qui aime à se produire. Mais je desire que le Prince se délivre insensiblement de cette gêne, & qu'il [1] mette en liberté ses grandes qualités, qui sont comme retenues captives par une vaine ombre de majesté, contraire à la véritable, dont elle étouffe l'éclat.

VI. Autrement il s'accoutumeroit à l'obscurité, & il perdroit dans une sombre retraite, non seulement ses airs nobles & ses manieres si propres à le distinguer, mais aussi les perfections réelles de douceur & de bonté, que l'usage entretient, & que la solitude détruit.

VII. On devient sauvage & farouche, en

---

1 Felix abundè sibi visus, si fortunam suam publicaverit; sermone affabilis, accessuque facilis, vultu qui maximè populos demereatur, amabilis, æquis desideriis propensus. *Senec. L. 1. de Clement. C.* 14.

évitant la lumiere : on cesse d'être humain , en cessant de voir les hommes : on ne connoît plus son peuple , [1] quand on n'en est plus connu que par ses portraits. On fait dégénérer la majesté en fierté, en ne s'occupant que du soin de ne la pas avilir ; & l'on omet presque toutes les fonctions de la Royauté, en se souvenant trop qu'on est Roi.

VIII. [2] Il n'y a qu'à comparer un Prince aimable , accompli, qui se laisse aisément approcher , & qui enleve par sa douceur & par ses autres qualités, tous ceux qui l'approchent : il n'y a , dis-je, qu'à le comparer avec un autre, dont tous les pas sont comptés , dont toutes les paroles sont de courtes sentences, dont le visage est toujours sévere, dont les sentimens sont toujours des énigmes , dont les apparitions sont rares , & plus propres à inspirer de la crainte que de l'amour. Une telle comparaison laissé-t-elle le moindre doute entre le mérite de ces deux Princes ? Y a-t-il quelqu'un qui n'aimât mieux les qualités du premier que celles du second ? Et ne sent-on pas que l'un , en oubliant en apparence sa grandeur, est infiniment plus grand que l'autre , qui ne pense qu'à la conserver.

IX. Rien ne prouve tant la petitesse réelle d'un Prince que d'affecter toujours de paroître

1 Quid indignius eo Imperatore , quem propter solos pictores cognitum habent Imperii propugnatores. *Synes.* *de Reg. p.* 13.

2 Juveni (*Il parle du célébre Germanicus*) civile ingenium , mira comitas , & diversa à Tiberii sermone , vultu , arrogantibus & obscuris. *Tacit. Lib.* 1. *Annal.* *p.* 21.

grand , & que de n'ofer defcendre pour des momens du thrône où il eft placé. Il eft au deffous de la grandeur, puifqu'il en eft fi occupé & fi plein : s'il la méritoit, il y penferoit moins ; & fi elle étoit attachée à fa perfonne, il ne croiroit pas la perdre en fe rendant acceffible.

X. Un tel Prince ne connoît qu'une efpece de grandeur, & il renonce à plufieurs autres très-réelles ; parce que fon efprit eft borné à une feule. Il ne fait pas quelle dignité il y a dans des perfections qu'il juge contraires à la majefté, & combien il perd par le fafte & la fierté. Il ne fait fe montrer aux hommes que par un feul côté ; & il laiffe à fon égard dans l'indifférence , tous ceux que ce feul côté ne touche pas. Il ne fait pas que les uns n'admirent que l'efprit, d'autres le courage, d'autres la douceur, d'autres la politeffe, d'autres l'inclination à faire du bien ; que le petit nombre eft de ceux que la majefté feule éblouit : que tous defirent qu'elle foit un bien général ; & qu'elle n'attire l'admiration de tous , que lorfqu'elle eft accompagnée des qualités qui conviennent à tous.

XI. Si Germanicus, dont la memoire étoit fi precieufe aux Romains , & dont l'Hiftoire nous a confervé une fi noble idée, n'avoit eu qu'une forte de grandeur en vue, il n'eût pas été fi univerfellement regardé comme le plus grand homme de l'Empire. S'il n'eût eu que de la valeur, & de la bonne conduite à la guerre, s'il fe fût trop fouvenu de fa naiffance & de fon rang ; s'il n'eût penfé qu'à fe faire craindre des ennemis, & qu'à faire sentir son autorité aux peuples alliés des Romains : il eût été petit en plusieurs manieres, & grand en une seule ; & l'on auroit admiré quelques-unes de ses actions, sans le juger lui-même digne d'admiration : mais parce que, avec une haute naissance & une grande autorité, il avoit une civilité & une politesse qui gagnoient tout le monde : [1] parce qu'il traitoit les alliés comme ses amis, & qu'il faisoit la guerre d'une maniere noble & généreuse, sans y mêler la cruauté ni la haine : parce que toutes ses paroles & toutes ses manieres respiroient également la grandeur & la bonté ; toutes les nations admirerent sa modération, sans porter envie à sa puissance ; & toutes pleurerent sincerement sa mort, parce que toutes l'avoient éprouvé grand pour leur propre intérêt.

XII. Il y a dans la souveraine puissance une secrete pente à l'orgueil. On l'en soupçonne, & avec raison, quand on la voit toujours attentive à ce qui la met audessus des autres hommes ; & comme l'orgueil est une bassesse réelle, & une preuve d'un esprit vulgaire, tout ce qui rend vraisemblable le soupçon de l'orgueil, fait douter de la grandeur du Prince. Ainsi, tout ce qui prouve que le Prince est sans orgueil, prouve qu'il est véritablement grand ; [2] & il ne peut rien ajouter à son élé-

---

1 Indoluêre exteræ nationes Regesque : tanta illi comitas in socios, mansuetudo in hostes. Visuque & auditu juxta venerabilis, cùm magnitudinem & gravitatem summæ fortunæ retineret, invidiam & arrogantiam effugeret. *Tacit. L. 2. Annal. p.* 69.

2 Quod factum tuum (*il parle de Trajan*, don-

vation, qu'en affectant d'en defcendre, & de prouver par là qu'il en eft digne, puifqu'il n'y eft pas attaché.

XIII. Quand un Prince defcend ainfi vers le peuple par bonté, le peuple le replace auffitôt fur le thrône par reconnoiffance. Il lui paroît alors plus grand & plus augufte ; & il lui rend dans le fond de fon cœur, par des fentimens d'amour & de refpect, beaucoup plus qu'il ne quitte pour s'abbaiffer jufqu'à lui.

XIV. Ainfi , au lieu de craindre que la majefté ne puiffe s'allier avec un accès facile & des manieres pleines de bonté, ce n'eft que par ces moyens que la majefté peut arriver à fon comble ; & il lui manquera toujours beaucoup , fi elle eft toujours timide & mefurée.

XV. Un Prince qui fait bien ce qu'il conferve , en fe dépouillant pour quelques momens de l'éclat extérieur qui l'environne , ne craint point de tomber dans le mépris. Il eft bien fûr de fa grandeur , en travaillant par d'autres voies à l'augmenter ; & il mêle tant de dignité & tant de nobleffe dans les chofes mêmes qui femblent cacher fa majefté, qu'elles ne fervent qu'à la rendre aimable, fans la pouvoir couvrir.

---

nant en plein Senat des marques de bonté & d'amitié à des hommes deftinés aux dignités publiques) à cunƈto Senatu quàm verâ acclamatione celebratum eft ! tantò major ! tantò auguftior ! Nam cui nihil ad augendum faftigium fupereft, hic uno modo crefcere poteft , fi fe ipfe fubmittat, fecurus magnitudinis fuæ. *Paneg. Traj. p. 205.*

XVI. C'est principalement cette dignité & cette noblesse, dont je viens de parler, qui font tout le prix des manieres du Prince, & de ses qualités populaires. Tout consiste à connoître jusqu'où il faut descendre, & quand il faut se retenir : comment il faut mêler la bonté à la grandeur : comment il faut mesurer ses paroles & ses actions sur les sentimens & les impressions qu'elles doivent produire; & comment on doit se faire aimer, en augmentant le respect.

XVII. C'est-là l'une des plus essentielles qualités d'un Prince, & des plus difficiles à acquerir, si l'on n'a un esprit fort juste, & un goût très-exact pour les manieres. Mais quand on a un heureux naturel, une ame grande & élevée, une politesse cultivée par la réflexion, une connoissance du cœur de l'homme, pour savoir ce qui le touche & le remue, une sensibilité, qui, par sa propre expérience, est avertie de tout, & une attention à profiter de tout ce qu'on voit de noble & de grand dans les autres : [1] quand on a tout cela, & qu'on veut bien y ajouter le conseil de quelques personnes habiles dans ces sortes de choses, on réussit parfaitement à trouver un sage milieu entre le desir de plaire, & la crainte d'aller trop loin.

XVIII. Si le Prince n'avoit pour but en tout cela que de s'attacher les hommes, il ne

____

[1] Comitate & alloquiis officia provocans, incorrupto ducis honore. *Tacite (parlant de Tite , commandant l'armée Romaine devant Jerusalem) L. 5. Hist. p. 224.*

recevroit pas une digne récompenſe de ſon travail , & tous ſes ſoins ſe termineroient à un orgueil , plus délicat à la vérité & mieux déguiſé que celui de beaucoup de Princes , mais auſſi injuſte , & dès lors auſſi honteux.

XIX. Il ne doit s'attacher les hommes , que pour les unir entre eux par un intérêt commun ; pour rendre les liens de la ſociété plus étroits ; pour établir la paix de l'Etat ſur des fondemens ſolides ; pour empêcher que des hommes ambitieux & populaires n'emploient contre ſon ſervice des qualités qu'il auroit lui - même négligées ; & pour remplir l'un de ſes principaux devoirs , qui conſiſte à ſe rendre aimable pour être utile , & à mériter la confiance du peuple pour le ſervir.

ARTICLE IV.

Le Prince doit être égal & tranquille , ou le paroître toujours.

I. [1] Il n'eſt acceſſible , affable , humain que dans cette vue. Il n'attire tout le monde par un viſage ouvert , & un front ſerein , que pour laiſſer aux plus timides , non ſeulement la liberté de l'approcher , mais celle de lui expoſer avec confiance leurs deſirs. Il écarte à deſſein tous les nuages qui pourroient obſcurcir ſa bonté & ſon inclination à faire du

---

1 Nullæ obices , nulli contumeliarum gradus. . . Ipſe autem ut excipis omnes , ut expectas , ut magnam partem dierum inter tot Imperii curas , quaſi per otium tranſigis ! *Paneg. Traj. p.* 137.

bien. [1] Il supprime tout ce que les soins &
les inquiétudes de la Royauté seroient capables
de marquer sur son visage. Il fait effort contre ses peines secretes, & contre le sentiment
des déplaisirs , dont la vie des Princes n'est
pas exempte , pour n'être attentif qu'à consoler, & a remplir de joie ceux qui viennent
à lui.

I I. Il ne laisse paroître que le Prince, &
tout ce qui regarde l'homme particulier est
voilé. Il sait que le moindre vestige de tristesse , ou d'émotion , ou d'absence d'esprit ,
étoufferoit tous les sentimens que sa présence
doit inspirer. Il connoît combien on est disposé à trembler devant une puissance de qui
l'on craint & espere tout ; & il en tempere
l'éclat [2] par la paix & la douceur qui regnent
sur son visage. Plus on est dans l'abbaissement
ou l'affliction , plus il tâche de faire oublier
qu'il ait d'autres qualités que la compassion &
la bonté ; & [3] pour réussir plus surement à
cacher aux autres sa majesté , il commence
par l'oublier lui-même, en ne laissant paroître
que l'attention à l'état des autres, & son inclination à les soulager.

I I I. Mais pour conserver une égalité si
constante & si tranquille , au moins pour le

---

1 Verecundus sine ignaviâ , sine tristitiâ gravis.
Marc. Anton. dans la vie que Jul. Capitol. en a écrite. p.
141.

2 Fronte semper pari, & lætus ad omnia. Lamprid.
dans la vie d'Alexand. Severe p. 214.

3 Cùm sederem , quasi Rex circumstante exercitu,
eram tamen mœrentium consolator. Job. C. XXIX.
v. 25.

dehors, il faut que le Prince se rende maître de tous les sentimens capables de le troubler; & qu'il compte peu sur la violence qu'il se fera pour les empêcher de paroître, s'ils dominent dans son cœur. Il est juste qu'il soit sensible aux douleurs légitimes, qu'il éprouve qu'il est homme, & qu'il apprenne par son expérience a prendre part aux afflictions des autres : mais il doit avoir une patience & une soumission aux volontés de Dieu , qui surmontent tout : car la patience la plus parfaite & la plus humble, est celle qui convient aux Princes, qui sont exposés aux yeux de tous, & en qui l'on n'excuse aucune foiblesse.

IV. Il est d'ailleurs de la prudence , que les secrets déplaisirs du Prince demeurent inconnus, & qu'il cache au public tout ce que le public peut ignorer. On tire trop aisément des conjectures & des conséquences des moindres signes de sa tristesse , ou de son inquiétude , pour en laisser paroître aucun. Il faut s'accoutumer à une égalité, qui soit , ou véritable, ou fidélement imitée : combattre avec succès, avant que de se montrer , tout ce qui laisseroit sur le visage quelque impression d'abbattement ou de trouble : décharger son cœur dans le sein de quelques personnes fideles, pour avoir plus de facilité à cacher aux autres ce qui s'y passe ; & se bien souvenir, qu'un Prince est a tout le monde, & qu'il ne lui est pas permis de s'affliger au préjudice de son devoir.

V. Il parvient à cette tranquillité par le

ſoin infatigable de réprimer toute colere , &
toute impatience , dans les occaſions qui s'offrent , ou en ſecret , ou en public. Il faut que
le Prince ſoit bon , indulgent , patient , à l'é-
gard de ceux qui le ſervent ; qu'il ſoit porté à
excuſer des oublis , ou même des négligences , quand elles ſe terminent à lui ſeul ; qu'il
regarde comme une foibleſſe honteuſe , une
promptitude qui le déconcerte & le trouble ,
& beaucoup plus un emportement qui ſeroit
plus marqué ; [1] qu'il ſe trouve deshonoré
quand il n'a pas été le maître d'arrêter une émotion qui a paru , & qu'il s'en puniſſe , en tournant contre lui - même ſes reproches , & en
devenant plus moderé par le repentir ; qu'il
ne lui échappe jamais de termes trop durs ,
ni de paroles injurieuſes , & qu'il ait ſi peu
d'habitude d'en dire , qu'elles ne s'offrent point
à lui dans les premiers momens d'une promptitude ; qu'il accoutume tout le monde à
obéir à un mot dit d'un ton moderé ; qu'il reprenne en peu de paroles , & qu'il s'arrête dès
qu'il a marqué ce qui lui déplaît ; & que , de
peur d'aller plus loin qu'il ne doit , il refuſe
tout à la paſſion , toujours exceſſive , parce
qu'elle ne penſe pas à inſtruire ; mais à ſe
ſatisfaire.

[1] Quantò incautiùs efferbuerat , pœnitentiâ patiens.
Tacit. L. 1. Annal. p. 37.

CHAPITRE XXII.

C'est un grand avantage pour un Prince que d'être bien instruit. Quelles sciences il doit préférer; & quel usage il en doit faire? Il lui importe de savoir parler d'une maniere noble & pure : & il est nécessaire qu'il ait un goût juste & exact de toutes choses.

ARTICLE I.

C'est un grand avantage pour un Prince que d'être bien instruit.

I. ON peut être un grand Prince, & favoir regner, fans avoir été instruit dans les sciences ; parce qu'on peut avoir beaucoup de fagesse, de justice & de bonté, fans être habile, ni dans les Langues, ni dans les Mathématiques, ni dans la Philosophie, ni dans l'Histoire ; & qu'un [1] cœur droit découvre quelquefois plus de choses utiles au bien public, & en exécute plus, que ne lui en montreroient plusieurs perfonnes attentives à l'instruire par des spéculations qu'il a déja prévenues.

I I. On peut au contraire, avoir eu les plus habiles maîtres pour toutes fortes de sciences,

---

1 Anima viri fancti enuntiat aliquando vera, quàm feptem circumfpectores, fedentes in excelfo ad fpeculandum. *Eccl. C. XXXVII. v. 18.*

& y avoir fait un très-grand progrès, & n'être néanmoins qu'un fort mauvais Prince ; parce qu'on peut ne faire aucun ufage de fes lumieres, & ne fuivre que fes paffions.

III. Mais il eft certain que, dans l'ufage ordinaire, les bonnes qualités naturelles d'un Prince ont befoin d'être cultivées par les fciences ; [1] qu'il en devient plus fage en devenant plus inftruit, & que fes bonnes intentions portent plus loin, quand il a plus de connoiffances & plus de vues.

IV. Car il n'eft pas queftion de charger le Prince d'études inutiles, & d'accabler fon efprit, né pour le commandement & pour la conduite d'un grand Etat, fous le poids & la multitude de fciences obfcures, dont ni lui ni le public ne tireroient aucun fruit.

V. On ne doit penfer qu'à le former pour le thrône, & à l'inftruire en Roi : & dès lors, tout ce qui lui emporteroit des heures précieufes, & qui le plongeroit dans des fpéculations ftériles, doit être interdit.

VI. Il faut paffer légerement fur tout ce qu'un Roi n'eft point obligé d'approfondir ; & ne lui infpirer aucune curiofité pour tout ce qui fe termine à la curiofité feule, & au defir de favoir.

VII. Il y a des connoiffances qui font le mérite d'un particulier, & où il eft permis d'exceller à quiconque n'a point d'autre foin,

---

1 Audiens fapiens fapientior erit, & intelligens gubernacula poffidebit. *Prov. c. 1. v. 5.*

Da fapienti occafionem, & addetur ei fapientia. *Prov. c. IX. v. 9.*

mais

mais qu'un Prince ne doit qu'effleurer ; parce qu'il est trop grand pour s'abbaisser jusqu'à les savoir parfaitement , & que ce seroit se degrader, que d'affecter d'y être fort habile.

VIII. C'est pour lui une grande science que de bien discerner ce qu'il y a de vain en plusieurs à son égard , que de s'arrêter précisément où il faut, & que de se contenter d'une teinture superficielle , qui lui suffit pour le convaincre qu'il ne doit pas aller plus avant.

ARTICLE II.

Quelles sciences le Prince doit préferer ; & quel usage il en doit faire.

I. Un bon guide est alors très-nécessaire : car c'est de lui seul qu'un Prince doit apprendre dans les commencemens ce qu'il doit pénétrer avec application ; ce qu'il doit étudier sérieusement jusqu'à une certaine mesure, & point au-delà ; ce qu'il doit parcourir, ce qu'il doit omettre.

II. Un tel homme empêchera le Prince, de se livrer aux conseils de plusieurs autres qui auroient moins de discernement, & qui lui exagéreroient toutes les choses où ils se feroient rendus fort habiles : car il est ordinaire qu'on estime plus qu'il ne faut , la science où l'on excelle, & qu'on la représente comme fort importante, parce qu'on en a fait l'objet de sa passion.

III. Il s'appliquera à instruire le Prince de l'usage de tout ; à lui marquer la juste valeur de chaque chofe ; à lui donner du goût & de l'élévation, pour l'empêcher de tomber dans une certaine baffeffe, que les favans évitent rarement, parce qu'ils font trop pleins d'eux-mêmes & de leur favoir, & quoiqu'il ne puiffe lui tenir lieu de tous les maîtres, il veillera fur tous, & conduira leurs inftructions particulieres par des vues plus grandes & plus fublimes.

I V. Il aura toujours dans l'efprit le terme où il doit tendre, & il regardera comme un écart, tout ce qui ne contribuera pas à rendre le Prince plus éclairé fur fes devoirs, plus inftruit de fes dangers, plus ferme dans le bien, & plus ennemi de tout ce qui feroit capable de l'affoiblir.

V. Il travaillera à lui former le jugement, en lui donnant des regles fures pour difcerner un raifonnement jufte & exact, d'un autre qui n'en auroit que l'apparence. Il lui apprendra à féparer tout ce qui peut éblouir dans un difcours, du fond réel & férieux qu'il doit examiner. Il l'accoutumera à ne fe contenter point de termes confus, qui n'expliquent rien, & qui ne peuvent éclairer l'efprit. Il le conduira par des vérités fimples, à d'autres plus compofées & plus difficiles à découvrir. Il le rendra attentif à des principes féconds ; & lui montrera combien il eft aifé, en les appliquant avec juftelfe, d'en tirer d'utiles conféquences.

V I. Il lui fera fentir combien le vraifemblable eft différent du vrai, & quelle erreur c'eft que de les confondre. Il lui répétera fou-

vent , qu'il n'y a point d'esprit où il n'y a
point de raison , & qu'il n'y a point de raison
où il n'y a point de solidité, ni d'exactitude ;
& qu'ainsi toutes les pensées qui brillent d'a-
bord , mais qui s'évanouissent quand on les
approfondit, ne méritent que du mépris ; &
il l'exercera souvent sur des matieres, où l'illusion est d'un côté plus difficile à découvrir,
& de l'autre plus dangereuse, afin de lui donner une attention qui craigne la surprise, &
une pénétration qui la prévienne.

VII. Les mathématiques, dont la méthode est de tout démontrer , & de faire usage
d'une vérité pour aller à une autre, sont très-
propres à donner à l'esprit de la justesse & de
l'exactitude ; & le Prince peut s'y appliquer ,
sur-tout à la Géométrie , avec beaucoup de
fruit. Il deviendra par cette étude , capable
d'attention & de suite, & l'usage des démons-
trations un peu composées , en rendant son
esprit plus ferme & plus étendu, le préparera
à la discussion des affaires embarrassées d'inci-
dens & de divers intérêts.

VIII. Mais il ne faut pas que le goût du
Prince pour ces sortes de sciences, le mene trop
loin. Comme elles sont immenses , & qu'on
peut s'y enfoncer sans mesure , elles empor-
teroient tout son tems , & épuiseroient les
forces de son esprit, au lieu de le rendre plus
vigoureux & plus ferme ; & en le plongeant
dans d'inutiles spéculations, elles le rendroient
singulier, distrait, & incapable d'affaires.

IX. Il faut dire la même chose des con-
noissances qu'on appelle méthaphysiques, qui

ont pour objet ce qui eſt plus ſpirituel &
plus indépendant des ſens : car elles peuvent
être fort utiles au Prince , s'il s'y applique
avec meſure ; & lui devenir dangereuſes , s'il
s'y livre abſolument. Il eſt très-digne de lui ,
de conſidérer ce qu'eſt l'eſprit de l'homme ;
combien il eſt diſtingué de la matiere , quel
rapport il a avec Dieu, qui eſt ſa lumiere &
ſon bien ; comment il voit les choſes ſpiri-
tuelles ; comment il ſent l'impreſſion de celles qui l'environnent ; comment il eſt uni à
ſon corps , & par quelles loix ; ce que ſont
ſes puiſſances, l'intelligence & la volonté ; &
quelle eſt la véritable cauſe des mouvemens &
des ſentimens qu'il éprouve.

X. Mais après quelques découvertes , le
Prince doit ſe ſouvenir qu'il a d'autres ſoins ,
& laiſſer à des perſonnes , dont le temps eſt
moins précieux que le ſien , la liberté de
ſonder des abîmes , dont la profondeur étonne
les plus ſages , & où les eſprits téméraires , &
aveuglés par leur curioſité, peuvent ſe perdre.

XI. La connoiſſance de la nature expoſe
à moins de dangers , & elle peut ſervir à augmenter dans le Prince l'admiration des ouvrages de Dieu , en lui faiſant entrevoir des
merveilles que l'ignorance ne connoît point,
& en lui faiſant ſentir en même tems, combien toutes les recherches des hommes ſont
incapables d'arriver juſqu'aux principes ſecrets des choſes dont ils ſont tous les jours
témoins.

XII. Cette ſcience, qui eſt mêlée d'expériences & de conjectures, a plus fait de pro-

grès depuis quelques années qu'elle n'avoit fait en plusieurs siecles. Un Prince doit en être instruit, & il y auroit pour lui une espece de honte à l'ignorer : mais il ne s'y appliquera, ni comme Philosophe, ni comme Astronome, ni comme Médecin. Il prendra un peu de tout, & laissera le reste. Il est destiné à regner, & non à faire des expériences. On lui dira ce qu'on a trouvé de plus beau ; mais il ne cherchera rien.

XIII. Il n'en sera pas ainsi de la Morale, [1] qui est la science des Rois, parce qu'elle est la connoissance des hommes & de tous leurs devoirs. Le Prince en fera une étude sérieuse & profonde. Il la regardera comme le fondement de la prudence & d'une sage politique. Il tâchera d'y faire tous les jours quelque progrès, & pensera que dans cette science on est toujours disciple. Il examinera par lui-même : il consultera : il écoutera : il aura incessamment les yeux ouverts, pour profiter de ce que lui apprendra l'expérience. Et comme l'étude de la Morale est inséparable de celle de la Religion, il cherchera avec soin dans les saintes Ecritures, dans les monumens des anciens, dans les entretiens des plus sages & des plus vertueux, ce qu'il a plu à Dieu de nous révéler de ses desseins sur les hommes, des regles qu'ils doivent suivre, & des moyens qu'il leur a marqués pour arriver à leur fin.

1 *Voyez, s'il vous plaît, le Ch. IX. où l'on a parlé des différentes parties de la Morale, en parlant des moyens de connoître les hommes.*

XIV. La connoissance de l'Histoire con-tribue beaucoup à celle de la Morale, & elle tient lieu à un Prince encore fort jeune, d'une très - longue vie, & de l'expérience qui lui manque, en lui mettant devant les yeux, comme dans un tableau, tout ce qui s'est passé de plus memorable dans tous les siecles, & en lui fournissant une abondante matiere de réflexions sur tout ce qui s'est fait avant lui, & de conjectures sur ce qui est caché dans l'avenir.

XV. Mais par la connoissance de l'Histoire, je n'entends pas une étude infructueuse des successions des Empires, & de ceux qui les ont gouvernés. On peut charger sa mémoire de beaucoup de faits, de dattes, de batailles, de révolutions, sans en devenir plus capable de regner. On peut même, si l'on manque de discernement, se regler sur de pernicieux exemples, se remplir de fausses maximes, & suivre de mauvais guides, en recevant sans précaution les sentimens des Princes, ou les pensées de leurs Historiens, & en attachant une idée, ou de grandeur, ou de bassesse, à tout ce qu'ils admirent ou qu'ils méprisent, quoiqu'ils s'écartent souvent en cela de la justice & de la vérité.

XVI. Il est important, sur-tout dans les premieres années, qu'un Prince n'étudie l'Histoire qu'avec le secours d'un homme très-sensé, qui lui apprenne à ne se charger d'aucun détail inutile; à n'entrer jamais dans des questions de Chronologie épineuses & super-flues; à se contenter des dattes les plus con-

fidérables & les moins conteftées de l'Hiftoire
univerfelle ; à favoir exactement la Géogra-
phie de l'Europe , mais d'une maniere plus
générale celles des autres parties du monde;
qui le faffe paffer légerement fur des chofes
qui ne paroiffent grandes qu'à l'imagination ,
mais qui l'arrête fur ce qui mérite d'être
retenu , parce qu'il renferme quelque inftruction, ou pour l'éviter , ou pour le fuivre ;
& qui le rende principalement attentif à
tout ce qui peut lui éclairer l'efprit , & lui
donner de nobles fentimens pour fa conduite.

XVII. Un homme tel que je le fuppofe,
fera remarquer au Prince les caufes, ou vifi-
bles , ou fecretes des événemens : ce qui a
contribué à l'aggrandiffement des Empires ,
ou à leur chute : ce qui a rendu un peuple
célébre dans un tems , & lui a fait perdre fa
réputation dans un autre : ce qui a fait réuffir ou échouer certains deffeins : ce qui a préparé à la perte d'une bataille , ou à la victoire : ce qui a diftingué un Général d'un autre,
dans un mérite affez égal : ce qui a fait
qu'une République s'eft maintenue malgré
fes pertes, & qu'une autre , plus puiffante, a
fuccombé à fes premiers malheurs. Il ira, autant qu'il fera poffible , aux principes qui font
la fource de la politique & de la prudence ;
& il ne s'attachera aux chofes , qu'autant
qu'elles ferviront à rendre le Prince plus
fage , plus pénétrant , plus équitable , plus
propre aux affaires, & plus capable de les terminer.

XVIII. Il lui fera obferver , comment

les plus grandes chofes ont eu quelquefois de légers commencemens, dont on ne s'eft pas allez défié : comment une guerre particuliere devient enfuite générale : comment le defir de faire des conquêtes fe termine quelquefois à être dépouillé : comment, dans les batailles, tout dépend ordinairement de quelques circonftances imprévues ; & comment la décifion des événemens eft prefque toujours différente de ce que la prudence humaine avoit penfé.

XIX. Il lui fera connoître par de telles obfervations, que, dans la plupart des affaires, ce n'eft pas tant la chofe qui s'offre d'abord, que la conféquence qui eft à craindre ; que lors même qu'on s'efforce de tout prévoir, l'efprit de l'homme eft toujours court & trop borné pour l'avenir ; qu'une force fupérieure domine par-tout, & qu'une main invifible conduit toutes chofes, indépendemment des confeils des hommes, toujours foibles & incertains ; que, qui manque des occafions uniques, n'y peut revenir ; qu'il faut favoir profiter des momens offerts par la providence, & qu'autrement rien ne réuffit ; qu'il y a plus de fageffe à prévenir les maux de l'Etat, qu'à y chercher des remedes ; & qu'il eft, fans comparaifon, plus facile de conferver la paix, que de la rétablir quand on l'a troublée.

XX. Mais dans le tems même qu'un homme éclairé inftruira le Prince par les exemples qu'il trouvera dans l'Hiftoire, il doit lui avouer que cette regle eft peu fure ; parce que les mêmes choses qui ont réussi en certaines occasions, ont été inutiles ou pernicieuses dans d'autres : que l'activité a tout perdu dans un tems, ayant été d'autres fois heureuse : que le délai a rétabli les affaires d'un Prince, & qu'il a ruiné celle d'un autre : que l'un, en témoignant de la sévérité, s'est fait craindre des séditieux, & qu'un autre les a irrités : qu'il en est ainsi de presque tous les moyens suggérés par la politique, parce qu'ils dépendent de la situation des esprits des hommes, qui est très-différente quand Dieu le veut.

XXI. En parcourant les Histoires avec le Prince, il l'arrêtera sur les vérités dont les Rois ne sont presque jamais instruits que par la lecture. [1] Il lui montrera dans un Auteur sensé, ce qu'il doit être, & ce qu'il doit fuir ; & il lui apprendra, par la liberté avec laquelle on parle des Rois après leur mort, quelle justice lui fera la postérité. La flatterie, lui dira-t-il, ne suit les Princes que jusqu'au tombeau : la vérité en prend la place ; & c'est son jugement qui décide de leur réputation. [2] Voyez ce qu'on loue dans le Prince quand il est mort : considérez ce qu'on y blâme. Pensez que c'est de vous, & non d'un autre, que parle l'Historien, & apprennez d'un

----

1 Præcipuum munis annalium, ne virtutes sileantur, utque pravis dictis factisque ex posteritate & infamiâ metus sit. *Tacit. l. 3. An* . . 99.

2 Non ergo perpetua Principi fama quæ invitum manet, sed bona concupiscenda est. *P. . . g. Traj.* p. 164.

homme qui ne vous connoît & ne vous craint point, ce que ceux qui vous connoiſſent & vous craignent ne vous diroient peut-être jamais.

XXII. Rien n'eſt plus rare, continuera-t-il, que de trouver dans l'Hiſtoire quelques modeles d'un Prince juſte & plein de bonté. La vie de la plupart n'eſt qu'un tiſſu de crimes ; & s'il y paroît quelques actions de vertu, elles y ſont comme déplacées, & détachées du reſte, & ſans aucune liaiſon avec le fond de leur conduite. Quelques-uns avoient eu d'heureux commencemens. La vérité s'étoit montrée à eux dans les premieres années : mais les paſſions & la flatterie les ont pervertis ; & au lieu qu'il leur étoit facile d'acquerir beaucoup de gloire, en la cherchant par de bonnes actions, ils ſe ſont deshonorés eux-mêmes, en renonçant au mérite. Leurs fautes doivent vous inſtruire. Etudiez dans leur conduite tout ce que vous devez éviter : & ſouvenez-vous qu'un mauvais Prince eſt très-capable d'en former un bon, s'il en eſt bien connu & bien condamné.

XXIII. C'eſt cette connoiſſance des caracteres différens des Princes, qui eſt un des principaux fruits de l'Hiſtoire. On n'examine point alors le dehors qui ſervoit à les cacher ; mais le fond de leur eſprit & de leur cœur. On ne s'occupe point de leurs guerres & de

---

1 Propoſitum eſt mihi Principem laudare, non Principis facta : nam laudabilia multa etiam mali faciunt. Ipſe laudari, niſi optimus, non poteſt. *Paneg. Traj. p.* 164.

leurs victoires, qui ne décident rien sur le mérite personnel ; mais d'eux-mêmes, & de leurs sentimens. On étudie leurs motifs, leurs intérêts, leurs conseils, & l'on est étonné combien plusieurs d'entre eux ont eu peu de qualités dignes d'estime, & comment toute leur vie n'a été qu'un cercle de passions, dont les unes ont succédé aux autres, sans qu'ils aient fait autre chose que changer de vices & de maladies, au lieu de guérir par la santé.

XXIV. Les Historiens que le Prince doit préférer, sont ceux qui ont écrit avec plus de capacité & plus de profondeur, qui ont plus pénétré le cœur de l'homme, & qui ont mieux connu les devoirs d'un Prince. [1] *Xenophon*, dans l'éducation de Cyrus, pense à instruire tous les Rois ; & son Histoire, plus vraisemblable qu'exacte pour la vérité, est une leçon continuelle, paroissant n'être qu'un récit. Il y a des choses dans *Tite - Live* d'un grand caractere, & l'on doit lire avec attention ce qu'il écrit de Scipion & d'Annibal. *Tacite* est plein de sens & de réflexions solides. Il entre dans les plus secretes pensées ; & pourvu qu'on ne le suive pas toujours dans ses soupçons, quelquefois injustes, on apprend plus de lui a connoître, & les Princes, & les autres hommes, que d'un autre maître. *Saluste* a aussi beaucoup de pénétration, & quoiqu'il ne nous ait laissé que deux Histoires

[1] Cyrus ille à Xenophonte, non ad historiæ fidem scriptus, sed ad effigiem justi Imperii. *Cicer. ad Quint. Frat. L. 1. Epist. 1.*

M vj

affez courtes , il eft très-capable de donner de grandes vues. *Plutarque* a écrit la vie des grands hommes de Rome & de Grece avec beaucoup de jugement ; & fi l'on excepte certains endroits que l'aveuglement du Paganifme excufoit, l'on y trouve plufieurs réflexions très-fenfées fur la politique , & fur la bonne ou mauvaife conduite des perfonnes chargées du gouvernement public. Les commentaires ou mémoires de *Cefar*, dans leur augufte fimplicité, contiennent, & des préceptes & des exemples , qu'un Général ne peut lire avec trop de foin ; mais il eft plus difficile d'y apprendre à connoître, & les Princes & les hommes, fi l'on n'y eft bien attentif.

XXV. Pour les Hiftoires modernes , le Prince préférera celles du pays où il doit regner ; mais fans négliger les autres , quand elles font écrites avec autant de folidité que celle de *Philippe de Comines* : & il chargera quelques perfonnes d'un excellent goût, de lui faire des extraits de ce qu'il y a de meilleur dans plufieurs Hiftoires , qu'il ne lira jamais dans les fources.

XXVI. A l'étude de l'Hiftoire le Prince doit joindre celle du Droit ; non pour entrer dans le détail immenfe des Loix, mais pour s'inftruire des principales regles de la Jurifprudence, & fe mettre en état de rendre juftice , & d'opiner avec lumiere fur des queftions importantes. Il y a des principes fimples, mais féconds, qui fervent comme de baze au droit public, & dont un efprit fupérieur, tel que doit être celui d'un Prince, tire à propos

les conséquences. Il a besoin d'être averti ; mais
après cela, il voit tout. On lui montre les
premieres vérités, & aussi-tôt il en découvre
toutes les suites.

XXVII. Comme il est établi Roi pour
juger, il manqueroit au plus essentiel de ses
devoirs, s'il refusoit de le faire, ou s'il l'en-
treprenoit sans être instruit : mais il doit être
ennemi des fausses subtilités, des détours, &
des perplexités, dont on embarrasse la justice.
Il doit faire plus d'état d'un sens droit, & qui
va tout d'un coup au vrai, que d'une vaine
science, qui répand des doutes sur tout, qui
donne a toutes les affaires un air de problè-
me. Il doit s'accoutumer a écarter tout ce qui
ne sert qu'a les charger & a les obscurcir, &
discerner si promptement & si surement le
point décisif, qu'il néglige tout le reste, comme inutile, & comme ne servant qu'a partager l'attention.

A R T I C L E   I I I.

Il importe au Prince de savoir parler d'une
maniere noble & pure.

I. Ce seroit un grand avantage pour le
Prince qu'il fût éloquent, & qu'il sût regner
sur les esprits par ses discours, comme il doit
le faire par sa sagesse & par son autorité. La
vertu & la vérité en tireroient un nouvel éclat.
Il appuyeroit avec force un sentiment juste.
Il persuaderoit au lieu de commander. Il rendroit aimable tout ce qu'il proposeroit. Il tour-

neroit les efprits où il voudroit, fans employer d'autre moyen que celui de leur plaire & de les toucher. [1] Il feroit écouté dans les Confeils avec admiration, & fes difcours pleins de force, d'agrément & de lumiere, feroient reçus avec une avidité toujours nouvelle.

II. Je fais que les Princes peuvent fe faire aider, & fubftituer l'éloquence d'un autre, à celle qui leur manque : mais on difcerne aifément celle qui eft naturelle, de celle qui eft prêtée ; & il y a des occafions, où le difcours du Prince auroit toute une autre force, s'il n'étoit pas fuggéré. [2] L'Hiftoire remarque, que Néron fut le premier des Empereurs Romains qui prononça des difcours qu'il n'avoit pas compofés : que fes prédéceffeurs avoient tous été éloquens de leur propre fonds : que Céfar parloit a merveille : qu'Augufte le faifoit d'une maniere digne d'un Prince : que

---

1 Qui me audiebant, expectabant fententiam, & intenti tacebant ad confilium meum. Verbis meis addere nihil audebant, & fuper illos ftillabat eloquium meum. Expectabant me ficut pluviam, & os fuum aperiebant quafi ad imbrem ferotinum. *Job. C. XXIX v. 21. 22. & 23.*

2 Adnotabant feniores, primum ex iis qui rerum potiti effent, Neronem alienæ facundiæ eguiffe : nam Dictator Cæfar fummis Oratoribus æmulus ; & Augufto prompta & profluens, quæ deceret Principem, eloquentia fuit. Tibertius quoque artem callebat quâ verba expenderet, tum validus fenfibus aut confultò ambiguus. Etiam Caii Cæfaris turbata mens vim dicendi non corrupit. Nec in Claudio, quoties meditata differeret, elegantiam requireres. Nero, puerilibus ftatim annis vividum animum in alia detorfit. Cælare, & pingere, cantus aut regimen equorum exercere. *Tacit. L. 13. Annal. p. 213.*

Tibere avoit de l'étude & de l'art : que Caius Caligula, malgré ses vices, avoit conservé de l'eloquence : & que Claude en avoit aussi, quand il avoit le loisir de penser à ce qu'il devoit dire : mais que Néron, qui avoit d'ailleurs de l'esprit & du feu, s'étoit arrêté à des occupations indignes de lui, & avoit négligé l'éloquence, pour s'amuser a graver, à peindre, à chanter, & a conduire des chariots.

III. Mais quand je desire qu'un Prince soit éloquent, je suis très-éloigné de desirer qu'il aime a parler, ou qu'il n'ait que des paroles. L'éloquence d'un Prince est [1] une éloquence mâle & forte, pleine de sens & des choses, où tout est nécessaire, dont tous les mots portent, & qui ne plait qu'en persuadant.

IV. Hors les occasions où il faut s'étendre, le Prince qui parle le mieux, doit le faire en peu de mots; & il doit avoir pour regle, de ne rien dire qui ne convienne a sa place, qui ne soit utile, & qu'il ne sache bien.

V. [2] Il doit s'exprimer d'une maniere noble & pure, mais simple & sans affectation; ne point employer d'expressions basses, & ne point chercher aussi une fausse élévation en quittant les termes communs & ordinaires.

---

1 Imperatoria brevitas. *Tacit. L. 1. Hist. p.* 313.

2 Genus eloquendi securus est (*il parle d'Auguste*) elegans & temperatum, præcipuamque curam duxit sensum animi quàm apertissimè exprimere. . . . Marcum Antonium ut insanum increpat, quasi ea scribentem quæ mirentur potiùs homines, quàm intelligant. *Suet. in vit. Augusti. C.* 83.

Il doit éviter tout ce qui est obscur, forcé & peu naturel, toutes les pensées fausses, tous les jeux de mots, toutes les équivoques fondées sur l'ambiguité des termes, toutes les allusions à des proverbes bas & vulgaires, toutes [1] les railleries qui n'ont d'autre matiere que des défauts corporels, toutes celles qui sont offensantes, toutes celles qui seroient douteuses; & être très-circonspect dans l'usage de celles qui paroissent innocentes. Car il est d'une extrême conséquence que tout le monde se croie en sureté devant le Prince; que personne ne craigne son esprit, ni sa malignité; & que son exemple retienne tous ses Courtisans dans le devoir.

ARTICLE IV.

Il est nécessaire que le Prince ait un goût juste & exact de toutes choses.

I. Mais il seroit inutile de donner des conseils à un Prince pour bien user de l'éloquence, de la connoissance de l'Histoire, de la Morale & des autres sciences, s'il n'avoit un goût juste & exact de toutes choses, ou s'il n'avoit d'heureuses dispositions pour l'acquerir.

II. Ce que j'appelle goût, enferme deux

---

1 Asperæ facetiæ, ubi multum ex vero traxêre, acrem sui memoriam relinquunt. *Tacit. L.* 15. *Annal. p.* 288

Fœdè ad cachinnos moveris : fœdiùs moves. *S. Bern. L.* 2. *de Consid. C.* 13.

chofes : l'intelligence pour juger fainement, & la fenfibilité pour être averti à propos, & pour agir. Sans l'intelligence, la fenfibilité n'éclaire point l'efprit ; & fans la fenfibilité, l'intelligence n'eft pas toujours la regle des actions. Il faut voir & fentir ; difcerner ce qui convient, & le fuivre ; être conduit par la lumiere & mené par l'impreffion.

I I I. Comme la lumiere doit être vive & fure, l'impreffion doit être prompte & délicate : prompte, pour avertir à tems ; délicate, pour avertir de tout. Ces deux chofes forment le goût, & quand elles font juftes & univerfelles, elles forment un goût jufte & univerfel.

I V. On peut le confidérer par rapport aux fciences, aux arts, & aux manieres ; & il eft néceffaire qu'un Prince l'ait exact par rapport à ces trois genres de chofes.

V. Il doit fe porter, & par lumiere, & par inclination, aux fciences qui lui conviennent : préférer celles qui lui font plus utiles : eftimer les autres à proportion, & fe contenter d'une connoiffance légere, par rapport à celles qui ne feroient pour lui que l'objet de la curiofité. Mais lors même qu'il ne les approfondit pas, il doit favoir ce qu'elles valent, de quelle utilité elles font au public ; quelle protection méritent ceux qui s'y appliquent, & quelle diftinction on doit à ceux qui y excellent.

V I. Ce feroit une faute que de manquer de goût dans ces occafions, & que de faire trop ou trop peu de cas de certaines connoiffances, peu néceffaires au Prince à la vérité, mais dont il doit connoître le prix, & fentir le mérite par un difcernement exquis, & par une certaine impreffion que chaque chofe fait fur lui, à proportion de ce qu'elle a de grand & de folide.

VII. Il eft honteux à un Prince de dépendre toujours du goût d'autrui, quand il s'agit de fciences, de belles chofes, d'ouvrages d'efprit, de découvertes. Il a dû fe le former au commencement, fur les principes qu'on lui a donnés : mais il doit, en les fuivant, y ajouter fes propres réflexions, & devenir capable à fon tour, de former ou de rectifier le goût des autres.

VIII. Il en doit être ainfi des arts. Il lui convient de fe connoître à tous, d'en bien juger, d'en fentir la perfection ou la médiocrité, & de fe mettre en état qu'on ne puiffe le tromper, ni lui infpirer un goût foible & bas, au lieu d'un goût grand & noble, qui doit être fon caractere dans tout ce qu'il eftime, & dans tout ce qu'il fait.

IX. Mais il importe infiniment d'obferver que ce font deux chofes bien différentes, de fe connoître aux arts, & de les aimer : d'être fort entendu en architecture, & de faire une grande dépenfe en bâtimens : de juger bien & favamment de la peinture, & d'être fort curieux en tableaux. Un Prince habile & un Prince fage ne font pas oppofés. Il juge bien de l'art, mais il fait s'en paffer ; & c'eft même parce qu'il en juge bien, qu'il s'en paffe, & qu'il lui en préfére d'autres plus utiles au public , quoique moins eſtimés : car c'eſt l'utilité publique qui eſt ſa grande regle ; & quoiqu'il ſoit touché de tout ce qui eſt parfait en chaque genre , il va toujours au néceſſaire, & ne met l'agréable qu'au dernier lieu.

X. [1] Mais en quoi il excelle, & où ſon goût eſt plus merveilleux, c'eſt dans les manieres. Il connoît & il ſent tout ce qui convient à ſa place ; comment il doit parler, comment il doit agir ; juſqu'où il doit ſe donner aux affaires ; quel tems il doit ſe réſerver ; quel mélange il doit faire de la douceur & de la majeſté ; quelle part il doit accorder de ſon autorité, & quelle il doit retenir ; ce qu'il faut qu'il écoute & qu'il approfondiſſe , & ce qu'il doit mépriſer ; ce qu'il importe de corriger d'abord, & ce qui peut être diſſimulé ; a quelles connoiſſances il doit s'attacher ; de quelles il doit s'abſtenir, quoiqu'il y ait beaucoup de diſpoſition ; & quelles il doit ſe contenter d'effleurer, quoiqu'il les aime.

XI. Son goût pour les manieres n'eſt pas ſeulement juſte & exact, mais grand & noble. Jamais il ne fait montre de ce qu'il ſait : jamais il ne paroît occupé , ni de ſoi, ni de ſon mérite : jamais il ne cherche la louange ; & il eſt toujours ſupérieur a tout ce qu'il a d'eſtimable.

XII. Il ne prétend à aucune gloire particuliere. Il ſe croiroit même deshonoré ſi l'on

---

1 Retinuit, quod eſt difficillimum ex ſapientiâ, modum. *Tacit. in vit. Agricol.* p. 453.

le confidéroit par un côté, plutôt que par
tout autre. Il ne veut point qu'on le définiffe,
ou par le favoir, ou par l'efprit, ou par l'éloquence, ou par quelqu'autre qualité. Il ne
defire d'autre réputation, que celle qui convient à un Prince plein de générofité, de
bonté & de juftice; & il n'en conferve même
le defir que pour la mériter.

Fin de la première Partie.